工业和信息化普通高等教育“十三五”规划教材
高等院校“十三五”会计系列规划教材

TAX LAW

税法

理论、方法与实务

微课版

◆ 李小丽 主编
◆ 王青亚 副主编

人 民 邮 电 出 版 社
北 京

图书在版编目（CIP）数据

税法 ：理论、方法与实务 ：微课版 / 李小丽主编
. -- 北京 ：人民邮电出版社，2020.12
高等院校“十三五”会计系列规划教材
ISBN 978-7-115-53908-3

Ⅰ. ①税… Ⅱ. ①李… Ⅲ. ①税法－中国－高等学校
－教材 Ⅳ. ①D922.22

中国版本图书馆CIP数据核字(2020)第147750号

内容提要

本书是根据我国近年税制改革的实践，为满足高等院校应用型本科人才培养的需求，在借鉴和吸收国内外税法理论和方法研究成果的基础上，结合编者多年的教学实践编写而成的。本书主要内容包括税法的内涵与构成要素、增值税、消费税、企业所得税、个人所得税、土地增值税及其他税种的具体内涵与法律规定。

本书可作为普通高等院校和职业院校会计学、财务管理学、法学等专业相关课程的教材，也可作为财务从业人员的自学参考书。

◆ 主　　编　李小丽
副 主 编　王青亚
责任编辑　刘向荣
责任印制　周昇亮
◆ 人民邮电出版社出版发行　　北京市丰台区成寿寺路 11 号
邮编　100164　　电子邮件　315@ptpress.com.cn
网址　https://www.ptpress.com.cn
廊坊市印艺阁数字科技有限公司印刷
◆ 开本：787×1092　1/16
印张：14.25　　2020 年 12 月第 1 版
字数：361 千字　　2025 年 1 月河北第 7 次印刷

定价：46.00 元

读者服务热线：(010)81055256　印装质量热线：(010)81055316
反盗版热线：(010)81055315
广告经营许可证：京东市监广登字 20170147 号

前　言 Preface

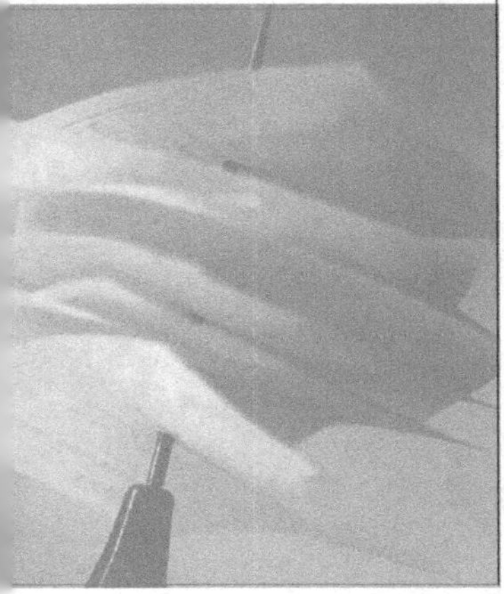

“税法”是高等院校财经类专业的一门专业核心课，也是法学专业的主干课程之一。

本书在借鉴大量同类畅销教材的基础上，融入编者对税法理论与实践的认识，具有如下特色。

（1）反映时代变化。随着我国改革开放的不断深化和社会主义市场经济体制的确立，税收法律、法规也在不断地发展变化。本书依据新颁布和新修订的税收法律、法规编写，今后也将根据国家税收政策的变化及时进行修订。

（2）结构安排科学合理。本书打破了传统税法教材“单纯讲税”的模式，集税法、纳税实务、税务会计于一体，重点、难点突出，具有较强的实用性，并与财经类相关资格认证考试紧密结合，为读者上岗工作和参加考试奠定了坚实的基础。

（3）侧重能力培养。书中配有大量的精选例题，这有助于读者更好地理解所学知识；章后配有知识点应用和实践技能训练模块，这有助于提高读者的实务操作能力。

本书由李小丽教授担任主编，王青亚担任副主编马莉、任瑞丽、吴丹参与编写，具体分工如下：第一章由李小丽编写；第二章、第六章和第七章的第七节至第十三节由王青亚编写；第三章由马莉编写；第四章由任瑞丽编写；第五章和第七章的第一节至第六节由吴丹编写。

由于编者水平所限，书中难免存在疏漏与不足，请专家和读者批评指正。

编者

2020 年 8 月

微课视频列表说明

下表为《税法：理论、方法与实务（微课版）》（978-7-115-53908-3）的配套微课视频，详细说明如下。

项目	视频		
第 2 章	企业如何缴纳增值税 1	企业如何缴纳增值税 2	企业如何缴纳增值税 3
第 3 章	消费税的计算解读 1	消费税的计算解读 2	
第 4 章	企业所得税 1	企业所得税 2	企业所得税 3
第 5 章	最新个税改革介绍	个人收入应纳税计算 1	个人收入应纳税计算 2
第 6 章	小微企业税收优惠解读		

目 录 Contents

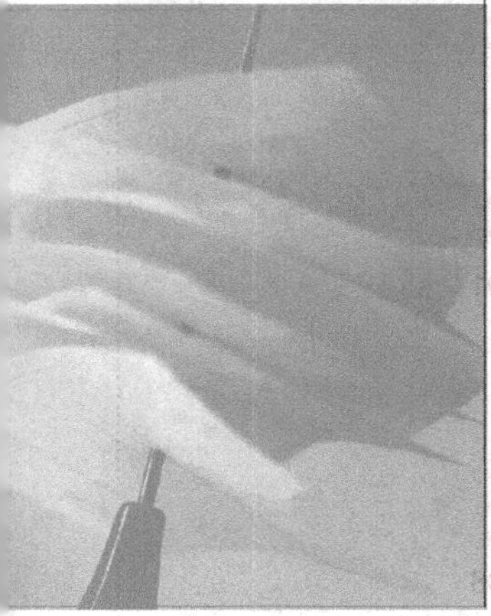

第一章 税法概述

第二章 增值税

第三章 消费税

第四章 企业所得税

第五章　个人所得税

第六章　土地增值税

第七章　其他税种

参考文献

第一章 税法概述

学习目标

了解税收与税收法律关系；
掌握税法的概念、特点及税法的构成要素；
理解我国有关税收立法与执法的知识；
熟悉我国现行的税法体系。

第一节 税收与税收法律关系

一、税收的含义与特征

（一）税收的含义

税收是国家为满足社会公共需要，凭借政治权力，按照法律所规定的标准和程序，参与国民收入分配，强制取得财政收入的一种形式。要深入、透彻地理解税收的内涵可以从以下三个方面来把握。

（1）税收是国家筹集财政收入的主要方式，我国财政收入的 90%以上来自税收。

国家要行使职能必须有一定的财政收入作为保障。取得财政收入的手段多种多样，如征税、发行货币、发行国债、收费、罚没等，其中税收是大部分国家取得财政收入的主要形式。

（2）国家征税凭借的是政治权力，它有别于按生产要素进行的分配。

国家通过征税，将一部分社会产品由纳税人所有转变为国家所有，因此征税的过程实际上是国家参与社会产品的分配过程。税收分配是以国家为主体进行的分配，而一般分配则是以各生产要素的所有者为主体进行的分配。

（3）国家课征税款的目的是满足社会公共需要。

国家在履行其公共职能的过程中必然要有一定的公共支出。公共产品提供的特殊性决定了公共支出一般情况下不可能由公民个人、企业采取自愿出价的方式，而只能采用由国家（政府）强制征税的方式，由经济组织、单位和个人来负担。

（二）税收的特征

税收的特征主要包括以下三个方面。

1. 强制性

强制性是指国家凭借其公共权力以法律的形式对税收征纳双方的权利与义务进行制约，既不是由纳税主体按照个人意志自愿缴纳，也不是按照征税主体的意愿随意征税，而是按照法律进行征税。

2. 无偿性

无偿性是指国家征税以后，税款一律全部纳入国家财政预算，由财政统一分配，而不直接向具体的纳税人返还或支付报酬。无偿性是对个体纳税人而言的，其享有的公共利益与其缴纳的税款并非一一对应；但就纳税人的整体而言是对等的，政府使用税款的目的是向社会全体成员包括纳税人提供社会需要的公共产品和公共服务。因此，税收的无偿性表现为个体的无偿性、整体的有偿性。

3. 固定性

固定性是指国家征税预先规定了统一的正式标准，包括纳税人、征收对象、税率、纳税期限、纳税地点等。这些标准一经确定，在一定的时间内是相对稳定的。

二、税收法律关系

税收法律关系是指税法所确认和调整的国家与纳税人之间、国家与国家之间以及各级政府之间在税收分配过程中形成的权利与义务关系。国家征税与纳税人纳税在形式上表现为利益分配的关系，但经过法律明确其双方的权利与义务后，这种关系实质上已上升为一种特定的法律关系。了解税收法律关系，对于正确理解国家税法的本质，严格依法纳税、依法征税都具有重要的意义。

（一）税收法律关系的构成

税收法律关系在总体上与其他法律关系一样，都是由税收法律关系的主体、客体和内容三个方面构成的，但在三个方面的内涵上，税收法律关系又具有一定的特殊性。

1. 税收法律关系的主体

法律关系的主体是指法律关系的参加者。税收法律关系的主体即税收法律关系中享有权利和承担义务的当事人。在我国，税收法律关系的主体包括征纳双方，一方是代表国家行使征税职责的国家行政机关，包括国家各级税务机关、海关和财政机关；另一方是履行纳税义务的人，包括法人、自然人和其他组织，在华的外国企业、组织、外籍人士、无国籍人员，以及在华虽然没有机构、场所但有来源于中国境内所得的外国企业或组织。对税收法律关系中权利主体另一方的确定，在我国采取的是属地兼属人的原则。

2. 税收法律关系的客体

税收法律关系的客体是指税收法律关系主体的权利、义务所共同指向的对象，也就是征税对象。例如，所得税法律关系客体就是生产经营所得和其他所得，财产税法律关系客体即是财产，流转税法律关系客体就是货物销售收入或劳务收入。税收法律关系客体是国家利用税收杠杆调整和控制的目标，国家在一定时期根据客观经济形势发展的需要，通过扩大或缩小征税范围调整征税对象，以达到限制或鼓励国民经济中某些产业、行业发展的目的。

3. 税收法律关系的内容

税收法律关系的内容是指主体所享有的权利和所应承担的义务，这是税收法律关系中最实质的东西，也是税法的灵魂。它规定权利主体可以有什么行为、不可以有什么行为，若违反了这些规定，须承担相应的法律责任。税务机关的权利主要表现在依法进行征税、税务检查以及对违章者进行处罚上；其义务主要是向纳税人宣传、咨询、辅导解读税法，及时把征收的税款解缴国库，依法受理纳税人对税收争议的申诉等。纳税义务人的权利主要有多缴税款申请退还权、延期纳税权、依法申请减免税权、申请复议和提起诉讼权等，其义务主要是按税法规定办理税务登记、进行纳税申报、接受税务检查、依法缴纳税款等。

（二）税收法律关系的产生、变更与消灭

税法是引起税收法律关系的前提条件，但税法本身并不能产生具体的税收法律关系。税收法律关系的产生、变更与消灭必须有能够引起税收法律关系产生、变更或消灭的客观情况，即由税收法律事实来决定。税收法律事实可以分为税收法律事件和税收法律行为，税收法律事件是指不以税收法律关系主体的意志为转移的客观事件。例如，自然灾害可以导致税收减免，从而改变税收法律关系内容的变化。税收法律行为是指税收法律关系主体在正常意志支配下开展的活动。例如，纳税人开业经营即产生税收法律关系，纳税人转业或停业就会造成税收法律关系的变更或消灭。

（三）税收法律关系的保护

税收法律关系是同国家利益及企业和个人的权益相联系的。保护税收法律关系，实质上就是保护国家正常的经济秩序、保障国家财政收入、维护纳税人的合法权益。税收法律关系的保护形式和方法是很多的，如税法中关于限期纳税、征收滞纳金和罚款的规定，《刑法》对构成逃税、抗税罪给予刑罚的规定，以及税法中对纳税人不服税务机关征税处理决定，可以申请复议或提出诉讼的规定等都是对税收法律关系的直接保护。税收法律关系的保护对主体双方是平等的，不能只对一方进行保护，而对另一方不予保护。同时对其享有权利的保护，就是对其承担义务的制约。

第二节 税法的内涵与构成要素

一、税法的含义与特征

（一）税法的含义

税法是国家制定的用以调整国家与纳税人之间在征纳税方面的权利及义务关系的法律规范的总称。税法构建了国家及纳税人依法征税、依法纳税的行为准则体系，其目的是保障国家利益和纳税人的合法权益，维护正常的税收秩序，保证国家的财政收入。税法体现为法律这一规范形式，是税收制度的核心内容。一国的税收制度是在税收分配活动中税收征纳双方所应遵守的行为规范的总和。其内容主要包括各税种的法律法规以及为了保证这些税法得以实施的税收征管制度和税收管理体制。

（二）税法的特征

1. 从法律性质上看，税法属于义务性法规，以规定纳税人的义务为主

税法属于义务性法规，并不是指税法没有规定纳税人的权利，而是指纳税人的权利是建立在其纳税义务的基础之上的，处于从属地位。税法属于义务性法规的这一特征是由税收的无偿性和强制性特点所决定的。税法的义务性特征，不仅有国家权力作为后盾，而且有一系列的制度措施作为保障。

2. 从内容上看，税法属于综合性法规

税法是由一系列单行税收法律法规及行政规章制度组成的体系，其内容涉及课税的基本原则、征纳双方的权利和义务、税收管理规则、法律责任、解决税务争议的法律规范等。税法的综合性特征是由税收制度所调整的税收分配关系和税收法律关系的复杂性所决定的。

二、税法的构成要素

税法的构成要素是指各种单行税法具有的共同的基本要素的总称。一方面，税法要素既包括实体性的，也包括程序性的；另一方面，税法要素是所有完善的单行税法都共同具备的，仅为某一税法所单独具有而非普遍性的内容，不构成税法要素，如扣缴义务人。税法要素一般包括总则、纳税义务人、征税对象、税目、税率、纳税期限、纳税环节、减税免税、纳税地点、罚则、附则等项目。

（一）总则

总则主要包括立法依据、立法目的、适用原则等。例如，《中华人民共和国耕地占用税法》第一条规定，“为了合理利用土地资源，加强土地管理，保护耕地，制定本法。”此条突出了该法制定的目的，即“立法目的”。

（二）纳税义务人

纳税义务人即纳税人或纳税主体，是税法规定的直接负有纳税义务的法人、自然人和其他组织。自然人和法人是两个相对称的法律概念。自然人是基于自然规律而出生的，有民事权利和义务的主体，包括本国公民，也包括外国人和无国籍人员。法人是自然人的对称，是基于法律规定享有权利能力和行为能力，具有独立的财产和经费，依法独立承担民事责任的社会组织。任何一个税种首先要解决的就是国家对谁征税的问题。

1. 纳税人与负税人的区别

纳税人即依法缴纳税款的人，负税人即最终负担税款的人。税法只规定纳税人，而不规定负税人。在实际生活中，有的税款由纳税人自己负担，纳税人本身就是负税人，如所得税中的个人所得税、企业所得税；有的税款虽由纳税人缴纳，但实际负担的却是别人，如流转税中的增值税、消费税等。

2. 纳税人与扣缴义务人的区别

扣缴义务人包括代扣代缴义务人和代收代缴义务人。代扣代缴义务人是指虽不承担纳税义务，但有义务从持有的纳税人收入中扣除其应纳税款并代为缴纳的单位和个人，如支付个人工资、薪金的企业为个人所得税的代扣代缴义务人。如果代扣代缴义务人按规定履行了代扣代缴义务，税务机关将支付一定的手续费。反之，未按规定代扣代缴税款，造成应纳税款流失或将已扣缴的税款私自截留挪用、不按时缴入国库，一经税务机关发现，将要承担相应的法律责任。代收代缴义务人是指虽不承担纳税义务，但有义务在通过与纳税人的经济交往而向纳税人收取商品或劳务收入时，代收代缴其应纳税款的单位和个人，如消费税中，受托加工应税消费品的受托方为消费税的代收代缴义务人。

（三）征税对象

征税对象又叫课税对象、征税客体，是指税法规定对什么征税，是征纳税双方权利、义务共同指向的客体或标的物，是区别一种税与另一种税的重要标志。例如，企业所得税的征税对象为所得额，房产税的征税对象是房屋等。

征税对象是税法最基本的要素，因为它体现着征税的最基本界限，决定着某一种税的基本征税范围，同时，征税对象也决定了各个不同税种的名称。例如，消费税、土地增值税、个人所得税等，这些税种因征税对象不同、性质不同，税名也就不同。

征税对象按其性质的不同，可划分为流转额、所得额、财产、资源、特定行为五大类，也因此将税收分为相应的五大类，即流转税、所得税、财产税、资源税和特定行为税。

与课税对象相关的两个基本概念是税目和税基。税目本身也是一个重要的税法要素，下面将单独讨论。税基又叫计税依据，是据以计算征税对象应纳税款的直接数量依据，它解决对征税对象课税的计算问题，是对课税对象的量的规定。计税依据按照计量单位的性质划分，有两种基本形态：价值形态和物理形态。价值形态包括应纳税所得额、销售收入、营业收入等；物理形态包括面积、体积、容积、重量等。以价值形态作为税基，又称为从价计征，即按征税对象的货币价值计算，如生产销售化妆品应纳消费税税额由化妆品的销售收入乘以适用税率计算产生，其税基为销售收入。另一种是从量计征，即直接按征税对象的自然单位计算，如城镇土地使用税应纳税额由占用土地面积乘以每单位面积应纳税额计算产生，其税基为占用土地的面积。

（四）税目

税目是对征税对象分类规定的具体征税项目，反映具体的征税范围，是对课税对象质的界定。税目体现征税的广度。设置税目的目的是明确具体的征税范围，凡列入税目的即为应税项目，未列入税目的，则不属于应税项目。此外，划分税目也是贯彻国家税收调节政策的需要，国家可根据不同项目的利润水平以及国家经济政策等制定高低不同的税率，以体现不同的税收政策。并非所有税种都需规定税目，有些税种不分课税对象的具体项目，一律按照课税对象的应税数额采用同一税率计征税款，因此一般无须设置税目，如企业所得税。有些税种的具体课税对象比较复杂，需要规定税目，如消费税。

（五）税率

税率是指对征税对象的征收比例或征收额度。税率是计算税额的尺度，体现征税的深度，也是衡量税负轻重与否的重要标志。我国现行的税率主要有以下几种。

1. 比例税率

比例税率是指对同一征税对象，不分数额大小，规定相同的征收比例。我国的增值税、城市维护建设税、企业所得税等采用的是比例税率。比例税率又可分为三种具体形式。

（1）单一比例税率，是指对同一征税对象的所有纳税人都适用同一比例税率。

（2）差别比例税率，是指对同一征税对象的不同纳税人适用不同的比例征税。我国现行税法分别按产品、地区的不同将差别比例税率划分为以下两种类型：一是产品差别比例税率，即对不同产品分别适用不同的比例税率，如消费税、关税等；二是地区差别比例税率，即区分不同的地区分别适用不同的比例税率，如城市维护建设税等。

（3）幅度比例税率，是指对同一征税对象，税法只规定最低税率和最高税率，各地区在该幅度内确定具体的适用税率。

比例税率具有计算简单、税负透明度高、有利于保证财政收入、有利于纳税人公平竞争、不妨碍商品流转额或非商品营业额提高等优点，符合税收效率原则。但比例税率不能针对不同的收入水平施以不同的税收负担，在调节纳税人的收入水平方面难以体现税收的公平原则。

2. 定额税率

定额税率是指按征税对象确定的计量单位，直接规定一个固定的税额。它是税率的一种特殊形式，一般适用于从量计征的某些税种。定额税率的优点：计算简便；税负稳定，不受物价波动的影响；在一定条件下采用时，有利于提高产品质量、改进包装或提高资源的利用率。目前采用定额税率的有资源税、城镇土地使用税和车船税等。

3. 累进税率

累进税率是指随着征税对象数量增大而随之提高的税率，即将征税对象按数额大小划分为若干等级，不同等级的课税数额分别适用不同的税率，课税数额越大，适用税率越高。累进税率一般在所得税中使用，可以充分体现对纳税人“收入多的多征、收入少的少征、无收入的不征”的税收原则，从而有效地调节纳税人的收入，正确处理税收负担的纵向公平问题。

当前我国的累进税率主要包括超额累进税率和超率累进税率。

超额累进税率是指征税对象按数额划分为若干等级，为每一等级规定一个税率，且税率依次提高，各级分别计算税额，各级税额之和为应纳税额。目前我国税收体系中采用这种税率的是综合所得个人所得税和经营所得个人所得税。

超率累进税率指以征税对象数额的相对率划分若干级距，分别规定相应的差别税率，相对率每超过一个级距的，对超过的部分按高一级的税率计算征税。目前，我国税收体系中采用这种税率的是土地增值税。

（六）纳税期限

纳税期限是指税法规定的关于税款缴纳时间即纳税时限的规定。这其中涉及三个相关概念。

1. 纳税义务发生时间

纳税义务发生时间，是指应税行为发生的时间，是一个时间点。例如，《中华人民共和国增值税暂行条例》（以下简称《增值税暂行条例》）规定，采取预收货款方式销售货物的，其纳税义务发生时间为货物发出的当天。

2. 纳税期限

纳税人每次发生纳税义务后，不可能马上去缴纳税款。税法规定了每种税的纳税期限，即每隔固定时间汇总一次纳税义务的时间。例如《增值税暂行条例》规定，增值税的具体纳税期限分别为1日、3日、5日、10日、15日、1个月或者1个季度。纳税人的具体纳税期限，由主管税务机关根据纳税人应纳税额的多少分别核定；不能按照固定期限纳税的，可以按次纳税。

3. 缴库期限

缴库期限是指税法规定的纳税期满后，纳税人将应纳税款缴入国库的期限。例如，《增值税暂行条例》规定，纳税人以1个月或者1个季度为1个纳税期的，自期满之日起15日内申报纳税；以1日、3日、5日、10日或者15日为1个纳税期的，自期满之日起5日内预缴税款，于次月1日起15日内申报纳税并结清上月应纳税款。

（七）纳税环节

纳税环节主要指税法规定的征税对象在从生产到消费的流转过程中应当缴纳税款的环节，如流转税在生产和流通环节纳税、所得税在分配环节纳税等。按照某种税征税环节的多少，可以将税种划分为一次课征制或多次课征制。我国现行增值税就属于多次课征制。合理选择纳税环节，对加强税收征管、有效控制税源、保证国家财政收入的及时、稳定、可靠，方便纳税人生产经营活动和财务核算，灵活机动地发挥税收调节经济的作用，具有十分重要的意义。

（八）减税免税

减税免税主要是对某些纳税人和征税对象采取减少征税或者免予征税的特殊规定。减税免税是税率的重要补充，其最大优点在于把税法的普遍性与特殊性、统一性与灵活性结合起来，针对不同类型的纳税人和征税对象实行不同层次的减免，有利于全面地、因地制宜地贯彻国家社会经济政策。减税免税可以分为税基式减免、税率式减免和税额式减免三种形式。

1. 税基式减免

税基式减免主要通过减少计税依据的方法来减税免税。相关的概念有起征点、免征额、项目扣除以及跨期结转等。

起征点是征税对象达到一定数额开始征税的起点，对征税对象数额未达到起征点的不征税，达到起征点的按全部数额征税。免征额是在征税对象的全部数额中免予征税的数额，对免征额的部分不征税，仅对超过免征额的部分征税。项目扣除是指从征税对象中扣除一定项目的数额，仅以其余额为计税依据计算税额。跨期结转是指将以前纳税年度的经营亏损从本纳税年度经营利润中扣除。

2. 税率式减免

税率式减免即通过直接降低税率的方式实现的减税免税。其涉及的概念包括重新确定税率、选用其他税率、零税率。

3. 税额式减免

税额式减免是通过直接减少应纳税额的方式实现的减税免税。其涉及的概念包括全部免征、减半征收、核定减免率以及另定减征额等。

（九）纳税地点

纳税地点主要是指根据各个税种纳税对象的纳税环节和有利于对税款的源泉控制而规定的纳税人（包括代征、代扣、代缴义务人）具体申报缴纳税款的地方。税法上规定的纳税地点主要有机构所在地、经济活动发生地、财产所在地、报关地等。

（十）罚则

罚则又称法律责任，主要是指对纳税人违反税法的行为采取的处罚措施。

（十一）附则

附则一般都规定与该法紧密相关的内容，如税法的解释权、生效时间等。

第三节 我国的税收立法与执法

一、我国的税收立法

税收立法是指国家机关依据一定的程序，遵循一定的原则，运用一定的技术，制定、公布、修改、补充和废止有关税收法律、法规、规章的活动。税收立法是税法实施的前提，有法可依、有法必依、执法必严、违法必究，是我们在税收立法与税法实施过程中必须遵循的基本原则。

（一）我国的税收立法权

税收立法权是指特定的国家机关依法所行使的，通过制定、修订、废止税收法律规范，调整一定税收法律关系的综合性权力体系。在我国，划分税收立法权的直接法律依据主要是《中华人民共和国宪法》与《中华人民共和国立法法》。

（二）我国的税收立法机关

我国的立法体制：全国人民代表大会及其常务委员会行使立法权，制定法律；国务院及所属各部委，有权根据宪法和法律制定行政法规和规章；地方人民代表大会及其常务委员会，在不与宪法、法律、行政法规抵触的前提下，有权制定地方性法规，但要报全国人民代表大会常务委员会（以下简称“全国人大常委会”）和国务院备案；民族自治地方的人民代表大会有权依照当地民族政治、经济和文化的特点，制定自治条例和单行条例。

各有权机关根据国家立法体制规定所制定的一系列税收法律、法规、规章和规范性文件，构成了我国的税收法律体系。由于制定税收法律、法规和规章的机关不同，其法律级次不同，因此其法律效力也不同。下面简单地予以介绍。

1. 全国人民代表大会和全国人大常委会制定的税收法律

《中华人民共和国宪法》（以下简称《宪法》）第五十八条规定：“全国人民代表大会和全国人民代表大会常务委员会行使国家立法权。”上述规定确定了我国税收法律的立法权由全国人民代表大会及其常务委员会行使，其他任何机关都没有制定税收法律的权力。在国家税收中，凡是基本的、全局性的问题，如国家税收的性质，税收法律关系中征纳双方权利与义务的确定，税种的设置，税目、税率的确定等，都需要由全国人民代表大会及其常务委员会以税收法律的形式制定实施，并且在全国范围内，无论是对居民纳税人还是非居民纳税人都普遍适用。在现行税法中，如《中华人民共和国企业所得税法》《中华人民共和国个人所得税法》《中华人民共和国税收征收管理法》等都是税收法律。除《宪法》外，在税法体系中，税收法律具有最高的法律效力，是其他有权机关制定税收法规、规章的法律依据，其他各级有权机关制定的税收法规、规章，都不得与《宪法》和税收法律相抵触。

2. 全国人民代表大会或全国人大常委会授权立法

授权立法是指全国人民代表大会及其常务委员会根据需要授权国务院制定某些具有法律效力的暂行规定或者条例。授权立法与制定行政法规不同。国务院经授权立法所制定的规定或条例等，具有国家法律的性质和地位，它的法律效力高于行政法规，在立法程序上还需报全国人大常委会备案。1984 年 9 月 1 日，全国人大常委会授权国务院改革工商税制和发布有关税收条例。1985 年，全国人民代表大会授权国务院在经济体制改革和对外开放方面可以制定暂行规定或者条例，这些都是授权国务院立法的依据。按照这两次授权立法，国务院在自 1994 年 1 月 1 日起实施的工商税制改革中，制定实施了增值税、营业税、消费税、资源税、土地增值税、企业所得税等 6 个暂行条例。授权立法，在一定程度上解决了我国经济体制改革和对外开放工作急需法律保障的当务之急。税收暂行条例的制定和公布施行，也为全国人民代表大会及其常务委员会的立法工作提供了有益的经验和条件，为其将这些条例在条件成熟时上升为法律做好了准备。

3. 国务院制定的税收行政法规

国务院作为最高国家权力机关的执行机关，是最高国家行政机关，拥有广泛的行政立法权。我国《宪法》规定，国务院可“根据宪法和法律，规定行政措施，制定行政法规，发布决定和命令”。行政法规作为一种法律形式，在中国法律形式中处于低于宪法、法律和高于地方性法规、部门规章、地方性规章的地位，也是在全国范围内普遍适用的。行政法规的立法目的在于保证宪法和法律的实施，行政法规不得与宪法、法律相抵触，否则无效。国务院发布的《中华人民共和国企业所得税法实施条例》《中华人民共和国税收征收管理法实施细则》等，都是税收行政法规。

4. 地方人民代表大会及其常务委员会制定的税收地方性法规

根据《中华人民共和国地方各级人民代表大会和地方各级人民政府组织法》的规定，省、自治区、直辖市的人民代表大会以及省、自治区人民政府所在地的市和经国务院批准的较大的市的人民代表大会有制定地方性法规的权力。由于我国在税收立法上坚持“统一税法”的原则，因此地方权力机关制定税收地方性法规不是无限制的，而是要严格按照税收法律的授权行事。目前，除了海南省、民族自治地区按照全国人民代表大会授权立法规定，在遵循宪法、法律和行政法规的原则基础上，可以制定有关税收的地方性法规外，其他省、市一般都无权自定税收地方性法规。

5. 国务院税务主管部门制定的税收部门规章

《宪法》第九十条规定：“国务院各部、各委员会根据法律和国务院的行政法规、决定、命令，在本部门的权限内，发布命令、指示和规章。”有权制定税收部门规章的税务主管机关是财政部、国家税务总局及海关总署。其制定规章的范围包括对有关税收法律、法规的具体解释，税收征收管理的具体规定、办法等，税收部门规章在全国范围内具有普遍适用效力，但不得与税收法律、行政法规相抵触。例如，财政部颁发的《中华人民共和国增值税暂行条例实施细则》、国家税务总局颁发的《税务代理试行办法》等都属于税收部门规章。

6. 地方政府制定的税收地方规章

根据“统一税法”的原则，地方政府制定税收规章，都必须在税收法律、法规明确授权的前提下进行，并且不得与税收法律、行政法规相抵触。没有税收法律、法规的授权，地方政府是无权自定税收规章的，凡是越权自定的税收规章都没有法律效力。例如，国务院发布实施的城市维护建设税、房产税等地方性税种暂行条例，都规定了省、自治区、直辖市人民政府可根据条例制定实施细则。

（三）我国的税收立法程序

税收立法程序是指有权机关，在制定、认可、修改、补充、废止等税收立法活动中，必须遵循的法定步骤和方法。

目前我国税收立法程序主要包括以下几个阶段。

1. 提议阶段

无论是税法的制定，还是税法的修改、补充和废止，一般都由国务院授权其税务主管部门（财政部、国家税务总局及海关总署）负责立法的调查研究等准备工作，并提出立法方案或税法草案，上报国务院。

2. 审议阶段

税收行政法规由国务院负责审议。税收法律在经国务院审议通过后，以议案的形式提交全国人民代表大会常务委员会的有关工作部门，在广泛征求意见并做修改后，提交全国人民代表大会或其常务委员会审议。

3. 通过和公布阶段

税收行政法规由国务院审议通过后，以国务院总理名义发布实施。税收法律，在全国人民代表大会或其常务委员会开会期间，先听取国务院关于制定税法议案的说明，然后经过讨论，以简单多数的方式通过后，以国家主席名义发布实施。

二、我国的税收执法

税收执法，是指国家税收机关依照法定的职权和程序将税法的一般法律规范适用于税务行政相对人或事件的一种具体行政行为。

税收执法权包括税款征收管理权、税务检查权、税务稽查权及其他税收执法权。

（一）税款征收管理权

1. 税务机构设置

中央人民政府设立国家税务总局，省及省以下税务机构设立税务局。海关总署及下属机构负责关税征管和受托征收进出口增值税和消费税等税收。

2. 我国税收征收管理范围的划分

目前，我国的税收分别由税务、海关等系统负责征收管理。

税务系统负责征收和管理的税种有：增值税、消费税、城市维护建设税、教育费附加、地方教育费附加、企业所得税、个人所得税、车辆购置税、印花税、资源税、城镇土地使用税、土地增值税、房产税、车船税、契税、环境保护税等。

海关系统负责征收和管理的项目有：关税、船舶吨税，同时负责代征进出口环节的增值税和消费税。

3. 我国税收收入的划分

根据国务院关于实行分税制财政管理体制的规定，我国的税收收入分为中央人民政府固定收入、地方人民政府固定收入和中央人民政府与地方人民政府共享收入。

（1）中央人民政府固定收入包括消费税（含进口环节海关代征的部分）、车辆购置税、关税、海关代征的进口环节增值税、储蓄存款利息所得的个人所得税等。

（2）地方人民政府固定收入包括城镇土地使用税、耕地占用税、土地增值税、房产税、车船税、契税、环境保护税。

（3）中央人民政府与地方人民政府共享收入主要包括以下几部分。

① 增值税（不含进口环节由海关代征的部分）：中央人民政府分享50%，地方人民政府分享50%。

② 企业所得税：中国铁路总公司（原铁道部）、各银行总行及海洋石油企业缴纳的部分归中央人民政府，其余部分中央人民政府与地方人民政府按60%与40%的比例分享。

③ 个人所得税：除储蓄存款利息所得的个人所得税外，其余部分的分享比例与企业所得税相同。

④ 资源税：海洋石油企业缴纳的部分归中央人民政府；其余部分归地方人民政府。

⑤ 城市维护建设税：中国铁路总公司（原铁道部）、各银行总行、各保险总公司集中缴纳的部分归中央人民政府，其余部分归地方人民政府。

⑥ 印花税：根据《国务院关于调整证券交易印花税中央与地方分享比例的通知》，从 2016 年 1 月 1 日起，将证券交易印花税由现行的按中央人民政府 97%、地方人民政府 3%比例分享，全部调整为中央人民政府收入，其他印花税归地方人民政府收入。

（二）税务检查权

税务检查是税务机关依据国家的税收法律、法规对纳税人等管理相对人履行法定义务的情况进行审查、监督的执法活动。《中华人民共和国税收征收管理法》第五十四条对税务机关有权进行的税务检查有明确规定。有效的税务检查可以抑制不法纳税人的侥幸心理，提高税法的威慑力，减少税收违法犯罪行为，保证国家收入，维护税收公平与合法纳税人的合法利益。税务检查包括以下两类。

（1）税务机关为取得确定税额所需资料，证实纳税人纳税申报的真实性与准确性而进行的经常性检查，其依据是税法赋予税务机关的强制行政检查权。

（2）为打击税收违法犯罪而进行的特别调查，它可以分为行政性调查和刑事调查两个阶段。行政性调查属于税务检查权范围之内，从原则上讲，在纳税人有违反税法的刑事犯罪嫌疑的情况下，即调查的刑事性质确定后，案件应开始适用刑事调查程序。

（三）税务稽查权

税务稽查是税务机关依法对纳税人、扣缴义务人履行纳税义务、扣缴义务情况所进行的税务检查和处理工作的总称。税务稽查权是税收执法权的一个重要组成部分，也是整个国家行政监督体系中的一种特殊的监督权行使形式。

相关法律规定，税务稽查的基本任务：依照国家税收法律、法规，查处税收违法行为，保障税收收入，维护税收秩序，促进依法纳税，保证税法的实施。税务稽查必须以事实为根据，以税收法律、法规、规章为准绳，依靠人民群众，加强与司法机关及其他有关部门的联系和配合。各级税务机关设立的税务稽查机构应按照各自的税收管辖范围行使税务稽查职能。

（四）其他税收执法权

除上述几个税收执法权外，根据法律规定，税务机关还享有其他税收执法权，主要包括税务行政复议裁决权、税务行政处罚权等。

第四节 我国现行税法体系

一个国家的税收制度是指在既定的管理体制下设置的税种以及与这些税种的征收、管理有关的，具有法律效力的各级成文法律、行政法规、部门规章等的总和。我国税法体系中各税法按基本内容和效力、职能作用、征收对象、权限范围的不同，可分为不同类型。

一、按照税法的基本内容和效力的不同，可分为税收基本法和税收普通法

税收基本法也称税收通则，是税法体系的主体和核心，在税法体系中起着税收母法的作用。其基本内容一般包括税收制度的性质、税务管理机构、税收立法与管理权限、纳税人的基本权利与义务、征税机关的权利和义务、税种设置等。我国目前还没有制定统一的税收基本法，但随着我国税

收法制建设的发展和完善，我国将研究制定税收基本法。

税收普通法是根据税收基本法的原则，对税收基本法规定的事项分别立法实施的法律，如个人所得税法、税收征收管理法等。

二、按照税法的职能作用的不同，可分为税收实体法和税收程序法

税收实体法主要用于确定税种立法，具体规定各税种的征收对象、征收范围、税目、税率、纳税地点等。例如，《中华人民共和国企业所得税法》《中华人民共和国个人所得税法》就属于税收实体法。税收程序法是指税务管理方面的法律，主要包括税收管理法、纳税程序法、发票管理法、税务机关组织法、税务争议处理法等。《中华人民共和国税收征收管理法》就属于税收程序法。

（一）税收实体法体系

我国的现行税制就其实体法而言，是新中国成立后经过几次较大的改革逐步演变而来的，主要是经 1994 年税制改革后形成的，按征税对象大致分为以下五类。

（1）商品（货物）和劳务税类：包括增值税、消费税和关税，主要在生产、流通或者服务业中发挥调节作用。

（2）所得税类：包括企业所得税、个人所得税、土地增值税，主要是在国民收入形成后，对生产经营者的利润和个人的纯收入发挥调节作用。

（3）财产和行为税类：包括房产税、车船税、印花税、契税，主要是对某些财产和行为发挥调节作用。

（4）资源税和环境保护税类：包括资源税、环境保护税和城镇土地使用税，主要是对因开发和利用自然资源差异而形成的级差收入发挥调节作用。

（5）特定目的税类：包括城市维护建设税、车辆购置税、耕地占用税、船舶吨税和烟叶税，主要是为了达到特定目的，对特定对象和特定行为发挥调节作用。

在现行税种中，除企业所得税、个人所得税、车船税、环境保护税、烟叶税、船舶吨税、车辆购置税和耕地占用税是以国家法律的形式发布实施外，其他各税种都是经全国人民代表大会授权立法，由国务院以暂行条例的形式发布实施的。这些法律法规共同组成了我国的税收实体法体系。

（二）税收程序法体系

除税收实体法外，我国对税收征收管理适用的法律制度，是按照税收管理机关的不同而分别规定的。

（1）由税务机关负责征收的税种的征收管理，按照全国人大常委会发布实施的《中华人民共和国税收征收管理法》及各实体税法中的征收管理规定执行。

（2）由海关负责征收的税种的征收管理，按照《中华人民共和国海关法》及《中华人民共和国进出口关税条例》等有关规定执行。

上述税收实体法和税收程序法共同构成了我国现行税法体系。

三、按照主权国家行使税收管辖权的不同，可分为国内税法、国际税法、外国税法等

国内税法一般是按照属人或属地原则制定的一个国家的内部税收制度。国际税法是指国家间形

成的税收制度，主要包括双边或多边国家间的税收协定、条约和国际惯例等，一般而言，其效力高于国内税法。外国税法是指外国各个国家制定的税收制度。

知识点应用

一、单项选择题

1．下列税种中，可能由海关代征的税种是（　　）。

A．船舶吨税　　B．印花税　　C．城市维护建设税　D．消费税

2．在下列税种中，全部属于中央人民政府固定收入的是（　　）。

A．车辆购置税　　B．土地增值税　　C．增值税　　D．个人所得税

3．当前我国实行超率累进税率的税种是（　　）。

A．增值税　　B．个人所得税　　C．消费税　　D．土地增值税

4．在税法的构成要素中，衡量税负轻重与否的重要标志的是（　　）。

A．征税对象　　B．税种　　C．税率　　D．纳税环节

5．将纳税对象中的一定数额给予减免，只就减除后的剩余部分计征税款，这一数额为（　　）。

A．起征点　　B．征税标准　　C．减征额　　D．免征额

二、多项选择题

1．税收与其他财政收入形式相比，具有（　　）的特征。

A．强制性　　B．无偿性　　C．固定性　　D．灵活性

2．下列各项中，属于我国现行税收法律制度规定适用的税率形式的有（　　）。

A．全额累进税率　B．定额税率　　C．比例税率　　D．超率累进税率

3．根据税收征收管理法律制度的规定，下列各项中，属于税收法律关系主体的有（　　）。

A．征税对象　　B．纳税人　　C．海关　　D．税务机关

4．下列税种中，由税务机关负责征收和管理的有（　　）。

A．房产税　　B．印花税　　C．关税　　D．个人所得税

5．降低纳税人负担的措施有（　　）。

A．起征点　　B．加成征收　　C．免征额　　D．加倍征收

三、判断题

1．税收法律关系的内容是指税收法律关系主体双方的权利和义务所共同指向的对象。（　　）

2．如果税法规定某一税种的起征点是 5 000 元，那么超过起征点的，只对超过 5 000 元的部分征税。（　　）

3．中国境外单位或者个人在境内发生应税行为，在境内未设有经营机构的，以境内代理人为增值税扣缴义务人。（　　）

4．纳税人即负税人。（　　）

5．税率是体现课税的深度，也是衡量税负轻重与否的重要标志。（　　）

第二章 增值税

学习目标

了解增值税的类型及特点；

熟悉增值税的基本内容，如概念、纳税人、征税范围、税率等；

熟练掌握增值税销项税额、进项税额、应纳税额的计算方法；

熟练掌握小规模纳税人应纳税额的计算方法。

第一节 增值税概述

我国现行增值税的基本规范是2017年11月19日国务院发布的修订后的《中华人民共和国增值税暂行条例》（以下简称《增值税暂行条例》）和2016年3月财政部和国家税务总局发布的《关于全面推开营业税改征增值税试点的通知》（以下简称“营改增通知”），以及2011年11月开始执行的修订后的《中华人民共和国增值税暂行条例实施细则》（以下简称《增值税暂行条例实施细则》）。

一、增值税的含义

增值税是指对在我国境内销售货物、提供加工修理修配劳务、销售服务、无形资产或不动产以及进口货物的单位和个人，就其销售货物、劳务、服务、无形资产或者不动产的增值额和进口货物金额为计税依据而课征的一种流转税。

增值额的理解是关键。增值额是一种价差，即因为提供应税商品和劳务而取得的收入价格与该项商品和劳务的外购成本价格之间的差额。可以从以下三个方面理解。

（1）从经济学理论角度，增值额相当于商品价值C+V+M①中的新增价值V+M。

（2）从商品流转全过程来看，增值额是指一个商品在生产和流转过程中各环节增值额的总和。即：商品最终销售价格=各环节增值额之和。某商品在其流转各环节的增值额和销售价格的关系如表2-1所示，可以看出该商品在最终环节的销售价格为100元，该销售价格的组成为：100=30+40+20+10。

（3）从单个生产经营者角度看，增值额是该生产经营者销售商品或者提供劳务和应税服务的收入额扣除为生产经营这种商品而外购的那部分货物（包括应税劳务和应税服务）价款后的余额。从表2-1中可以看出，商品在批发环节的增值额为20元，即：20=90−70。

① C是产品生产中所耗费的物化劳动的转移价值。V是劳动者所创造的价值中以工资形式支付给劳动者的部分。M是劳动者创造的剩余价值，归企业和社会支配。

表 2-1 某商品在各流转环节的销售额和增值额关系表 单位：元

经营环节	购入价	销售价格	增值额
原材料生产环节	0	30	30
产成品生产环节	30	70	40
批发环节	70	90	20
零售环节	90	100	10

从以上对增值额概念的分析来看，纯理论的增值额对计算增值税并没有实际意义，而仅仅是对增值税本质的一种理论抽象，因为在实际工作中要确定某商品的增值额是一件很困难的事情，甚至难以做到。这是因为：（1）由于企业实行的财务会计制度不同，致使企业确定增值税项目与非增值税项目的标准也不尽相同，在实际工作中容易造成争执，难以执行；（2）增值额本身就是一个比较模糊的概念，很难准确计算。例如，企业支付的各种罚款、没收的财务或接受的捐赠等是否属于增值额有时难以确定。

二、增值税的计税方法

增值税的计税方法包括一般计税方法、简易计税方法和扣缴计税方法。

（一）一般纳税人适用的计税方法

一般纳税人销售货物或者提供应税劳务和应税服务适用一般计税方法计税。其计算公式为：

当期应纳税额=当期销项税额-当期进项税额

但是，一般纳税人提供财政部和国家税务总局规定的特定的销售货物、应税劳务、应税服务，可以选择适用简易计税方法计税。

（二）小规模纳税人适用的计税方法

小规模纳税人销售货物、提供应税劳务和应税服务适用简易计税方法计税。简易计税方法的公式为：

当期应纳税额=当期不含税销售额×征收率

（三）扣缴义务人适用的计税方法

境外单位或个人在境内提供应税劳务，在境内未设有经营机构的，扣缴义务人按照下列公式计算应扣缴税额：

应扣缴税额=接受方支付的价款÷（1+税率）×税率

三、增值税的类型

在现实中，作为增值税计税依据的增值额的具体内容是由各国政府根据本国的经济条件和政策因素确定的。根据由外购的固定资产转移过来的那部分价值是否扣除，增值税可分为以下三种。

（一）生产型增值税

在计税时不允许扣除外购固定资产中所包含的增值额，这个增值额实际上相当于一定时期的国民生产总值。这种类型的增值税被称为“生产型增值税”。

（二）收入型增值税

在征收增值税时允许扣除当期按固定资产价值计提的折旧部分所包含的增值额。这里的增值额就相当于国民收入。这种类型的增值税被称为“收入型增值税”。

（三）消费型增值税

在计税时允许一次性扣除当期外购的固定资产中所包含的全部增值额。这里的增值额就相当于国民消费总额。这种类型的增值税被称为“消费型增值税”。

在实践中，各国一般直接采用税额抵扣（扣税法）的办法，即根据商品货物或应税劳务和应税服务的销售额，按照规定的税率，计算销项税额，然后从中扣除购进项目按法定可扣除的已纳增值税税额，其差额就是纳税人应缴纳的增值税税额。我国从2009年起开始实行消费型增值税，在计税时采用税额抵扣的办法。

四、现行我国增值税的特点

（一）不重复征税，具有中性税收的特征

中性税收，是指税收对经济行为包括企业生产决策、生产组织形式等，不产生影响，由市场对资源配置发挥基础性、主导性作用。政府在建立税制时，以不干扰经营者的投资决策和消费者的消费选择为原则。增值额具有中性税收的特征，是因为增值税只对货物或劳务销售额中没有征过税的那部分增值额征税，对销售额中属于转移过来的、以前环节已征过税的那部分销售额则不再征税，从而有效地排除了重复征税因素。此外，增值税税率档次少，一些国家只采取一档税率，即使采取二档或三档税率的，其绝大部分货物一般也都是按一个统一的基本税率征税。这不仅使绝大部分货物的税负是一样的，而且使同一货物在经历的所有生产和流通的各环节的整体税负也是一样的。这种情况使增值税对生产经营活动以及消费行为基本不产生影响，从而使增值税具有了中性税收的特征。

例如，甲方销售货物给乙方并收取5 000元，该货物的成本为3 000元，乙方再以7 000元的价格销售给丙方。此时，对于甲方来说，他只需对2 000元［（5 000−3 000）］的部分缴纳增值税；对于乙方来说，他只需对2 000元［（7 000−5 000）］的部分缴纳增值税，而不是对5 000元和7 000元缴纳增值税。甲方销售货物给乙方和乙方销售货物给丙方，都是对增值额纳税，甲方要开具增值税专用发票给乙方抵扣，同时乙方要开具增值税专用发票给丙方抵扣，这样就避免了重复征税问题。

（二）逐环节征税，逐环节扣税，最终消费者是全部税款的承担者

作为一种新型的商品劳务税，增值税保留了传统间接税按流转额全值计税和道道征税的特点，同时还实行税款抵扣制度。即在逐环节征税的同时，还逐环节扣税。在这里，各环节的经营者作为纳税人只是把从买方收取的税款抵扣自己支付给卖方的税款后的余额缴给政府，而经营者本身实际上并没有承担增值税税款。这样，随着各环节交易活动的进行，经营者在出售货物的同时也出售了该货物所承担的增值税税款，直到货物卖给最终消费者时，货物在以前环节已缴纳的税款连同本环节的税款也一同转嫁给了最终消费者。可见，增值税税负具有逐环节向前推移的特点，作为纳税人的生产经营者并不是增值税的真正负担者，只有最终消费者才是全部税款的负担者。

（三）税基广阔，具有征收的普遍性和连续性

无论从横向还是从纵向来看，增值税都有广阔的税基。从生产经营的横向关系看，无论工业、商业或者劳动服务活动，只要有增值收入就要纳税；从生产经营的纵向关系看，每一货物无论经过多少生产经营环节，都要按各环节发生的增值额逐次征税。

第二节 增值税的纳税义务人和扣缴义务人

一、增值税纳税义务人和扣缴义务人的含义

（一）增值税纳税义务人的含义

在中华人民共和国境内（以下简称境内）销售货物，提供加工、修理修配劳务，销售服务、无形资产或不动产以及进口货物的单位和个人，为增值税纳税义务人，也称增值税纳税人。

单位，是指企业、行政单位、事业单位、军事单位、社会团体及其他单位；个人，是指个体工商户和其他个人。

单位以承包、承租、挂靠方式经营的，承包人、承租人、挂靠人（以下统称承包人）以发包人、出租人、被挂靠人（以下统称发包人）名义对外经营并由发包人承担相关法律责任的，以该发包人为纳税人。否则，以承包人为纳税人。2017 年 7 月 1 日（含）以后，资管产品运营过程中发生的增值税应税销售行为，以资管产品管理人为增值税纳税人。

“在境内”是指：

（1）在中国境内销售货物，是指销售货物的起运地或者所在地在境内。

（2）在中国境内提供加工、修理修配劳务，是指提供的应税劳务发生地在境内。

（3）在境内销售服务、无形资产或者不动产，是指：

① 服务（租赁不动产除外）或者无形资产（自然资源使用权除外）的销售方或者购买方在境内；

② 所销售或者租赁的不动产在境内；

③ 所销售自然资源使用权的自然资源在境内；

④ 财政部和国家税务总局规定的其他情形。

下列情形不属于在境内销售服务或者无形资产：

① 境外单位或者个人向境内单位或者个人销售完全在境外发生的服务；

② 境外单位或者个人向境内单位或者个人销售完全在境外使用的无形资产；

③ 境外单位或者个人向境内单位或者个人出租完全在境外使用的有形动产；

④ 财政部和国家税务总局规定的其他情形。

【提示】（1）方向特定：提供方必须为境外单位或者个人；接受方必须为境内单位或者个人。（2）必须“完全在境外发生或使用”。

（二）增值税扣缴义务人的含义

中华人民共和国境外（以下简称境外）的单位或者个人在境内销售劳务，在境内未设有经营机构的，以其境内代理人为扣缴义务人；在境内没有代理人的，以购买方为扣缴义务人。

境外的单位或者个人在境内销售服务、无形资产或者不动产，在境内未设有经营机构的，以购买方为增值税扣缴义务人。财政部和国家税务总局另有规定的除外。

二、增值税纳税人的分类

增值税纳税人分为小规模纳税人和一般纳税人两类，并实行不同的征收标准和征收管理方式。

（一）小规模纳税人的标准和征收管理方式

自 2018 年 5 月 1 日起，增值税小规模纳税人标准统一为年应税销售额（销售货物、劳务、服务、无形资产、不动产年应征增值税销售额之和）500 万元及以下。

年应税销售额超过小规模纳税人标准的其他个人（指自然人）按小规模纳税人纳税。

超过小规模纳税人标准的非企业性单位、不经常发生应税行为的企业可选择按小规模纳税人纳税。

（二）一般纳税人的标准和征收管理方式

增值税纳税人（以下简称纳税人），年应税销售额超过财政部、国家税务总局规定的小规模纳税人标准（500 万元）的，除税法另有规定外，应当向主管税务机关办理一般纳税人登记。这里所称的年应税销售额，是指纳税人在连续不超过 12 个月或 4 个季度的经营期内累计应征增值税销售额，包括纳税申报销售额、稽查查补销售额、纳税评估调整销售额。销售服务、无形资产或者不动产有扣除项目的纳税人，其年应税销售额按未扣除之前的销售额计算。纳税人偶然发生的销售无形资产、转让不动产的销售额，不计入年应税销售额。

年应税销售额未超过规定标准的纳税人，会计核算健全，能够提供准确税务资料的，可以向主管税务机关办理一般纳税人登记。会计核算健全，是指能够按照国家统一的会计制度规定设置账簿，根据合法、有效凭证进行核算。

纳税人登记为一般纳税人后，一般不得转为小规模纳税人，国家税务总局另有规定的除外。

第三节 增值税的征税范围

根据《增值税暂行条例》和《营业税改征增值税试点实施办法》的规定，我们将增值税的征税范围分为一般规定和具体规定。另外，增值税的征税范围还包括一些特殊项目和特殊行为。

一、增值税征税范围的一般规定

现行增值税征税范围的一般规定包括以下几个方面。

（一）销售或者进口货物

货物是指有形动产，包括电力、热力、气体在内。销售货物，是指有偿转让货物的所有权。有偿是指从购买方取得货币、货物或其他经济利益。

进口货物，是指申报进入中国海关境内的货物。只要是报关进口的应税货物，均属于增值税的征税范围，在进口环节缴纳增值税。出口货物也属于增值税征收范围，不过，对出口货物一般实行零税率。

（二）提供加工修理修配劳务

加工是指受托加工货物，即委托方提供原料及主要材料，受托方按照委托方的要求，制造货物并收取加工费的业务；修理修配是指受托对损伤和丧失功能的货物进行修复，使其恢复原状和功能的业务。

提供应税劳务，是指有偿提供劳务。单位或者个体工商户聘用的员工为本单位或者雇主提供劳务，不包括在内。

（三）销售服务、无形资产或者不动产

销售服务、无形资产或者不动产，是指有偿提供服务、有偿转让无形资产或者不动产，但属于下列非经营活动的情形除外。

（1）行政单位收取的同时满足以下条件的政府性基金或者行政事业性收费。

①由国务院或者财政部批准设立的政府性基金，由国务院或者省级人民政府及其财政、价格主管部门批准设立的行政事业性收费；②收取时开具省级以上（含省级）财政部门监（印）制的财政票据；③所收款项全额上缴财政。

（2）单位或者个体工商户聘用的员工为本单位或者雇主提供取得工资的服务。

（3）单位或者个体工商户为聘用的员工提供服务。

（4）财政部和国家税务总局规定的其他情形。

二、增值税征税范围的具体规定

现行增值税征税范围的具体规定包括以下几个方面。

（一）销售服务

销售服务，是指提供交通运输服务、邮政服务、电信服务、建筑服务、金融服务、现代服务、生活服务。

1. 交通运输服务

交通运输服务，是指利用运输工具将货物或者旅客送达目的地，使其空间位置得到转移的业务活动，包括陆路运输服务、水路运输服务、航空运输服务和管道运输服务。

【提示1】出租车公司向使用本公司自有出租车的出租车司机收取的管理费用，按照陆路运输服务缴纳增值税。

【提示2】水路运输的程租①、期租②业务，属于水路运输服务。

【提示3】无运输工具承运业务，按照交通运输服务缴纳增值税。

① 程租，是指运输企业为租船人完成某一特定航次的运输任务并收取租赁费的业务。

② 期租，是指运输企业将配备有操作人员的船舶承租给他人使用一定期限，在承租期内听候承租方调遣，不论是否经营，均按天向承租方收取租赁费，发生的固定费用均由船东负担的业务。

2. 邮政服务

邮政服务，是指中国邮政集团公司及其所属邮政企业提供邮件寄递、邮政汇兑和机要通信等邮政基本服务的业务活动。包括邮政普遍服务、邮政特殊服务和其他邮政服务。

3. 电信服务

（1）基础电信服务，是指利用固网、移动网、卫星、互联网，提供语音通话服务的业务活动，以及出租或者出售带宽、波长等网络元素的业务活动。

（2）增值电信服务，是指利用固网、移动网、卫星、互联网、有线电视网络，提供短信和彩信服务、电子数据和信息的传输及应用服务、互联网接入服务等业务活动。

【提示】卫星电视信号落地转接服务，按照增值电信服务缴纳增值税。

4. 建筑服务

建筑服务，是指各类建筑物、构筑物及其附属设施的建造、修缮、装饰，线路、管道、设备、设施等的安装以及其他工程作业的业务活动。包括：

（1）工程服务，是指新建、改建各种建筑物、构筑物的工程作业。

（2）安装服务，是指生产设备、动力设备、起重设备、运输设备、传动设备、医疗实验设备以及其他各种设备、设施的装配、安置工程作业。

【提示】固定电话、有线电视、宽带、水、电、燃气、暖气等经营者向用户收取的安装费、初装费、开户费、扩容费以及类似收费，按照安装服务缴纳增值税。

（3）修缮服务，是指对建筑物、构筑物（而非货物）进行修补、加固、养护、改善，使之恢复原来的使用价值或者延长其使用期限的工程作业。

（4）装饰服务，是指对建筑物、构筑物进行修饰装修，使之美观或者具有特定用途的工程作业。

（5）其他建筑服务，是指上列工程作业之外的各种工程作业服务，如钻井（打井）、拆除建筑物或者构筑物、平整土地、园林绿化、疏浚（不包括航道疏浚）、建筑物平移、搭脚手架、爆破、矿山穿孔、表面附着物（包括岩层、土层、沙层等）剥离和清理等工程作业。

5. 金融服务

（1）贷款服务。

① 各种占用、拆借资金取得的收入，包括在金融商品持有期间（含到期）的利息（保本收益、报酬、资金占用费、补偿金等）收入、信用卡透支利息收入、买入返售金融商品利息收入、融资融券收取的利息收入，以及融资性售后回租、押汇、罚息、票据贴现、转贷等业务取得的利息及利息性质的收入，按照贷款服务缴纳增值税。

② 以货币资金投资收取的固定利润或者保底利润，按照贷款服务缴纳增值税。

（2）直接收费金融服务。包括提供货币兑换、账户管理、电子银行、信用卡、信用证、财务担保、资产管理、信托管理、基金管理、金融交易场所（平台）管理、资金结算、资金清算、金融支付等服务。

（3）保险服务，包括人身保险服务和财产保险服务。

（4）金融商品转让。金融商品转让，是指转让外汇、有价证券、非货物期货和其他金融商品（包括基金、信托、理财产品等各类资产管理产品和各种金融衍生品）所有权的业务活动。

6. 现代服务

（1）研发和技术服务，包括研发服务、合同能源管理服务、工程勘察勘探服务、专业技术服务。

（2）信息技术服务，包括软件服务、电路设计及测试服务、信息系统服务、业务流程管理服务和信息系统增值服务。

（3）文化创意服务，包括设计服务、知识产权服务、广告服务和会议展览服务。

（4）物流辅助服务，包括航空服务、港口码头服务、货运客运场站服务、打捞救助服务、装卸搬运服务、仓储服务和收派服务。

（5）租赁服务，包括不动产、有形动产融资租赁服务和不动产、有形动产经营租赁服务。

【提示1】融资性售后回租按照贷款服务缴纳增值税。

【提示2】将建筑物、构筑物等不动产或者飞机、车辆等有形动产的广告位出租给其他单位或者个人用于发布广告，按照经营租赁服务缴纳增值税。

【提示3】车辆停放服务、道路通行服务（包括过路费、过桥费、过闸费等）等按照不动产经营租赁服务缴纳增值税。

（6）鉴证咨询服务。

① 包括认证服务、鉴证服务和咨询服务。

② 翻译服务和市场调查服务按照咨询服务缴纳增值税。

（7）广播影视服务，包括广播影视节目（作品）的制作服务、发行服务和播映（含放映）服务。

（8）商务辅助服务，包括企业管理服务、经纪代理服务、人力资源服务、安全保护服务。

（9）其他现代服务。

7. 生活服务

（1）文化体育服务。

（2）教育医疗服务。

（3）旅游娱乐服务。

（4）餐饮住宿服务。

（5）居民日常服务（包括市容市政管理、家政、婚庆、养老、殡葬、照料和护理、救助救济、美容美发、按摩、桑拿、氧吧、足疗、沐浴、洗染、摄影扩印等服务）。

（6）其他生活服务。

（二）销售无形资产

销售无形资产，是指转让无形资产所有权或者使用权的业务活动。无形资产，是指不具实物形态，但能带来经济利益的资产，包括技术、商标、著作权、商誉、自然资源使用权和其他权益性无形资产。

【提示1】自然资源使用权，包括土地使用权、海域使用权、探矿权、采矿权、取水权和其他自然资源使用权。

【提示2】其他权益性无形资产，包括基础设施资产经营权（如高速公路经营权）、公共事业特许权、配额、经营权（包括特许经营权、连锁经营权、其他经营权）、经销权、分销权、代理权、会员权、席位权、网络游戏虚拟道具、域名、名称权、肖像权、冠名权、转会费等。

（三）销售不动产

（1）销售不动产，是指转让不动产所有权的业务活动。

（2）转让建筑物有限产权或者永久使用权的，转让在建的建筑物或者构筑物所有权的，以及在转让建筑物或者构筑物时一并转让其所占土地的使用权的，按照销售不动产缴纳增值税。

【提示】（1）单独转让土地使用权按销售无形资产缴纳增值税；（2）在转让建筑物或者构筑物时一并转让其所占土地的使用权的，按照销售不动产缴纳增值税。

三、属于征税范围的特殊项目

现行增值税征税范围中的特殊项目包括以下几个。

（1）对货物期货（包括商品期货和贵金属期货），应当征收增值税，在期货的实物交割环节征收增值税。

（2）对银行销售金银的业务，应当征收增值税。

（3）对典当业的死当物品销售业务和寄售商店代委托人销售寄售物品的业务，均应征收增值税。

（4）对缝纫业务，征收增值税。

（5）对基本建设单位和从事建筑安装业务的企业附设的工厂、车间生产的水泥预制构件、其他构件或建筑材料，用于本单位或本企业建筑工程的，在移送使用时，征收增值税。

（6）对电力公司向发电企业收取的过网费，征收增值税。

（7）旅店业和饮食业纳税人销售非现场消费的食品应当缴纳增值税。

（8）对纳税人提供的矿产资源开采、挖掘、切割、破碎、分拣、洗选等劳务，按照增值税应税劳务征收增值税。

（9）不征收增值税的其他情形如下。

① 对根据国家指令无偿提供的铁路运输服务、航空运输服务，属于《营业税改征增值税试点实施办法》规定的用于公益事业的服务，不征收增值税。

② 对存款利息，不征收增值税。

③ 对被保险人获得的保险赔付，不征收增值税。

④ 对房地产主管部门或者其指定机构、公积金管理中心、开发企业以及物业管理单位代收的住宅专项维修资金，不征收增值税。

⑤ 对在资产重组过程中，通过合并、分立、出售、置换等方式，将全部或者部分实物资产以及与其相关联的债权、负债和劳动力一并转让给其他单位和个人，其中涉及的货物、不动产、土地使用权转让行为，不征收增值税。

四、属于征税范围的特殊行为

现行增值税征税范围内的特殊行为主要包括视同销售行为、混合销售行为和兼营行为。

（一）视同销售货物

单位或个体工商户的下列行为，视同销售货物。

1. 代销业务

（1）将货物交付其他单位或者个人代销。

（2）销售代销货物。

2. 货物移送

设有两个以上机构并实行统一核算的纳税人，将货物从一个机构移送至其他机构用于销售，但相关机构设在同一县（市）的除外。

3. 自产、委托加工、购进货物的特殊处置

（1）将自产、委托加工的货物用于非应税项目。

（2）将自产、委托加工的货物用于集体福利或个人消费。

（3）将自产、委托加工或购进的货物作为投资，提供给其他单位或个体工商户。

（4）将自产、委托加工或购进的货物分配给股东或者投资者。

（5）将自产、委托加工或购进的货物无偿赠送给其他单位或个人。

（二）视同销售服务、无形资产或者不动产

单位或个体工商户的下列行为，视同销售服务、无形资产或者不动产。

（1）单位或者个体工商户向其他单位或者个人无偿提供服务，但用于公益事业或者以社会公众为对象的除外。

（2）单位或者个人向其他单位或者个人无偿转让无形资产或者不动产，但用于公益事业或者以社会公众为对象的除外。

（3）财政部和国家税务总局规定的其他情形。

（三）混合销售行为

一项销售行为如果既涉及货物又涉及服务，则为混合销售行为。从事货物的生产、批发或者零售的单位和个体工商户的混合销售行为，按照销售货物缴纳增值税；其他单位和个体工商户的混合销售行为，按照销售服务缴纳增值税。上述从事货物的生产、批发或者零售的单位和个体工商户，包括以从事货物的生产、批发或者零售为主，并兼营销售服务的单位和个体工商户。

混合销售行为界定的标准有两个：一是其销售行为必须是一项；二是该项行为必须既涉及货物销售又涉及应税行为。我们在确定混合销售是否成立时，其必须达到上述行为标准，如果一项销售行为只涉及销售服务，不涉及货物，这种行为就不是混合销售行为；反之，如果涉及销售服务和涉及货物的行为，不是存在于一项销售行为之中，这种行为也不是混合销售行为。例如，货物生产企业在销售货物的同时附带提供运输服务，这种销售货物及提供运输的行为属于混合销售行为，所收取的货物款项及运输费用应一律按照“销售货物”计算缴纳增值税；培训机构提供培训服务的同时销售培训纸质资料，按照“销售服务”（生活服务）缴纳增值税。

在混合销售行为中，纳税人的销售货物和销售服务行为之间存在紧密的从属关系，按纳税人经营主业缴纳增值税，销售额为货物销售额与服务销售额的合计。

【提示】自2017年5月起，纳税人在销售活动板房、机器设备、钢结构件等自产货物的同时提供建筑、安装服务，不属于混合销售，应分别核算货物和建筑服务的销售额，分别适

用不同的税率或征收率。

（四）兼营行为

同一纳税主体，既销售货物、加工修理修配劳务，又销售服务、无形资产、不动产，各类业务并无必然的从属关系（可以同时发生，也可以不同时发生）。各类业务适用不同税率或者征收率的，应当分别核算适用税率或征收率的销售额；未分别核算的，则从高适用税率或从高适用征收率。

（1）兼有不同税率的应税销售行为，从高适用税率。

（2）兼有不同征收率的应税销售行为，从高适用征收率。

（3）兼有不同税率和征收率的应税销售行为，从高适用税率。

注意

纳税人兼营免税、减税项目的，应当分别核算免税、减税项目的销售额；未分别核算销售额的，不得免税、减税。

第四节 增值税的税率和征收率

我国现行增值税税率包括基本税率、低税率、零税率和征收率等不同档次。

一、增值税的基本税率

增值税的基本税率为13%，适用于纳税人销售或者进口货物（适用9%低税率的除外），提供加工、修理修配劳务和有形动产租赁服务。

有形动产租赁服务，包括有形动产的融资性租赁和经营性租赁。水路运输的光租业务和航空运输的干租业务，属于有形动产经营性租赁。

二、增值税的低税率

增值税的低税率包括9%和6%两档。

（一）适用低税率9%的货物

一般纳税人销售或者进口下列货物，税率为9%。

（1）“涉农”类：农产品（含粮食，不含淀粉，含干姜、黄姜，不含麦芽、复合胶、人发制品）、饲料、化肥、农药、农机、农膜。这里的农产品是指各种植物、动物的初级产品。

（2）“涉民”类：自来水、暖气、冷气、热水、煤气、石油液化气、天然气、沼气、居民用煤炭制品、食用植物油、食用盐。

（3）“涉文”类：图书、报纸、杂志、音像制品、电子出版物。

（4）二甲醚。

（5）一般纳税人提供交通运输、邮政、基础电信、建筑、不动产租赁服务，销售不动产，转让土地使用权。

（二）适用低税率6%的

一般纳税人提供增值电信服务、金融服务、现代服务（除有形动产租赁服务和不动产租赁服务外）和生活服务，销售土地使用权以外的无形资产，税率为6%。

【提示】为更大规模减税，深化增值税改革，自2019年4月1日起，我国将制造业等行业16%的税率降至13%，将交通运输业、建筑业等行业10%的税率降至9%；保持6%一档的税率不变。

三、增值税的零税率

纳税人出口货物，适用增值税零税率；但国务院另有规定的除外。

中华人民共和国境内（以下简称境内）的单位和个人销售的下列服务和无形资产，适用增值税零税率。

（1）国际运输服务。国际运输服务，是指：①在境内载运旅客或者货物出境；②在境外载运旅客或者货物入境；③在境外载运旅客或者货物。

（2）航天运输服务。

（3）向境外单位提供的完全在境外消费的下列服务：研发服务；合同能源管理服务；设计服务；广播影视节目（作品）的制作和发行服务；软件服务；电路设计及测试服务；信息系统服务；业务流程管理服务；离岸服务外包业务，包括信息技术外包服务（ITO）、技术性业务流程外包服务（BPO）、技术性知识流程外包服务（KPO），其所涉及的具体业务活动，按照《销售服务、无形资产、不动产注释》相对应的业务活动执行；转让技术。

完全在境外消费，是指服务的实际接受方在境外，且与境内的货物和不动产无关；无形资产完全在境外使用，且与境内的货物和不动产无关；财政部和国家税务总局规定的其他情形。

（4）财政部和国家税务总局规定的其他服务。

四、增值税的征收率

增值税征收率是指对特定的货物或特定的纳税人发生的应税销售行为在某一生产流通环节应纳税额与销售额的比率。增值税征收率适用于两种情况：一是小规模纳税人；二是一般纳税人发生应税销售行为按规定可以选择简易计税方法计税的。

我国增值税的法定征收率是3%；一些特殊项目适用3%减按2%的征收率。全面“营改增”后的与不动产有关的特殊项目适用5%的征收率；一些特殊项目适用5%减按1.5%的征收率。

第五节 增值税应纳税额的计算

增值税的计税方法主要包括一般计税方法和简易计税方法。我国目前对一般纳税人增值税的计算主要采用一般计税方法，某些特殊情况下采用或者选择采用简易计税方法；我国目前对小规模纳税人增值税的计算采用简易计税方法。

一、增值税一般计税方法下应纳税额的计算

一般计税方法，即国际上通行的购进扣税法，即先按照当期销售额和适用的税率计算出销项税额，然后对当期购进项目已经缴纳的税款进行抵扣，从而间接计算出对当期增值额部分的应纳税额。

增值税一般纳税人发生应税销售行为，除适用简易征税方法以外的，均应采用一般计税方法计税。其计算公式是：

当期应纳税额=当期销项税额-当期进项税额

增值税一般纳税人当期应纳税额的多少，取决于当期销项税额和当期进项税额这两个因素。在分别确定了销项税额和准予抵扣的进项税额的情况下，就不难计算出应纳税额了。当期销项税额小于当期进项税额不足抵扣时，其不足部分可以结转下期继续抵扣。

境外的单位或者个人在境内销售劳务，在境内未设有经营机构的，以其境内代理人为扣缴义务人；在境内没有代理人的，以购买方为扣缴义务人。境外的单位或者个人在境内销售服务、无形资产或不动产，在境内未设有经营机构的，以购买方为增值税扣缴义务人。扣缴义务人按照下列公式计算应扣缴税额：

应扣缴税额=购买方支付的价款÷（1+税率）×税率

（一）销项税额的计算

销项税额是指纳税人发生应税销售行为时，按照销售额与规定税率计算并向购买方收取的增值税税额。销项税额的计算公式为：

销项税额=销售额×适用税率

从销项税额的计算公式中可以看出，它是由购买方在购买货物、劳务、服务、无形资产、不动产时，一并向销售方支付的税额。对于属于一般纳税人的销售方来说，在没有抵扣其进项税额前，销售方收取的销项税额还不是其应纳增值税税额。销项税额的计算取决于销售额和适用税率两个因素。在适用税率既定的前提下，销项税额的大小主要取决于销售额的大小。

1. 一般销售方式下销售额的确定

销售额是指纳税人发生应税销售行为时向购买方（承受劳务和服务行为也视为购买方）收取的全部价款和价外费用。特别需要强调的是，尽管销项税额也是销售方向购买方收取的，但是由于增值税采用价外计税方式，用不含增值税（以下简称不含税）价作为计税依据，因而销售额中不包括向购买方收取的销项税额。但是，如果销售货物是消费税应税产品或者进口产品，则全部价款中包括消费税或进口关税（价内税）。

价外费用（或称“价外收入”），包括价外向购买方收取的手续费、补贴、基金、集资费、返还利润、奖励费、违约金、滞纳金、延期付款利息、赔偿金、代收款项、代垫款项、包装费、包装物租金、储备费、优质费、运输装卸费以及其他各种性质的价外收费。但下列项目不包括在内。

（1）受托加工应征消费税的消费品所代收代缴的消费税。

（2）同时符合以下条件代为收取的政府性基金或者行政事业性收费：由国务院或者财政部批准

设立的政府性基金，由国务院或者省级人民政府及其财政、价格主管部门批准设立的行政事业性收费；收取时开具省级以上财政部门印制的财政票据；所收款项全额上缴财政。

（3）同时符合以下条件的代垫运费：承运部门的运输费用开具给购买方的，纳税人（销售方）将该项发票转交给购买方的（这里是指销售方为购买方代垫的运输费用）。

（4）销售货物的同时代办保险等而向购买方收取的保险费，以及向购买方收取的代购买方缴纳的车辆购置税、车辆牌照费。

凡随同应税销售行为向购买方收取的价外费用，无论其会计制度如何核算，均应并入销售额计算应纳税额。应当注意，国家税务总局规定：对增值税一般纳税人（包括纳税人自己或代其他部门）向购买方收取的价外费用和逾期包装物押金，应视为含增值税（以下简称含税）收入，在征税时应换算成不含税收入再并入销售额。其换算公式为：

不含税价外费用=含税价外费用÷（1+税率）

会计准则规定，由于价外收费一般都不在营业收入科目中核算，而在“其他应付款”“营业外收入”等科目中核算。这样，企业在会计实务中时常出现对价外收费虽在相应科目中做会计核算，但却未核算其销项税额的情况。有的企业则既不按会计核算要求进行收入核算，又不按规定核算销项税额，而是将发生的价外收费直接冲减有关费用科目。因此应严格核查各项价外收费，进行正确的会计核算和税额核算。

另外，销售额应以人民币计算。纳税人以人民币以外的货币结算销售额的，应当折合成人民币计算。折合率可以选择销售额发生的当天或者当月 1 日的人民币汇率中间价。纳税人应当在事先确定采用何种折合率，确定后 12 个月内不得变更。

【案例 2-1】某百货商店为增值税一般纳税人，本月向消费者销售洗衣机 100 台，零售价为 1 130 元/台。已知洗衣机适用的增值税税率为 13%，求增值税销项税额。

【解析】该百货商店上述业务应计算的增值税销项税额=1 130×100÷（1+13%）×13%=13 000（元）。

2. 特殊销售方式下销售额的确定

在销售活动中，为了达到促销目的，纳税人有多种销售方式选择。不同销售方式下，销售方取得的销售额会有所不同。增值税的法律法规对以下几种销售方式分别做了规定。

（1）采取折扣方式销售。折扣销售，又叫商业折扣，是指销售方在发生应税销售行为时，因购买方购货数量较大或与销售方有特殊关系等原因而给予购货方的价格优惠。纳税人发生应税销售行为，如将销售额和折扣额在同一张发票的“金额”栏中分别注明的，可按折扣后的销售额征收增值税。未在同一张发票“金额”栏中注明折扣额，而仅在发票的“备注”栏中注明折扣额的，折扣额不得从销售额中减除。纳税人发生应税销售行为因销售折让、中止或者退回的，应扣减当期的销项税额（一般计税方法）或销售额（简易计税方法）。

这里需要注意以下几点。

① 折扣销售不同于销售折扣。销售折扣，又叫现金折扣，是指销售方在发生应税销售行为后，为了鼓励购买方及早偿还货款而协议许诺给予购货方的一种折扣优待（如 10 天内付款，货款折扣 2%；20 天内付款，货款折扣 1%；30 天内全价付款）。由于销售折扣发生在应税销售行为之后，是一种融资性质的理财费用，因此，销售折扣不得从销售额中减除。企业在确定销售额时应把折扣销售与销售折扣严格区分开。销售折扣虽然不能在计算增值税时扣减销售额，但是可以在计算企业所

得税时作为财务费用扣减应纳税所得额。

② 销售折扣又不同于销售折让。销售折让，是指企业因售出商品的质量不合格等原因而在售价上给予的减让。对增值税而言，销售折让其实是指纳税人发生应税销售行为后因为劳动成果质量不合格等原因在售价上给予的减让。销售折让与销售折扣相比较，虽然都是在应税销售行为后发生的，但因为销售折让是由于应税销售行为的品种和质量引起的销售额的减少，因此，对销售折让可以折让后的货款为销售额。

③ 折扣销售仅限于应税销售行为价格的折扣，如果销售方将自产、委托加工和购买的应税销售行为用于实物折扣的，则该实物款额不能从应税销售行为的销售额中减除，且该实物应按“视同销售货物”中的“赠送他人”计算征收增值税。

根据增值税法律制度的规定，纳税人发生应税销售行为并向购买方开具增值税专用发票后，由于购买方在一定时期内累计购买货物、劳务、服务、无形资产、不动产达到一定数量，或者由于市场价格下降等原因，对于销售方给予购买方相应的价格优惠或补偿等折扣、折让行为，销售方可按现行《增值税专用发票使用规定》的有关规定开具红字增值税专用发票。

【案例 2-2】甲商场为增值税一般纳税人，其销售的钢笔的零售价为 20 元/支，乙学校作为教师节礼物购进 100 支。由于大批量购进，甲商场同意给乙学校 8 折优惠。已知增值税税率为 13%，求增值税销项税额。

【解析】

因购买量大而给予的折扣，属于商业折扣；如果甲商场将销售额与折扣额在同一张发票的“金额”栏中分别注明，则增值税销项税额=20×100×80%÷（1+13%）×13%=184.07（元）；如果甲商场将折扣额另开发票，则增值税销项税额=20×100÷（1+13%）×13%=230.09（元）。

【案例 2-3】某商场为增值税一般纳税人，批发销售一批货物，不含税销售额为 20 万元，因对方提前 10 天付款，所以按合同约定给予 5%的折扣。已知上述货物适用的增值税税率为 13%，请计算其销项税额。

【解析】销项税额=20×13%=2.6（万元）

（2）采取以旧换新方式销售。以旧换新是指纳税人在销售自己的货物时，有偿收回旧货物的行为。根据增值税法律法规的规定，采取以旧换新方式销售货物的，应按新货物的同期销售价格确定销售额，不得扣减旧货物的收购价格。之所以这样规定，既是因为销售货物与收购货物是两个不同的业务活动，销售额与收购额不能相互抵减，也是为了严格增值税的计算征收，防止出现销售额不实、减少纳税的现象。但是，考虑到金银首饰以旧换新业务的特殊情况，对金银首饰以旧换新业务，可以按销售方实际收取的不含增值税的全部价款征收增值税。

【案例 2-4】甲商场为增值税一般纳税人，采取“以旧换新”方式销售货物，本月销售新货物 100 件，每件零售价 3 000 元，旧货物每件作价 1 000 元。已知上述货物适用的增值税税率为 13%，求增值税销项税额。

【解析】

① 如果该货物为电冰箱，增值税销项税额=3 000×100÷（1+13%）×13%=345 13.27（元）；

② 如果该货物为铂金项链，增值税销项税额=（3 000−1 000）×100÷（1+13%）×13%=23 008.85（元）。

（3）采取还本销售方式销售。还本销售，是指纳税人在销售货物后，在一定期限内一次或分次退还给购买方全部或部分价款。这种方式实际上是一种筹资行为，是以货物换取资金的使用价值，到期还本不付息的方法。增值税法律法规规定，采取还本销售方式销售货物，其销售额就是货物的销售价格，不得从销售额中减除还本支出。

（4）采取以物易物方式销售。以物易物，是指购销双方不是以货币结算，而是以同等价款的应税销售行为相互结算，实现应税销售行为购销的一种方式。在实务中，以物易物双方都需做购销处理，以各自发出的应税销售行为核算销售额并计算销项税额，以各自收到的货物、劳务、服务、无形资产、不动产按规定核算购进金额并计算进项税额。双方应注意，在以物易物活动中，双方应分别开具合法的票据，如收到货物、劳务、服务、无形资产、不动产后不能取得相应的增值税专用发票或其他合法票据，则不能抵扣进项税额。

（5）包装物押金的税务处理。包装物是指纳税人包装本单位货物的各种物品。纳税人销售货物时另收取包装物押金，目的是促使购买方及早退回包装物以便周转使用。根据税法的规定，纳税人为销售货物而出租出借包装物收取的押金，单独记账核算的，时间在 1 年以内，又未过期的，不并入销售额征税，但对因逾期未收回包装物不再退还的押金，应按所包装货物的适用税率计算销项税额。

上述规定中，"逾期"是指按合同约定实际逾期，或以 1 年为期限，对收取 1 年以上的押金，无论是否退还均并入销售额征税。当然，在将包装物押金并入销售额征税时，需要先将该押金换算为不含税价。纳税人为销售货物出租出借包装物而收取的押金，无论包装物周转使用期限长短，超过 1 年（含 1 年）以上仍不退还的均并入销售额征税。

应当注意的是，对销售除啤酒、黄酒外的其他酒类产品而收取的包装物押金，无论是否返还以及会计上如何核算，均应并入当期销售额征税。对销售啤酒、黄酒所收取的押金，按上述一般押金的规定处理。另外，包装物押金不应混同于包装物租金，纳税人对于在销售货物同时发生收取包装物租金的情况，在包装物租金收取之时就应该考虑销项税额的征纳问题。

【案例 2-5】甲公司（增值税一般纳税人）销售产品取得含增值税价款 113 000 元，另外收取包装物租金 5 650 元。已知增值税税率为 13%，计算甲公司该笔业务的增值税销项税额。

【解析】销项税额=（113 000+5 650）÷（1+13%）×13%=13 650（元）

【案例 2-6】甲公司（增值税一般纳税人）销售产品取得含增值税价款 113 000 元，另外收取包装物押金 5 650 元。已知增值税税率为 13%，计算甲公司该笔业务的增值税销项税额。

【解析】销项税额=113 000÷（1+13%）×13%=13 000（元）

（6）贷款服务。贷款服务，以提供贷款服务取得的全部利息及利息性质的收入为销售额。银行提供贷款服务按期计收利息的，结息日当日计收的全部利息收入，均应计入结息日所属期的销售额，按照现行规定计算缴纳增值税。自 2018 年 1 月 1 日起，资管产品管理人运营资管产品提供的贷款服务以自 2018 年 1 月 1 日起产生的利息及利息性质的收入为销售额。

（7）直接收费金融服务。直接收费金融服务，以提供直接收费金融服务收取的手续费、佣金、酬金、管理费、服务费、经手费、开户费、过户费、结算费、转托管费等各类费用为销售额。

（8）直销。直销企业先将货物销售给直销员，直销员再将货物销售给消费者的，直销企业的销售额为其向直销员收取的全部价款和价外费用。直销企业通过直销员向消费者销售货物，直接向消费者收取货款，直销企业的销售额为其向消费者收取的全部价款和价外费用。

（9）“营改增”试点纳税人销售电信服务时，附带赠送用户识别卡、电信终端等货物或者电信服务的，应将其取得的全部价款和价外费用进行分别核算，按照各自适用的税率计算缴纳增值税。

3. 视同销售方式下销售额的确定

纳税人发生应税销售行为的情形，价格明显偏低并无正当理由的，或者发生应税销售行为而无销售额的，由主管税务机关按照下列顺序核定销售额。

（1）按照纳税人最近时期发生同类应税销售行为的平均销售价格确定。

（2）按照其他纳税人最近时期发生同类应税销售行为的平均销售价格确定。

（3）按照组成计税价格确定。组成计税价格的公式为：

组成计税价格=成本×（1+成本利润率）

如果销售的货物属于消费税应税消费品，在确定其销售额时组成计税价格的计算公式如下。

① 实行从价定率办法计算纳税的组成计税价格计算公式为：

组成计税价格=成本×（1+成本利润率）+消费税税额=成本×（1+成本利润率）÷（1-消费税比例税率）

② 实行从量定额办法计算纳税的组成计税价格计算公式为：

$$\text{组成计税价格}=\text{成本}\times\left(1+\text{成本利润率}\right)+\text{消费税税额}=\text{成本}\times\left(1+\text{成本利润率}\right)+\text{课税数量}\times\text{消费税定额税率}$$

③ 实行复合计税办法计算纳税的组成计税价格计算公式为：

$$\text{组成计税价格}=\text{成本}\times\left(1+\text{成本利润率}\right)+\text{消费税税额}=\left[\text{成本}\times\left(1+\text{成本利润率}\right)+\text{课税数量}\times\text{消费税定额税率}\right]\div\left(1-\text{消费税比例税率}\right)$$

公式中的成本，如果是销售自产货物的为实际生产成本；如果是销售外购货物的为实际采购成本。成本利润率由国家税务总局确定，一般为10%。但属于应采用从价定率及复合计税办法征收消费税的货物，其组成计税价格中的成本利润率为国家税务总局确定的应税消费品的成本利润率。

【案例2-7】甲公司是增值税一般纳税人，2019年9月将自产的100件A型内衣赠送给乙企业，每件不含税价格为15元；该月将自产的B型内衣200件发放给企业员工试穿，无销售价，已知B型内衣的总成本为36 000元，假设成本利润率为10%。计算A型内衣和B型内衣的销项税额（该产品增值税税率为13%）。

【解析】销项税额=[100×15+36 000×（1+10%）]×13%=5 343（元）

【案例2-8】某化妆品企业将试制的一批高档化妆品作为礼品无偿赠送给客户。已知该批高档化妆品的生产成本为10万元，无同类产品的对外售价，高档化妆品的成本利润率为5%，消费税税率为30%。计算该批高档化妆品的销项税额（该产品增值税税率为13%）。

【解析】根据税法的规定，将自产货物无偿赠送他人，应视同销售计算增值税。由于该批化妆品无同类产品的对外销售价格，因此应按照组成计税价格计算应税销售额。

应税销售额=10×（1+5%）÷（1-30%）=15（万元）

销项税额=15×13%=1.95（万元）

4. 按差额确定的销售额

虽然原营业税的征税范围中所涉及的所有行业均纳入了增值税的征收范围，但是目前仍然有无法通过抵扣机制避免重复征税的情况存在，因此我国引入了差额征税的办法，解决纳税人税收负担加重的问题。以下项目按差额确定销售额。

（1）金融商品转让的销售额。按照卖出价扣除买入价后的余额为销售额。

（2）经纪代理服务。以取得的全部价款和价外费用，扣除向委托方收取并代为支付的政府性基金或行政事业性收费后的余额为销售额。向委托方收取的政府性基金或行政事业性收费，不得开具增值税专用发票。

（3）航空运输企业。航空运输企业的销售额，不包括代收的机场建设费和代售其他航空运输企业客票而代收转付的价款。

（4）试点纳税人中的一般纳税人提供客运场站服务，以其取得的全部价款和价外费用，扣除支付给承运方运费后的余额为销售额。

（5）试点纳税人提供旅游服务，可以选择以取得的全部价款和价外费用，扣除向旅游服务购买方收取并支付给其他单位或者个人的住宿费、餐饮费、交通费、签证费、门票费和支付给其他接团旅游企业的旅游费用后的余额为销售额。选择上述办法计算销售额的试点纳税人，向旅游服务购买方收取并支付的上述费用，不得开具增值税专用发票，可以开具普通发票。

（6）试点纳税人提供建筑服务适用简易计税方法的，以取得的全部价款和价外费用扣除支付的分包款后的余额为销售额。

（7）房地产开发企业中的一般纳税人销售其开发的房地产项目（选择简易计税方法的房地产老项目除外），以取得的全部价款和价外费用，扣除受让土地时向政府部门支付的土地价款后的余额为销售额。“向政府部门支付的土地价款”包括土地受让人向政府部门支付的征地和拆迁补偿费用、土地前期开发费用和土地出让收益等。

（二）进项税额的计算

进项税额，是指纳税人购进货物、劳务、服务、无形资产、不动产所支付或者负担的增值税税额。进项税额是与销项税额相对应的另一个概念。在开具增值税专用发票的情况下，它们之间的对应关系是，销售方收取的销项税额，就是购买方支付的进项税额。对于任何一个一般纳税人而言，由于其在经营活动中，既会发生应税销售行为，又会发生购进货物、劳务、服务、无形资产、不动产行为，因此，每一个一般纳税人都会有收取的销项税额和支付的进项税额。增值税的核心就是用纳税人收取的销项税额抵扣其支付的进项税额，其余额为纳税人实际应缴纳的增值税税额。这样，进项税额作为可抵扣的部分，对于纳税人实际缴纳多少税就产生了举足轻重的作用。

然而，需要注意的是，并不是纳税人支付的所有进项税额都可以从销项税额中抵扣。为体现增值税的配比原则，即购进项目金额与发生应税销售行为的销售额之间应有配比性，当纳税人购进的货物、劳务、服务、无形资产、不动产不是用于增值税应税项目，而是用于简易计税方法计税项目、免税项目或用于集体福利、个人消费等情况时，其支付的进项税额就不能从销项税额中抵扣。增值税法律法规对不能抵扣进项税额的项目做了严格的规定，如果违反规定，随意抵扣进项税额就将以逃避缴纳税款论处。因此，严格把握哪些进项税额可以抵扣，哪些进项税额不能抵扣是十分重要的，这也是纳税人在缴纳增值税实务中出现最多差错的地方。

1. 准予从销项税额中抵扣的进项税额

根据《增值税暂行条例》和《营业税改征增值税试点实施办法》，准予从销项税额中抵扣的进项税额，限于下列增值税扣税凭证上注明的增值税税额和按规定的扣除率计算的进项税额。

（1）从销售方取得的增值税专用发票（含税控机动车销售统一发票，下同）上注明的增值税税额。自 2017 年 7 月 1 日起，增值税一般纳税人对于取得的 2017 年 7 月 1 日及以后开具的增值税专用发票，应自开具之日起 360 日内认证或登录增值税发票选择确认平台进行确认，并在规定的纳税申报期内，向主管税务机关申报抵扣进项税额。

（2）从海关取得的海关进口增值税专用缴款书（以下简称“海关缴款书”）上注明的增值税税额。增值税一般纳税人进口货物时应准确填报企业名称，确保海关缴款书上的企业名称与税务登记的企业名称一致。税务机关将进口货物取得的属于增值税抵扣范围的海关缴款书信息与海关采集的缴款信息进行稽核比对。经稽核比对相符的，海关缴款书上注明的增值税税额可作为进项税额在销项税额中抵扣。稽核比对不相符的，所列税额暂不得抵扣，待核查确认海关缴款书票面信息与纳税人实际进口业务一致后，海关缴款书上注明的增值税税额可作为进项税额在销项税额中抵扣。

（3）自境外单位或者个人购进劳务、服务、无形资产或者境内的不动产，从税务机关或者扣缴义务人取得的代扣代缴税款的完税凭证上注明的增值税税额。纳税人凭完税凭证抵扣进项税额的，应当具备书面合同、付款证明和境外单位的对账单或者发票。资料不全的，其进项税额不得从销项税额中抵扣。

（4）纳税人购进固定资产，按下列规定抵扣进项税额。

① 自 2009 年 1 月 1 日起，增值税一般纳税人外购的用于生产经营的固定资产（有形动产，作为纳税人自用消费品的汽车、摩托车、游艇除外），其进项税额可以抵扣。

② 自 2013 年 8 月 1 日起，纳税人购进应征消费税的汽车、摩托车、游艇自用，可以抵扣购进时的增值税进项税额。

③ 自 2019 年 4 月 1 日起，纳税人取得不动产或者不动产在建工程的进项税额不再分 2 年抵扣。此前按照上述规定尚未抵扣完毕的待抵扣进项税额，可自 2019 年 4 月税款所属期起从销项税额中抵扣。

（5）纳税人购进农产品，按下列规定抵扣进项税额。

这里所说的农产品，指各种植物、动物的初级产品，适用 9%的增值税税率。农业生产者销售自产的农产品，免征增值税。

① 购进农产品直接销售、用于餐饮服务等。

A. 纳税人购进农产品，取得一般纳税人开具的增值税专用发票或海关进口增值税专用缴款书的，以增值税专用发票或海关进口增值税专用缴款书上注明的增值税税额为进项税额。

【案例 2-9】甲超市是增值税一般纳税人，2019 年 9 月从乙批发商（一般纳税人）处购进苹果一批，取得的乙批发商开具的增值税专用发票上注明金额为 10 000 元、税额为 900 元。当月，甲超市将该批苹果分装后全部销售，取得含税收入 21 800 元。求甲超市 9 月份应纳增值税税额。

【解析】苹果属于适用 9%增值税税率的初级农产品，甲超市销售该批苹果的销项税额=21 800÷（1+9%）×9%=1 800（元）；甲超市购进该批苹果取得了增值税专用发票，可以抵扣的进项税额为票面注明的税额 900 元。甲超市 9 月份应纳增值税税额=1 800−900=900（元）。

B．纳税人购进农产品，取得（开具）农产品销售发票或收购发票的，以农产品销售发票或收购发票上注明的农产品买价和 9%的扣除率计算进项税额。另外，纳税人从按照简易计税方法依据 3%征收率计算缴纳增值税的小规模纳税人取得增值税专用发票的，以增值税专用发票上注明的金额和 9%的扣除率计算进项税额。

【案例 2-10】甲面粉厂为增值税一般纳税人，2019 年 11 月向农民收购玉米一批用于生产面粉，开具的农产品收购发票上注明的农产品买价为 1 000 元。甲面粉厂将该批玉米验收入库，求甲面粉厂 11 月份购进该批玉米的进项税额。

【解析】由于面粉属于适用 9%增值税税率的初级农产品，甲面粉厂本月就购进的该批玉米可以抵扣的进项税额=1 000×9%=90（元）。

② 购进农产品深加工后销售。

纳税人购进用于生产销售或委托受托加工 13%税率货物的农产品，按照 10%的扣除率计算进项税额。

【案例 2-11】2019 年 10 月，甲公司（一般纳税人）向农民收购一批西红柿用于加工瓶装番茄酱销售，收购该批西红柿时向农民开具的农产品收购发票上注明买价为 1 000 元，番茄酱不含税销售额为 3 000 元，求甲公司本月的销项税额和进项税额。

【解析】甲公司销售番茄酱的销项税额=3 000×13%=390（元）；甲公司可以抵扣的进项税额=1 000×10%=100（元）。

【案例 2-12】2019 年 6 月，甲公司（一般纳税人）向乙批发公司（一般纳税人）购买一批苹果用于加工瓶装苹果酱销售，该批苹果的不含增值税价为 1 000 元，苹果酱不含税销售额为 3 000 元，求甲公司本月的销项税额和进项税额。

【解析】由于乙批发公司并非农业生产者，其销售农产品并不免征增值税，其向甲公司开具的增值税专用发票上注明的金额为 1 000 元、税额为 90 元；甲公司销售苹果酱的销项税额=3 000×13%=390（元），而甲公司可以抵扣的进项税额并不按其从乙批发公司处取得的增值税专用发票上注明的税额确定，而是按 10%扣除率计算，即甲公司可以抵扣的进项税额=1 000×10%=100（元）。

> **【提示】**纳税人购进农产品，原适用10%扣除率的，现调整为9%；纳税人购进用于生产或委托加工13%税率货物的农产品，按照10%的扣除率计算进项税额。

③ 纳税人在批发、零售环节购进适用免征增值税政策的蔬菜、部分鲜活肉蛋而取得的普通发票，不得作为计算抵扣进项税额的凭证。

④ 对烟叶税纳税人按规定缴纳的烟叶税，准予并入烟叶产品的买价计算增值税的进项税额，并在计算缴纳增值税时予以抵扣。购进烟叶准予抵扣的增值税进项税额，按收购烟叶实际支付的价款总额和烟叶税及法定扣除率计算。计算公式如下：

$$\text{收购烟叶实际支付的价款总额}=\text{烟叶收购价款}+\text{价外补贴}$$

$$\frac{\text{应纳}}{\text{烟叶税}}=\frac{\text{收购烟叶实际}}{\text{支付的价款总额}}\times\frac{\text{烟叶税}}{\text{税率（20\%）}}=\left(\frac{\text{烟叶收}}{\text{购价款}}+\frac{\text{价外}}{\text{补贴}}\right)\times\frac{\text{烟叶税}}{\text{税率（20\%）}}$$

其中，

$$\text{价外补贴}=\text{烟叶收购价款}\times 10\%$$

因此，

应纳烟叶税=烟叶收购价款×（1+10%）×20%

准予抵扣的增值税进项税额=（收购烟叶实际支付的价款总额+应纳烟叶税）×扣除率

=收购烟叶实际支付的价款总额×（1+20%）×扣除率

=（烟叶收购价款+价外补贴）×（1+20%）×扣除率

=烟叶收购价款×（1+10%）×（1+20%）×扣除率

=烟叶收购价款×1.1×1.2×扣除率

如果购进烟叶农产品，买价包括纳税人购进农产品在农产品收购发票或者销售发票上注明的价款和按规定缴纳的烟叶税。烟叶收购单位收购烟叶时按照国家有关规定以现金形式直接补贴烟农的生产投入补贴（以下简称“价外补贴”），属于农产品买价，为“价款”的一部分。烟叶收购单位，应将价外补贴与烟叶收购价格在同一张农产品收购发票或者销售发票上分别注明，否则，价外补贴不得计算增值税进项税额进行抵扣。

【案例 2-13】某卷烟厂 5 月收购烟叶生产卷烟，收购金额 600 000 元（含价外补贴），并支付运费 3 000 元，已取得税控货运发票。计算该卷烟厂 5 月收购烟叶可抵扣的进项税额。

【解析】按照税法的规定，收购烟叶可以计算抵扣进项税额，收购烟叶支付的运费，可凭取得的税控货运发票计算抵扣进项税额。

烟叶税应纳税额= 600 000×20%=120 000（元）

烟叶进项税额= （600 000+120 000）×10%=72 000（元）

收购烟叶支付运费准予抵扣的进项税额=3 000×9%=270（元）

该卷烟厂 5 月收购烟叶可抵扣的进项税额=72 000+270=72 270（元）

（6）纳税人购进国内旅客运输服务，其进项税额允许从销项税额中抵扣。纳税人未取得增值税专用发票的，暂按照以下规定确定进项税额。

① 取得增值税电子普通发票的，为发票上注明的税额；

② 取得注明旅客身份信息的航空运输电子客票行程单的，按照下列公式计算进项税额：

航空旅客运输进项税额=（票价+燃油附加费）÷（1+9%）×9%

③ 取得注明旅客身份信息的铁路车票的，按照下列公式计算进项税额：

铁路旅客运输进项税额=票面金额÷（1+9%）×9%

④ 取得注明旅客身份信息的公路、水路等其他客票的，按照下列公式计算进项税额：

公路、水路等其他旅客运输进项税额=票面金额÷（1+3%）×3%

2. 不得从销项税额中抵扣的进项税额

纳税人购进货物、劳务、服务、无形资产、不动产，取得的增值税扣税凭证不符合法律、行政法规或者国务院税务主管部门有关规定的，其进项税额不得从销项税额中抵扣。这里所说的增值税扣税凭证，是指增值税专用发票、海关进口增值税专用缴款书、农产品收购发票和农产品销售发票、从税务机关或者境内代理人处取得的解缴税款的税收缴款凭证及增值税法律法规允许抵扣的其他扣税凭证，但不包括增值税普通发票。如果纳税人取得的是增值税普通发票，则其进项税额不得抵扣。

按照税法的规定，下列项目的进项税额不得从销项税额中抵扣。

（1）用于简易计税方法计税项目、免征增值税项目、集体福利或者个人消费的购进货物、劳务、服务、无形资产和不动产。

其中涉及的固定资产、无形资产、不动产，仅指专用于上述项目的固定资产、无形资产（不包括其他权益性无形资产）、不动产。自2018年1月1日起，纳税人租入固定资产、不动产，既用于一般计税方法计税项目，又用于简易计税方法计税项目、免征增值税项目、集体福利或者个人消费的，其进项税额准予从销项税额中全额抵扣。

纳税人的交际应酬消费属于个人消费，即交际应酬消费不属于生产经营中的生产投入和支出。业务招待活动中所耗用的各类礼品，如烟、酒、服装等，不得从销项税额中抵扣。

（2）非正常损失的购进货物，以及相关劳务和交通运输服务。

（3）非正常损失的在产品、产成品所耗用的购进货物（不包括固定资产）、劳务和交通运输服务。

这里不包括固定资产，主要是因为对于发生非正常损失的在产品、产成品，在实务中几乎不太可能计算出其应负担的固定资产进项税额。因为在现实中可能会存在一个设备生产多种产品，一种产品由多个设备生产的复杂情况，而且该设备还要继续生产其他产品。因此，税法规定，发生非正常损失的在产品、产成品转出的进项税额中不包括固定资产。

（4）非正常损失的不动产，以及该不动产所耗用的购进货物、设计服务和建筑服务。

（5）非正常损失的不动产在建工程所耗用的购进货物、设计服务和建筑服务。纳税人新建、改建、扩建、修缮、装饰不动产，均属于不动产在建工程。

上述第（4）项、第（5）项所称货物，是指构成不动产实体的材料和设备，包括建筑装饰材料和给排水、采暖、卫生、通风、照明、通信、煤气、消防、中央空调、电梯、电气、智能化楼宇设备及配套设施。

所谓的非正常损失，是指因管理不善造成货物被盗、丢失、霉烂变质，以及因违反法律法规造成货物或者不动产被依法没收、销毁、拆除的情形。这些非正常损失由纳税人自身原因造成导致征税对象实体灭失，为保证税负公平，其损失不应由国家承担，因而纳税人无权要求抵扣进项税额。

（6）购进的旅客运输服务、贷款服务、餐饮服务、居民日常服务和娱乐服务。

一般情况下，旅客运输服务、餐饮服务、居民日常服务和娱乐服务的主要接受对象是个人。对于一般纳税人购买的旅客运输服务、餐饮服务、居民日常服务和娱乐服务，难以准确界定接受劳务的对象是企业还是个人，因此，一般纳税人购进的旅客运输服务、餐饮服务、居民日常服务和娱乐服务的进项税额不得从销项税额中抵扣。

对于贷款服务进项税额不得抵扣，也就是利息支出进项税额不得抵扣的规定，主要是考虑如果允许抵扣借款利息，从根本上打通融资行为的增值税抵扣链条，按照增值税"道道征、道道扣"的原则，首先就应当对存款利息征税。但在现有条件下，难度很大，比如说专用发票的开具问题等。

住宿服务和旅游服务未列入不得抵扣项目，主要是考虑这两个行业属于公私消费参半的行业，因而用个人消费来进行规范。

（7）财政部和国家税务总局规定的其他情形。

（8）适用一般计税方法的纳税人，兼营简易计税方法计税项目、免征增值税项目而无法划分不得抵扣的进项税额，按照下列公式计算不得抵扣的进项税额：

$$\text{不得抵扣的进项税额}=\text{当期无法划分的全部进项税额}\times\left(\text{当期简易计税方法计税项目销售额}+\text{免征增值税项目销售额}\right)\div\text{当期全部销售额} \quad \text{（式 2-1）}$$

主管税务机关可以按照上述公式依据年度数据对不得抵扣的进项税额进行清算。这是因为对于纳税人而言，进项税额转出是按月进行的，但年度内取得进项税额的不均衡性，有可能会造成按月计算的进项税额转出与按年度计算的进项税额转出产生差异。主管税务机关可在年度终了对纳税人进项税转出按（式 2-1）进行清算，对相关差异进行调整。

（9）一般纳税人已抵扣进项税额的固定资产、无形资产或者不动产，发生《增值税暂行条例》和《营业税改征增值税试点实施办法》规定的不得从销项税额中抵扣进项税额情形的，按照下列公式计算不得抵扣的进项税额：

不得抵扣的进项税额=固定资产、无形资产或者不动产净值×适用税率

式中，固定资产、无形资产或者不动产净值，是指纳税人根据财务会计制度计提折旧或摊销后的余额。

【案例 2-14】甲公司是增值税一般纳税人，2019 年 11 月将其作为固定资产核算的一批计算机作为职工福利发放。该批计算机 2015 年购入时取得增值税专用发票并经过认证抵扣，增值税专用发票上注明的价款为 10 万元，增值税税额为 1.3 万元。已知，该批计算机已经提取符合规定的折旧额 4 万元，计算机的增值税税率为 13%。请计算不得抵扣的进项税额。

不得抵扣的进项税额=（10−4）×13%=0.78（万元）

另外，税法规定，不得抵扣且未抵扣进项税额的固定资产、无形资产、不动产，发生用途改变，用于允许抵扣进项税额的应税项目，可在用途改变的次月按照下列公式，依据合法有效的增值税扣税凭证，计算可以抵扣的进项税额：

可以抵扣的进项税额=固定资产、无形资产、不动产净值÷（1+适用税率）×适用税率

【案例 2-15】甲公司是增值税一般纳税人，2019 年 10 月将职工健身房里的一批计算机改用于生产车间，该批计算机购进时取得了增值税专用发票，发票上注明价款为 10 万元、增值税税额为 1.3 万元。已知，截至 2019 年 10 月，甲公司为该批计算机计提的符合规定的折旧额为 4.68 万元，计算机的增值税税率为 13%。请计算可以抵扣的进项税额。

可以抵扣的进项税额=（10−4.68）÷（1+13%）×13%=0.61（万元）

（10）有下列情形之一者，应当按照销售额和增值税税率计算应纳税额，不得抵扣进项税额，也不得使用增值税专用发票。

① 一般纳税人会计核算不健全，或者不能够提供准确税务资料的。

② 应当办理一般纳税人资格登记而未办理的。

该规定用于加强对符合一般纳税人条件的纳税人的管理，防止纳税人利用一般纳税人和小规模纳税人的两种不同的征税办法少缴税款。

（三）应纳税额计算的应用举例

【案例 2-16】某生产企业为增值税一般纳税人，2019 年 5 月有关生产经营业务如下。

（1）销售甲产品给某大商场，开具增值税专用发票，取得不含税销售额 110 万元；另外，开具普通发票取得销售甲产品的送货运输费 4.64 万元（含增值税价格，与销售货物不能分别核算）。

（2）销售乙产品，开具普通发票，取得含税销售额 58 万元。

（3）将试制的一批应税新产品发放给企业员工，成本价为 40 万元，成本利润率为 10%，该产品无同类产品市场销售价格。

（4）购进货物，取得增值税专用发票，发票上注明支付的货款为 60 万元，进项税额为 11.9 万元，货物验收入库；另支付购货的运输费用 4 万元（不含税价），取得运输公司开具的货物运输业增值税专用发票。

（5）向农业生产者购进免税农产品一批，支付收购价 30 万元，支付给运输公司运费 2 万元（不含税价），取得运输公司开具的货物运输业增值税专用发票。本月下旬将购进的农产品的 30%用于本企业职工福利。

要求：计算该企业 5 月应缴纳的增值税税额。

【解析】（1）销售甲产品的销项税额：

110×13%+4.64÷（1+13%）×13%=14.83（万元）

（2）销售乙产品的销项税额：

58÷（1+13%）×13%=6.67（万元）

（3）发放给员工新产品的销项税额：

40×（1+10%）×13%=5.72（万元）

（4）外购货物应抵扣的进项税额：

11.9+4×9%=12.26（万元）

（5）外购免税农产品应抵扣的进项税额：

（30×10%+2×9%）×（1−30%）=2.226（万元）

（6）该企业 5 月应缴纳的增值税税额：

14.83+6.67+5.72−12.26−2.226=12.734（万元）

二、增值税简易计税方法下应纳税额的计算

纳税人发生应税销售行为适用简易计税方法的，应该按照销售额和征收率计算应纳增值税税额，并且不得抵扣进项税额。其应纳税额的计算公式是：

应纳税额=销售额（不含增值税）×征收率

按简易计税方法计税的销售额不包括其应纳的增值税税额，纳税人采用销售额和应纳增值税税额合并定价方法的，按照下列公式计算销售额：

销售额=含税销售额÷（1+征收率）

小规模纳税人一律采用简易计税方法计税，但是一般纳税人发生特定应税销售行为，可以选择适用简易计税方法。

（一）一般纳税人可以选择简易计税方法的情形

1. 一般纳税人销售自己使用过的物品或旧货

增值税一般纳税人（一般指旧货经营单位）销售旧货，按照简易计税方法，自 2014 年 7 月 1 日起依照 3%征收率减按 2%征收增值税，且应该开具增值税普通发票，不得开具增值税专用发票。一般纳税人销售自己使用过的物品或旧货的增值税计算方法如表 2-2 所示。

表 2-2　一般纳税人销售自己使用过的物品或旧货的计税方法

销售对象的具体情况			计税公式
自己使用过的物品	固定资产（不动产除外）	按规定不得抵扣且未抵扣过进项税额	应缴纳的增值税=含税售价÷（1+3%）×2%
		按规定可以抵扣进项税额	销项税额=含税售价÷（1+适用税率）×适用税率
	固定资产以外的其他物品		
旧货			应缴纳的增值税=含税售价÷（1+3%）×2%

2. 可选择按照 3%征收率计算缴纳增值税的情形

（1）一般纳税人销售自产的下列货物，可以选择按照简易计税方法依照 3%征收率计算缴纳增值税。

① 县级及县级以下小型水力发电单位生产的电力。小型水力发电单位，是指各类投资主体建设的装机容量为 5 万千瓦以下（含 5 万千瓦）的小型水力发电单位。

② 建筑用和生产建筑材料所用的砂、土、石料。

③ 以自己采掘的砂、土、石料或其他矿物连续生产的砖、瓦、石灰（不含黏土实心砖、瓦）。

④ 用微生物、微生物代谢产物、动物毒素、人或动物的血液或组织制成的生物制品。

⑤ 自产的自来水，以及自来水公司销售的自来水。

⑥ 商品混凝土（仅限于以水泥为原料生产的水泥混凝土）。

⑦ 单采血浆站销售的非临床用人体血液。

（2）建筑企业一般纳税人提供的建筑服务属于老项目（《建筑工程施工许可证》注明的合同开工日期在 2016 年 4 月 30 日前）的，可以选择简易计税方法依照 3%的征收率计算缴纳增值税。

（3）一般纳税人发生下列应税行为的可以选择适用简易计税方法计税

① 提供公共交通运输服务，包括轮客渡、公交客运、地铁、城市轻轨、出租车、长途客运、班车。

② 经认定的动漫企业为开发动漫产品提供的动漫脚本编撰、形象设计、背景设计、动画设计、分镜、动画制作、摄制、描线、上色、画面合成、配音、配乐、音效合成、剪辑、字幕制作、压缩转码（面向网络动漫、手机动漫格式适配）服务，以及在境内转让动漫版权（包括动漫品牌、形象或者内容的授权及再授权）。

③ 提供电影放映服务、仓储服务、装卸搬运服务、收派服务和文化体育服务。

④ 以纳入“营改增”试点之日前取得的有形动产为标的物提供的经营租赁服务。

⑤ 在纳入“营改增”试点之日前签订的尚未执行完毕的有形动产租赁合同。

（4）一般纳税人发生财政部和国家税务总局规定的特定应税行为，可以选择适用简易计税方法计税，但一经选择，36 个月内不得变更。

3. 应当按照 3%征收率计算缴纳增值税的情形

一般纳税人销售货物属于下列情形之一的，暂按简易计税方法依照 3%的征收率计算缴纳增值税。

（1）寄售商店代销寄售物品（包括居民个人寄售的物品在内）；

（2）典当业销售死当物品。

4. 适用 5%征收率计算缴纳增值税的情形

（1）一般纳税人转让其 2016 年 4 月 30 日前取得的不动产，选择简易计税方法计税的，按照 5%

的征收率征收增值税。

（2）一般纳税人出租其2016年4月30日前取得的不动产，选择简易计税方法计税的，按照5%的征收率征收增值税。

（3）房地产开发企业（一般纳税人）销售自行开发的房地产老项目，选择简易计税方法计税的，按照5%的征收率征收增值税。

（4）纳税人提供劳务派遣服务，选择差额纳税的，按照5%的征收率征收增值税。

（二）小规模纳税人简易计税的规定

1. 一般业务

小规模纳税人应按照销售额和征收率计算应纳税额，且不得抵扣进项税额。应纳税额的计算公式为：

应纳税额=不含税销售额×征收率=含税销售额÷（1+征收率）×征收率

【案例2-17】甲超市为增值税小规模纳税人，2016年第四季度零售商品取得收入103 000元；将一批外购商品无偿赠送给物业公司用于社区活动，该批商品的含税价格为721元。已知增值税征收率为3%。计算甲超市第四季度应缴纳的增值税税额。

【解析】（1）商业企业的零售价属于含税价，甲超市零售商品取得的103 000元收入应先进行价税分离；（2）将外购的货物用于赠送，应视同销售货物；（3）甲超市是小规模纳税人。因此：

甲超市第四季度应缴纳的增值税税额=（103 000+721）÷（1+3%）×3%=3 021（元）。

2. 小规模纳税人销售自己使用过的物品或旧货

增值税小规模纳税人（除其他个人外）销售自己使用过的固定资产（不动产除外），减按2%征收率征收增值税。其他个人销售自己使用过的物品，免征增值税。具体规定如表2-3所示。

表2-3 小规模纳税人和其他个人销售自己使用过的物品或旧货的增值税规定

情形		税务处理
其他个人销售自己使用过的物品		免征增值税
小规模纳税人	销售自己使用过的设备等固定资产（不动产除外）	应缴纳的增值税=含税售价÷（1+3%）×2%
	销售旧货	应缴纳的增值税=含税售价÷（1+3%）×2%
	销售自己使用过的固定资产以外的其他物品	应缴纳的增值税=含税售价÷（1+3%）×3%

【案例2-18】甲公司专营二手物品购销业务，是增值税小规模纳税人，11月销售其收购的一批旧冰箱，取得含税收入4.12万元。请计算甲公司应缴纳的增值税。

【解析】甲公司就该“销售旧货”业务应缴纳的增值税税额=4.12÷（1+3%）×2%=0.08（万元）。

【案例2-19】甲公司为增值税小规模纳税人，5月销售一批下脚料，取得含税收入5 150元。请计算甲公司应缴纳的增值税。

【解析】甲公司就该“销售自己使用过的固定资产以外的其他物品”业务应缴纳的增值税税额=5 150÷（1+3%）×3%=150（元）。

3. 适用5%征收率

（1）小规模纳税人转让其取得的不动产，按照5%的征收率征收增值税。

（2）小规模纳税人出租其取得的不动产（不含个人出租住房），按照5%的征收率征收增值税。

（3）房地产开发企业（小规模纳税人）销售自行开发的房地产项目，按照5%的征收率征收增值税。

4．个人将购买的住房对外销售

个人将购买住房对外销售的增值税规定，如表2-4所示。

表2-4　个人购买住房对外销售的增值税规定

地区	购置时间	住房性质	税务处理
北京、上海、广州、深圳	个人将购买不足2年的住房对外销售的	不必区分住房性质	按5%的征收率全额缴纳增值税
	个人将购买2年以上（含2年）的住房对外销售	非普通住房	销售收入减去购买住房价款后的差额，按照5%的征收率缴纳增值税
		普通住房	免征增值税
其他城市	个人将购买不足2年的住房对外销售的	不必区分住房性质	按5%的征收率全额缴纳增值税
	个人将购买2年以上（含2年）的住房对外销售	不必区分住房性质	免征增值税

5．小微企业免税规定

（1）增值税小规模纳税人（小微企业），合计月销售额不超过10万元（含10万元）的，免缴增值税。其中，以1个季度为1个纳税期限的增值税小规模纳税人，季度销售额不超过30万元的，免征增值税。

（2）增值税小规模纳税人合计月销售额不超过10万元（按季纳税30万元）的，当期因代开增值税专用发票已经缴纳的税款，在增值税专用发票全部联次追回或者按规定开具红字专用发票后，可以向主管税务机关申请退还。

（3）小规模纳税人发生增值税应税销售行为，合计月销售额超过10万元，但扣除本期发生的销售不动产的销售额后未超过10万元的，其销售货物、劳务、服务、无形资产取得的销售额免征增值额。

6．因服务中止或折让退还的销售额

纳税人适用简易计税方法计税的，因销售折让、中止或者退回而退还给购买方的销售额，应当从当期销售额中扣减。扣减当期销售额后仍有余额造成多缴的税款，可以从以后的应纳税额中扣减。

【案例2-20】甲设计公司为增值税小规模纳税人，2018年6月提供设计服务取得含增值税价款206 000元；因服务中止，退还给客户含增值税价款10 300元。已知小规模纳税人增值税征收率为3%，计算甲设计公司当月应缴纳的增值税税额。

【解析】甲设计公司应缴纳的增值税税额=（206 000−10 300）÷（1+3%）×3%=5 700（元）。

三、进口货物应纳税额的计算

纳税人进口货物，无论是一般纳税人还是小规模纳税人，均应按照组成计税价格和规定的税率计算应纳税额，不允许抵扣发生在境外的任何税金。注意，增值税小规模纳税人进口货物时使用税率计税，而不使用征收率。

进口货物和出口货物都属于增值税征收范围，进口货物的增值税属于增值税进项税额，出口货物的增值税属于增值税销项税额（一般计税方法下）或者增值税应纳税额（简易计税方法下）。但是，我国对出口货物增值税一般实行零税率，即对出口货物除了在出口环节不征增值税（销项税额或者应纳增值税税额）外，还要将该产品在出口前相应的不能抵扣的进项税额按照税法规定的公式计算后予以退还。

1. 进口非应税消费品

应纳税额=组成计税价格×增值税税率=（关税完税价格+关税）×增值税税率

【案例 2-21】甲公司为增值税一般纳税人，2019 年 10 月从国外进口一批音响，海关核定的关税完税价格为 116 万元，缴纳关税 11.6 万元。已知增值税税率为 13%，计算甲公司该笔业务应缴纳的增值税税额。

【解析】甲公司进口音响应缴纳的增值税税额=（关税完税价格+关税）×增值税税率

=（116+11.6）×13%=16.588（万元）

2. 进口应税消费品

应纳税额=组成计税价格×增值税税率

其中，组成计税价格的确定方法如下。

（1）进口实行从价定率办法的应税消费品

组成计税价格=关税完税价格+关税+消费税=（关税完税价格+关税）÷（1−消费税比例税率）

（2）进口实行从量定额办法的应税消费品

组成计税价格=关税完税价格+关税+消费税=关税完税价格+关税+海关核定的进口数量×消费税定额税率

（3）进口实行复合计税办法的应税消费品

组成计税价格=关税完税价格+关税+消费税=（关税完税价格+关税+海关核定的进口数量×消费税定额税率）÷（1−消费税比例税率）

纳税人在计算进口货物的增值税时应该注意以下问题。

（1）进口货物增值税的组成计税价格中包括已纳关税税额，如果进口货物属于消费税应税消费品，其组成计税价格中还要包括进口环节已纳消费税税额。

（2）在计算进口环节的应纳增值税税额时不得抵扣任何税额，即在计算进口环节的应纳增值税税额时，不得抵扣发生在我国境外的各种税金。

以上两点实际上是贯彻了出口货物的目的地原则（或称消费地原则）。即对出口货物原则上在实际消费地征收商品或货物税。对进口货物而言，出口这些货物的出口国在出口时并没有征收出口关税和增值税、消费税，因此到我国口岸时货物的价格基本就是到岸价格，即所谓的关税完税价格。如果此时我国不征收关税和其他税收，则该货物与国内同等商品的税负差异就会很大。因此在进口时我国首先要对其征收进口关税。如果是应征消费税的商品则要征消费税。在这基础上才形成了增值税的计税依据即组成计税价格。这与国内同类商品的税基是一致的。

（3）按照《中华人民共和国海关法》和《中华人民共和国进出口关税条例》的规定，一般贸易下进口货物的关税完税价格为以海关审定的成交价格为基础的到岸价格。成交价格是一般贸易下进口货物的买方为购买货物向卖方实际支付或应当支付的价格；到岸价格，是由货价和货物运抵我国关境内输入地点起卸前的包装费、运费、保险费和其他劳务费等费用构成的一种价格。特殊贸易下进口的货物，由于进口时没有"成交价格"可作依据，为此，《中华人民共和国进出口关税条例》对这些进口货物制定了确定其完税价格的具体办法。

（4）纳税人进口货物取得的合法海关完税凭证，是计算增值税进项税额的唯一依据，其价格差额部分以及从境外供应商取得的退还或返还的资金，不做进项税额转出处理。

【案例 2-22】甲公司为增值税一般纳税人，2019 年 11 月进口一批高档化妆品，海关核定的关税完税价格为 70 万元，甲公司缴纳进口关税 7 万元、进口消费税 13.59 万元。试计算甲公司应缴纳的增值税税额。

【解析】

甲公司进口高档化妆品应纳的增值税税额=（关税完税价格+关税+消费税）×增值税税率

=（70+7+13.59）×13%=11.78（万元）

【案例 2-23】甲公司是增值税一般纳税人，11 月从国外进口一批原材料，海关审定的关税完税价格为 100 万元，该公司分别按 10%和 13%的税率向海关缴纳了关税和进口环节增值税，并取得了海关进口增值税专用缴款书。甲公司将该批原材料在当月加工成产品后全部在国内销售，取得不含税销售收入 200 万元，同时支付运输费，取得的增值税专用发票上注明的运输费金额为 8 万元。计算甲公司在国内销售环节应缴纳的增值税。

【解析】

（1）进口原材料应纳的增值税税额=（100+100×10%）×13%=14.3（万元）

（2）允许抵扣的增值税进项税额=14.3+8×9%=15.02（万元）

（3）国内销售环节应纳的增值税税额=200×13%−15.02=10.98（万元）

第六节 增值税出口退（免）税的计算

我国的出口货物、劳务退（免）增值税是指在国际贸易业务中，对我国报关出口的货物、劳务退还或免征其在国内各生产和流转环节按税法规定缴纳的增值税，即对应征收增值税的出口货物、劳务实行零税率（国务院另有规定的除外）。

增值税出口货物、劳务的零税率，从税法上理解有两层含义：一是对某一环节生产或销售货物、劳务的增值部分免征增值税；二是对出口货物、劳务前一环节所含的进项税额进行退付。当然，由于各种货物、劳务出口政策不同，出口前涉及的征免增值税的情况也有所不同，且由于出口政策是国家调控经济的手段，因此，对货物、劳务出口的不同情况，国家在遵循"征多少、退多少""未征不退和彻底退税"基本原则的基础上，制定了不同的增值税退（免）税处理办法。

一、出口货物、劳务退（免）增值税的基本政策

世界各国为了鼓励本国货物出口，在遵循 WTO 基本规则的前提下，一般都采取优惠的税收政策。有的国家采取对该货物出口前所包含的税金在出口后予以退还的政策（即出口退税）；有的国家采取对出口的货物在出口前即予以免税的政策。我国则根据本国的实际，采取出口退税与免税相结合的政策。目前，我国的出口货物、劳务增值税税收政策分为以下三种。

（一）出口免税并退税

出口免税是指对货物或者劳务在出口销售环节免征增值税，这是把货物或者劳务出口环节与出口前的销售环节都同样视为了一个征税环节；出口退税是指对货物或者劳务在出口前实际承担的税收负担，按规定的退税率计算后予以退还。

（二）出口免税不退税

出口免税的含义与上述（一）中的相同。出口不退税是指适用这个政策的出口货物或者劳务因在前一生产、销售环节或进口环节是免税的，出口时该货物或者劳务的价格中本身就不含税，因此国家也无须退税。

（三）出口不免税也不退税

出口不免税是指对国家限制或禁止出口的某些货物或者劳务的出口环节视同内销环节，照常征税；出口不退税是指对这些货物或者劳务出口不退还出口前其所负担的税款。

二、增值税退（免）税办法

适用增值税退（免）税政策的出口货物或者劳务，按照下列规定实行增值税退（免）税。

（一）“免、抵、退”税办法

我国对适用增值税一般计税方法的生产企业出口自产货物与视同自产货物、对外提供加工修理修配劳务，以及《财政部 国家税务总局关于出口货物劳务增值税和消费税政策的通知》（财税〔2012〕39 号）附件 5 列名的生产企业出口非自产货物，免征增值税，相应的进项税额抵减应纳增值税税额（不包括适用增值税即征即退、先征后退政策的应纳增值税税额），未抵减完的部分予以退还。

（二）“免、退”税办法

我国对不具有生产能力的出口企业（以下简称“外贸企业”）或其他单位出口货物、劳务，免征增值税，相应的进项税额予以退还。

三、增值税出口退税率

（一）出口退税率的一般规定

除财政部和国家税务总局根据国务院决定而明确的增值税的出口退税率（以下简称退税率）外，出口货物的退税率为其适用的增值税税率。服务和无形资产的退税率为其按照《增值税暂行条例》规定适用的增值税税率。

（二）出口退税率的特殊规定

（1）外贸企业购进按简易计税方法计税的出口货物、从小规模纳税人处购进的出口货物，其退税率分别为简易计税方法实际执行的征收率、小规模纳税人征收率。上述出口货物取得增值税专用发票的，退税率按照增值税专用发票上的税率和出口货物退税率孰低的原则确定。

（2）出口企业委托加工修理修配货物，其加工修理修配费用的退税率，为出口货物的退税率。

（3）中标机电产品、出口企业向海关报关进入特殊区域销售给特殊区域内生产企业生产耗用的列名原材料、输入特殊区域的水电气，其退税率为适用税率。如果国家调整列名原材料的退税率，列名原材料应当自调整之日起按调整后的退税率执行。

适用不同退税率的货物、劳务及跨境应税行为，应分开报关、核算并申报退（免）税，未分开报关、核算或划分不清的，从低适用退税率。

四、增值税“免、抵、退”税和“免、退”税的计算

（一）生产企业出口货物、劳务、服务和无形资产的增值税“免、抵、退”税

以出口货物为例，生产企业自营或委托外贸企业代理出口的自产货物的增值税，除另有规定外，一律实行“免、抵、退”办法。“免”是指对生产企业出口的自产货物，免征本企业生产销售环节增值税（指的是免征出口环节的增值税销项税额）；“抵”是指生产企业出口自产货物所耗用的原材料、零部件、燃料、动力等所含应予退还的进项税额，先抵顶内销货物的应纳税额（指的是内销产品销项税额-内销产品进项税额-上期留抵税额）；“退”是指生产企业出口的自产货物，在当月应抵顶的进项税额大于内销货物的应纳税额时，对未抵顶完的进项税额部分按规定予以退税。

实行“免、抵、退”办法时依下列公式计算。

1. 当期应纳税额的计算

当期应纳税额=当期销项税额-（当期进项税额-当期不得免征和抵扣税额）-上期留抵税额

（若当期应纳税额≥0，则不涉及退税，但涉及免抵税；若当期应纳税额<0，则其绝对值就是当期期末退税前的留抵税额。）

$$\text{当期不得免征和抵扣税额}=\text{当期出口货物离岸价}\times\text{外汇人民币折合率}\times\left(\text{出口货物适用税率}-\text{出口货物退税率}-\text{当期不得免征和抵扣税额抵减额}\right)$$

$$\text{当期不得免征和抵扣税额抵减额}=\text{当期免税购进原材料价格}\times\left(\text{出口货物适用税率}-\text{出口货物退税率}\right)$$

出口货物离岸价（FOB）以出口发票计算的离岸价为准。实际离岸价应以出口发票上的离岸价为准，但如果出口发票不能反映实际离岸价，主管税务机关有权予以核定。

从上述计算公式看，出口退税在“销项税额”方面并非执行真正的零税率而是一种“超低税率”，即征税率与退税率（各货物不同）之差。

2. 当期“免、抵、退”税额的计算

$$\text{当期“免、抵、退”税额}=\text{当期出口货物离岸价}\times\text{外汇人民币折合率}\times\text{出口货物退税率}-\text{当期“免、抵、退”税额抵减额}$$

当期“免、抵、退”税额抵减额=当期免税购进原材料价格×出口货物退税率

3. 当期应退税额和免抵税额的计算

（1）当期期末退税前的留抵税额≤当期“免、抵、退”税额时

当期应退税额=当期期末退税前的留抵税额

当期免抵税额=当期“免、抵、退”税额-当期应退税额

当期期末退税后的留抵税额=0

（2）当期期末退税前的留抵税额＞当期“免、抵、退”税额时

当期应退税额=当期“免、抵、退”税额

当期免抵税额=0

当期期末退税后的留抵税额=当期期末退税前的留抵税额-当期应退税额

与出口货物的“免、抵、退”方法相比，由于“营改增”，服务和无形资产的退税率与征税率一致，因此在计算出口退税时，不会出现计算“当期不得免征和抵扣税额”的情况，这使得公式有所简化，但实际上计算公式的原理都是一样的。

【案例 2-24】某自营出口生产企业为增值税一般纳税人，出口货物的征税率为 13%，退税率为 13%。1 月的有关经营业务为：购进原材料一批，取得的增值税专用发票上注明的价款为 300 万元，外购货物准予抵扣的进项税额 39 万元通过认证；上月月末留抵税款 3 万元；本月内销货物获得不含税销售额 200 万元，收款 226 万元存入银行；本月出口货物的销售额折合人民币 300 万元。试计算该企业当期的免抵退税额。

【解析】

（1）当期免抵退税不得免征和抵扣税额=300×（13%-13%）=0（万元）

（2）当期应纳税额=200×13%-（39-0）-3=26-39-3=-16（万元）

（3）出口货物免抵退税额=300×13%=39（万元）

（4）按规定，如当期期末留抵税额≤当期免抵退税额，则当期应退税额=当期期末留抵税额，即该企业当期应退税额为 16 万元。

（5）当期免抵税额=39-16=23（万元）

【案例 2-25】某自营出口生产企业为增值税一般纳税人，出口货物的征税率为 13%，退税率为 13%，2 月有关经营业务为：购进原材料一批，取得的增值税专用发票上注明的价款为 600 万元，外购货物准予抵扣的进项税额 78 万元通过认证。上期期末留抵税款 5 万元。本月内销货物获得不含税销售额 200 万元，收款 226 万元存入银行。本月出口货物的销售额折合人民币 300 万元。试计算该企业当期的免抵退税额。

【解析】

（1）当期免抵退税不得免征和抵扣税额=300×（13%-13%）=0（万元）

（2）当期应纳税额=200×13%-（78-0）-5=26-78-5=-57（万元）

（3）出口货物免抵退税额=300×13%=39（万元）

（4）按规定，如当期期末留抵税额＞当期免抵退税额，则当期应退税额=当期免抵退税额，即该企业当期应退税额为 39 万元。

（5）该企业当期免抵税额=39-39=0（万元）

（6）2 月期末留抵结转下期继续抵扣税额=57-39=18（万元）。

【案例 2-26】某自营出口生产企业是增值税一般纳税人，出口货物的征税税率为 13%，退税税率为 13%。3 月有关经营业务为：购进原材料一批，取得的增值税专用发票上注明的价款为 300 万元，外购货物准予抵扣进项税额 39 万元通过认证。当月进料加工免税进口料件的组成计税价格为 100 万元。上期期末留抵税款 19 万元。本月内销货物获得不含税销售额 200 万元，收款 226 万元存入银行。本月出口货物销售额折合人民币 300 万元。试计算该企业当期的免抵退税额。

【解析】

（1）免抵退税不得免征和抵扣税额抵减额=100×（13%-13%）=0（万元）

（2）免抵退税不得免征和抵扣税额=300×（13%-13%）-0=0（万元）

（3）当期应纳税额=200×13%-（39-0）-19=-32（万元）

（4）免抵退税额抵减额=100×13%=13（万元）

（5）出口货物免抵退税额=300×13%-13=26（万元）

（6）按规定，如当期期末留抵税额＞当期免抵退税额，则当期应退税额=当期免抵退税额，即该企业应退税额为 26 万元。

（7）当期该企业免抵税额=26-26=0（万元）

（8）3 月期末留抵结转下期继续抵扣税额=32-26=6（万元）。

（二）外贸企业出口货物、劳务和应税行为的增值税免退税

1. 外贸企业出口委托加工修理修配货物以外的货物

当期应退税额=购进出口货物的增值税专用发票或海关进口增值税专用缴款书上注明的金额×出口货物退税率

【案例 2-27】某进出口公司 2019 年 9 月出口美国平纹布 2 000 米，进货增值税专用发票上列明 20 元/平方米，计税金额 40 000 元，增值税出口退税率为 13%。计算当期应退增值税税额。

【解析】应退税额=2 000×20×13%=5 200（元）

2. 外贸企业出口委托加工修理修配货物

当期应退税额=加工修理修配费用增值税专用发票上注明的金额×出口货物退税率

【案例 2-28】某进出口公司 2019 年 6 月购进牛仔布委托某工厂加工成服装用于出口，取得牛仔布增值税发票一张，其上注明计税金额为 10 000 元；取得的服装加工费计税金额为 2 000 元，受托方将原材料成本并入加工修理修配费用并开具了增值税专用发票。假设增值税出口退税率为 13%。计算当期应退的增值税税额。

【解析】应退税额=（10 000+2 000）×13%=1 560（元）

3. 外贸企业出口服务或者无形资产

外贸企业外购服务或者无形资产出口免退税，又叫外贸企业兼营零税率服务或者无形资产出口免退税。

境内的单位和个人提供适用增值税零税率的服务或者无形资产，如果属于适用增值税一般计税方法的，则外贸企业外购服务或者无形资产出口实行免退税办法。外贸企业外购服务或者无形资产

出口时免征增值税，其对应的外购服务或者无形资产的进项税额予以退还。计算公式为：

当期应退税额=外贸企业外购服务或者无形资产出口免退税计税依据
×零税率服务或者无形资产增值税退税率

第七节 增值税的税收优惠与征收管理

一、增值税的税收优惠

（一）《增值税暂行条例》及其实施细则规定的免税项目

（1）农业生产者销售的自产初级农产品。

农业生产者，包括从事农业生产的单位和个人。农业产品是指种植业、养殖业、林业、牧业、水产业生产的各类植物、动物的初级产品。上述单位和个人销售的外购农产品，以及单位和个人外购农产品生产、加工后销售的仍然属于规定范围的农业产品，不属于免税的范围，应当按照规定的税率征收增值税。

纳税人采取“公司+牧户”经营模式从事畜禽饲养，即公司与农户签订委托养殖合同，向农户提供畜禽苗、饲料、兽药及疫苗等（所有权属于公司），农户饲养畜禽苗至成品后交付公司回收，公司将回收的成品畜禽用于销售。在上述经营模式下，纳税人回收再销售畜禽，属于农业生产者销售自产农产品，应根据《增值税暂行条例》的有关规定免征增值税。

（2）避孕药品和用具。

（3）古旧图书（指向社会收购的古书和旧书）。

（4）直接用于科学研究、科学试验和教学的进口仪器、设备。

（5）外国政府、国际组织无偿援助的进口物资和设备。

（6）由残疾人的组织直接进口供残疾人专用的物品。

（7）其他个人销售的自己使用过的物品。

（二）“营改增”税收优惠

1．下列项目免征增值税（包括但不限于）

（1）托儿所、幼儿园提供的保育和教育服务。

（2）养老机构提供的养老服务。

（3）残疾人福利机构提供的育养服务。

（4）婚姻介绍服务。

（5）殡葬服务。

（6）残疾人员本人为社会提供的服务。

（7）医疗机构提供的医疗服务。

（8）从事学历教育的学校（不包括职业培训机构）提供的教育服务。

（9）学生勤工俭学提供的服务。

（10）农业机耕、排灌、病虫害防治、植物保护、农牧保险以及相关技术培训业务，家禽、牲畜、水生动物的配种和疾病防治。

（11）纪念馆、博物馆、文化馆、文物保护单位管理机构、美术馆、展览馆、书画院、图书馆在自己的场所提供文化体育服务取得的第一道门票收入。

（12）寺院、宫观、清真寺和教堂举办文化、宗教活动的门票收入。

（13）行政单位之外的其他单位收取的符合规定的政府性基金和行政事业性收费。

（14）个人转让著作权。

（15）个人销售自建自用住房。

（16）金融同业往来利息收入。

（17）纳税人提供技术转让、技术开发和与之相关的技术咨询、技术服务。

（18）政府举办的从事学历教育的高等、中等和初等学校（不含下属单位），举办进修班、培训班取得的全部归该学校所有的收入。

（19）家政服务企业由员工制家政服务员提供家政服务取得的收入。

（20）福利彩票、体育彩票的发行收入。

（21）将土地使用权转让给农业生产者用于农业生产。

（22）涉及家庭财产分割的个人无偿转让不动产、土地使用权。

（23）土地所有者出让土地使用权和土地使用者将土地使用权归还给土地所有者。

2. 即征即退

（1）若一般纳税人提供管道运输服务，则对其增值税实际税负超过 3%的部分实行增值税即征即退政策。

（2）若经中国人民银行、银监会或者商务部批准从事融资租赁业务的试点纳税人中的一般纳税人，提供有形动产融资租赁服务和有形动产融资性售后回租服务，则对其增值税实际税负超过 3%的部分实行增值税即征即退政策。

3. 加计抵减

自 2019 年 4 月 1 日至 2021 年 12 月 31 日，允许生产、生活性服务业纳税人按照当期可抵扣进项税额加计 10%，抵减应纳税额（以下称加计抵减政策）。生产、生活性服务业纳税人，是指提供邮政服务、电信服务、现代服务、生活服务（以下简称四项服务）取得的销售额占全部销售额的比重超过 50%的纳税人。四项服务的具体范围按照《销售服务、无形资产、不动产注释》（财税〔2016〕36 号）执行。

2019 年 3 月 31 日前设立的纳税人，自 2018 年 4 月至 2019 年 3 月期间的销售额（经营期不满 12 个月的，为实际经营期的销售额）符合上述规定条件的，自 2019 年 4 月 1 日起适用加计抵减政策。2019 年 4 月 1 日后设立的纳税人，自设立之日起 3 个月的销售额符合上述规定条件的，自登记为一般纳税人之日起适用加计抵减政策。纳税人确定适用加计抵减政策后，当年内不再调整，以后年度是否适用，根据上年度销售额计算确定。纳税人可计提但未计提的加计抵减额，可在确定适用加计抵减政策当期一并计提。

（三）与税收优惠有关的管理规定

（1）纳税人兼营免税、减税项目的，应当分别核算免税、减税项目的销售额；未分别核算销售额的，不得免税、减税。

（2）纳税人销售货物、劳务、服务、无形资产或者不动产适用免税规定的，可以放弃免税，依照有关规定缴纳增值税；纳税人放弃免税后，36个月内不得再申请免税。

二、增值税的征收管理

（一）增值税纳税义务发生时间的规定

纳税义务发生时间，是纳税人发生应税销售行为应当承担纳税义务的起始时间。纳税义务发生时间的作用在于：一是正式确认纳税人和扣缴义务人已经发生属于税法规定的应税销售行为时，应承担的纳税和扣缴义务；二是有利于税务机关实施税务管理，合理规定申报期限和纳税期限，监督纳税人切实履行纳税义务。

1. 应税销售行为纳税义务发生时间的一般规定

（1）纳税人发生应税销售行为，其纳税义务发生时间为收讫销售款项或者取得索取销售款项凭据的当天；先开具发票的，为开具发票的当天。收讫销售款项，是指纳税人在发生应税销售行为过程中或者完成后收到的款项。取得索取销售款项凭据的当天，是指书面合同确定的付款日期；未签订书面合同或者书面合同未确定付款日期的，为应税销售行为完成的当天或者不动产权属变更的当天。

（2）进口货物时，纳税人的纳税义务发生时间为报关进口的当天。

（3）增值税扣缴义务发生时间为纳税人增值税纳税义务发生的当天。

2. 应税销售行为纳税义务发生时间的具体规定

由于纳税人销售结算方式的不同，《增值税暂行条例实施细则》和《营业税改征增值税试点实施办法》规定了具体的纳税义务发生时间。

（1）采取直接收款方式销售货物，不论货物是否发出，纳税义务发生时间均为收到销售款或者取得索取销售款凭据的当天。纳税人在生产经营活动中采取直接收款方式销售货物，已将货物移送对方并暂估销售收入入账，但既未取得销售款或取得索取销售款凭据也未开具销售发票的，其增值税纳税义务发生时间为取得销售款或取得索取销售款凭据的当天；先开具发票的，为开具发票的当天。

（2）采取托收承付和委托银行收款方式销售货物的，其纳税义务发生时间为发出货物并办妥托收手续的当天。

（3）采取赊销和分期收款方式销售货物的，其纳税义务发生时间为书面合同约定的收款日期的当天，无书面合同的或者书面合同没有约定收款日期的，其纳税义务发生时间为货物发出的当天。

（4）采取预收货款方式销售货物的，其纳税义务发生时间为货物发出的当天，但生产销售生产工期超过12个月的大型机械设备、船舶、飞机等货物的，其纳税义务发生时间为收到预收款或者书面合同约定的收款日期的当天。

（5）委托其他纳税人代销货物的，其纳税义务发生时间为收到代销单位的代销清单或者收到全部或者部分货款的当天。未收到代销清单及货款的，其纳税义务发生时间为发出代销货物满 180 天的当天。

（6）销售应税劳务的，其纳税义务发生时间为提供劳务同时收讫销售款或者取得索取销售款的凭据的当天。

（7）纳税人发生除将货物交付其他单位或者个人代销和销售代销货物以外的视同销售货物行为的，其纳税义务发生时间为货物移送的当天。

（8）纳税人提供建筑服务、租赁服务，采取预收款方式的，其纳税义务发生时间为收到预收款的当天。例如，某试点纳税人出租一辆小轿车，租金 5 000 元/月，一次性预收了对方一年的租金，共 60 000 元，该纳税人则应在收到 60 000 元租金的当天确认纳税义务发生，并按 60 000 元确认收入。而不能将 60 000 元租金采取按月分摊确认收入的方法，也不能在该业务完成后再确认收入。

（9）纳税人从事金融商品转让的，其纳税义务发生时间为金融商品所有权转移的当天。

（10）纳税人发生视同销售服务、无形资产或者不动产情形的，其纳税义务发生时间为服务、无形资产转让完成的当天或者不动产权属变更的当天。

上述应税销售行为纳税义务发生时间和扣缴义务发生时间的确定，明确了企业在计算应纳税额时，对“当期销项税额”时间的限定，是增值税计税和征收管理中重要的规定。一些企业没有按照上述规定的纳税义务发生时间将实现的销售收入及时入账并计算纳税，而是采取延迟入账或不计销售收入等做法，以拖延纳税或逃避纳税的行为都是错误的。企业必须按上述规定的时限及时、准确地记录销售额和计算当期销项税额。

（二）纳税期限

增值税的纳税期限分别为 1 日、3 日、5 日、10 日、15 日、1 个月或 1 个季度。纳税人的具体纳税期限，由主管税务机关根据纳税人应纳税额的大小分别核定。以 1 个季度为纳税期限的规定适用于小规模纳税人、银行、财务公司、信托投资公司、信用社（不包括保险公司），以及财政部和国家税务总局规定的其他纳税人。不能按照固定期限纳税的，可以按次纳税。

纳税人以 1 个月或者 1 个季度为 1 个纳税期的，自期满之日起 15 日内申报纳税。以 1 日、3 日、5 日、10 日或者 15 日为 1 个纳税期的，自期满之日起 5 日内预缴税款，于次月 1 日起 15 日内申报纳税并结清上月应纳税款。

扣缴义务人解缴税款的期限，依照上述规定执行。

纳税人进口货物，应当自海关填发进口增值税专用缴款书之日起 15 日内缴纳税款。

（三）纳税地点

（1）固定业户[①]应当向其机构所在地主管税务机关申报纳税。总机构和分支机构不在同一县（市）的，应当分别向各自所在地的主管税务机关申报纳税；经财政部和国家税务总局或者其授权的财政和税务机关批准，可以由总机构汇总向总机构所在地的主管税务机关申报纳税。

固定业户到外县（市）销售货物或者劳务，应当向其机构所在地的主管税务机关报告外出经营事项，并向其机构所在地的主管税务机关申报纳税；未报告的，应当向销售地或者劳务发生地的主管税务机关申报纳税；未向销售地或者劳务发生地的主管税务机关申报纳税的，由其机构所在地的

① 固定业户是指有固定的生产经营场所，从事一定的经济业务，并经工商行政管理部门批准发证的工商业户。

主管税务机关补征税款。

（2）非固定业户应当向货物销售地、劳务发生或应税行为发生地主管税务机关申报纳税；未申报纳税的，由其机构所在地或者居住地主管税务机关补征税款。

（3）其他个人提供建筑服务，销售或者租赁不动产，转让自然资源使用权，应向建筑服务发生地、不动产所在地、自然资源所在地主管税务机关申报纳税。

（4）进口货物的，应当向报关地海关申报纳税。

（5）扣缴义务人应当向其机构所在地或者居住地的主管税务机关申报缴纳其扣缴的税款。

（四）增值税专用发票

增值税专用发票是纳税人经济活动中重要的商业凭证，是销售方计算销项税额和购买方确定进行税额进行税款抵扣的依据，对增值税的计算和管理起着决定性的作用。增值税专用发票像链条一样，把商品和劳务从生产到消费的各个环节的纳税人连接在一起，集中体现了增值税税负的完整性和内在制约性以及连续性，使增值税从一开始就形成相对独立的核算体系。

1. 增值税专用发票的基本联次及用途

（1）发票联，作为购买方核算采购成本和增值税进项税额的记账凭证；

（2）抵扣联，作为购买方报送主管税务机关认证和留存备查的扣税凭证；

（3）记账联，作为销售方核算销售收入和增值税销项税额的记账凭证。

2. 一般纳税人不得领购开具专用发票的情形

（1）会计核算不健全，不能向税务机关准确提供增值税销项税额、进项税额、应纳税额数据及其他有关增值税税务资料的。

（2）有《中华人民共和国税收征收管理法》规定的税收违法行为，拒不接受税务机关处理的。

（3）有下列行为之一，经税务机关责令限期改正而仍未改正的。

① 虚开增值税专用发票；

② 私自印制增值税专用发票；

③ 向税务机关以外的单位和个人购买增值税专用发票；

④ 借用他人的增值税专用发票；

⑤ 未按规定开具增值税专用发票；

⑥ 未按规定保管增值税专用发票和专用设备；

⑦ 未按规定申请办理防伪税控系统变更发行；

⑧ 未按规定接受税务机关检查。

3. 增值税专用发票的开票限额

（1）增值税专用发票实行最高开票限额管理。

（2）最高开票限额由一般纳税人申请，税务机关依法审批。

4. 不得开具增值税专用发票的情形

（1）商业企业一般纳税人零售的烟、酒、食品、服装、鞋帽（不含劳保用品）、化妆品等消费品；

（2）销售货物、劳务、服务、无形资产和不动产适用免税规定的（法律、法规及国家税务总局另有规定的除外）；

（3）向消费者个人销售货物、劳务、服务、无形资产和不动产的；

（4）除另有规定外，小规模纳税人销售货物、劳务、服务、无形资产和不动产的（需要开具增值税专用发票的，可向主管税务机关申请代开）。

【提示1】住宿业、建筑业和鉴证咨询业等行业小规模纳税人试点自行开具增值税专用发票（销售其取得的不动产除外），需要开具增值税专用发票的，可通过增值税发票管理系统自行开具，税务机关不再为其代开。

【提示2】金融商品转让，不得开具增值税专用发票。

【提示3】从事经纪代理服务，向委托方收取的政府性基金或者行政事业性收费，不得开具增值税专用发票。

【提示4】选择差额计算方法计算销售额的纳税人，提供旅游服务向旅游服务购买方收取并支付的可以从全部价款和价外费用中扣除的费用，不得开具增值税专用发票。

（五）增值税的纳税申报

1. 一般纳税人增值税的纳税申报

（1）纳税申报及缴纳程序。增值税一般纳税人办理纳税申报，需要做发票认证、抄税、纳税申报、报税、税款缴纳等工作。

① 发票认证。增值税一般纳税人本期申报抵扣的增值税专用发票必须先进行认证，纳税人可以持增值税专用发票的抵扣联在办税服务大厅认证窗口认证，或进行远程认证（指的是网上增值税专用发票认证）。网上增值税专用发票认证是指增值税一般纳税人在月底前使用扫描仪采集增值税专用发票抵扣联票面信息，传入认证专用软件（增值税发票抵扣联企业信息采集系统），生成电子数据，通过互联网报送税务机关，由税务机关进行解密认证，并将认证结果信息返给纳税人的一种增值税专用发票认证方式。税务机关认证后，向纳税人下达认证结果通知书和认证结果清单。对于认证不符及密文有误的抵扣联，税务机关暂不予抵扣，并当场扣留作调查处理。未经认证的，不得申报抵扣。增值税专用发票认证一般在月末进行。

② 抄税。抄税是指开票纳税人将防伪税控中当月开具的增值税发票的信息读入纳税人开发票使用的IC卡中，然后将IC卡带到税务局去报税。抄税在次月月初进行，开票系统到了每月1日，在企业进入开票系统时，就会提示“金税卡已到抄税期，请您及时抄税”，此时企业就必须进行抄税处理工作。

③ 纳税申报。纳税申报主要是指提交纳税申报表等资料，而广义的纳税申报包括抄税和报税工作。

纳税申报工作可分为上门申报和网上申报。纳税人在次月1日起15日内，不论有无销售额，均应按主管税务机关核定的纳税期限按期向当地税务机关申报。

上门申报是指纳税人到办税服务大厅纳税申报窗口请购，或到税务局网站下载、打印整套“增值税纳税申报表（一般纳税人适用）”，依照填报说明，填写一式两份纸质申报表或在税务局网站上直接填写申报表。纳税人携带填写好的“增值税纳税申报表（一般纳税人适用）”和相关资料到办税服务大厅纳税窗口进行纳税申报。

网上申报是指纳税人通过网络，填写增值税纳税申报相关表格，并向主管税务机关提交纳税申报表等资料的一种纳税申报方法。目前，我国绝大多数地区已经实现网上申报。

④ 报税。报税是纳税人在抄税和提交纳税申报表等资料之后，将IC卡拿到服务机关，由税务人员将IC卡的信息读入税务机关的金税系统。通过前面的抄税，税务机关确保所有开具的销项税发票都读入了金税系统，通过报税，税务机关确保所有可抵扣的进项税发票都读入了金税系统。这样，税务机关便可以在系统内由系统自动进行比对，确保任何可抵扣的进项发票都有销项发票与其对应。报税同样在次月月初进行，是抄税之后的一个工作环节。

⑤ 税款缴纳。对于实行税库银联网的纳税人，税务机关将纳税申报表单据送到纳税人的开户银行，由银行进行自动转账处理；而未实行税库银联网的纳税人应当到税务机关指定的银行进行现金缴纳。

（2）纳税申报时需提交的资料。增值税一般纳税人（以下简称纳税人）对增值税进行纳税申报时，必须进行电子信息采集。使用防伪税控系统开具增值税专用发票的纳税人必须在抄税、报税成功后，方可向所在地税务局办税服务大厅进行纳税申报。

纳税申报资料包括纳税申报表及其附列资料和纳税申报其他资料。

①“增值税纳税申报表（适用于一般纳税人）”（见表2-5）。

②“增值税纳税申报表附列资料（一）（本期销售情况明细）”。

③“增值税纳税申报表附列资料（二）（本期进项税额明细）”。

④“增值税纳税申报表附列资料（三）（服务、不动产和无形资产扣除项目明细）”。

一般纳税人销售服务、不动产和无形资产，在确定服务、不动产和无形资产销售额时，按照有关规定可以从取得的全部价款和价外费用中扣除价款的，需填报“增值税纳税申报表附列资料（三）（服务、不动产和无形资产扣除项目明细）”。在其他情况下不填写该附列资料。

⑤“增值税纳税申报表附列资料（四）（税额抵减情况表）”。

⑥“增值税纳税申报表附列资料（五）（不动产分期抵扣计算表）”。

⑦“增值税减免税申报明细表”。

表2-5　　　　增值税纳税申报表

（适用于增值税一般纳税人）

根据《中华人民共和国增值税暂行条例》第二十二条和第二十三条的规定制定本表。纳税人不论有无销售额，均应按主管税务机关核定的纳税期限按期填报本表。并于次月一日起十日内，向当地税务机关申报。

税款所属时间：自 年 月 日至 年 月 日　　填表日期：年 月 日　　金额单位：元至角分

纳税人识别号						所属行业：
纳税人名称	（公章）	法定代表人姓名		注册地址		营业地址
开户银行及账号		企业登记注册类型			电话号码	

项目		栏次	一般货物及劳务		即征即退货物及劳务	
			本月数	本年累计	本月数	本年累计
销售额	（一）按适用税率征税货物及劳务销售额	1				
	其中：应税货物销售额	2				
	应税劳务销售额	3				
	纳税检查调整的销售额	4				

续表

项目		栏次	一般货物及劳务		即征即退货物及劳务	
			本月数	本年累计	本月数	本年累计
销售额	(二)按简易征收办法征税货物销售额	5				
	其中：纳税检查调整的销售额	6				
	(三) 免、抵、退办法出口货物销售额	7			—	—
	(四)免税货物及劳务销售额	8			—	—
	其中：免税货物销售额	9			—	—
	免税劳务销售额	10			—	—
税款计算	销项税额	11				
	进项税额	12				
	上期留抵税额	13		—		—
	进项税额转出	14				
	免抵退货物应退税额	15			—	—
	按适用税率计算的纳税检查应补缴税额	16			—	—
	应抵扣税额合计	17=12+13-14-15+16				
	实际抵扣税额	18（如 17＜11，则为 17，否则为 11）				
	应纳税额	19=11-18				
	期末留抵税额	20=17-18		—		—
	简易征收办法计算的应纳税额	21				
	按简易征收办法计算的纳税检查应补缴税额	22			—	—
	应纳税额减征额	23				
	应纳税额合计	24=19+21-23				
税款缴纳	期初未缴税额（多缴为负数）	25				
	实收出口开具专用缴款书退税额	26			—	—
	本期已缴税额	27=28+29+30+31				
	① 分次预缴税额	28		—		—
	② 出口开具专用缴款书预缴税额	29		—	—	—
	③ 本期缴纳上期应纳税额	30				

续表

项目		栏次	一般货物及劳务		即征即退货物及劳务	
			本月数	本年累计	本月数	本年累计
税款缴纳	④ 本期缴纳欠缴税额	31				
	期末未缴税额（多缴为负数）	32=24+25+26-27				
	其中：欠缴税额（≥0）	33=25+26-27		—		—
	本期应补（退）税额	34=24-28-29		—		—
	即征即退实际退税额	35	—	—		
	期初未缴查补税额	36			—	—
	本期入库查补税额	37			—	—
	期末未缴查补税额	38=16+22+36-37			—	—
授权声明	如果你已委托代理人申报，请填写下列材料： 为代理一切税务事宜，现授权 （地址）　　　为本纳税人的代理申报人，任何与申报表有关的往来文件，都可寄予此人。 授权人签字：			申报人声明		此纳税申报表是根据《中华人民共和国增值税暂行条例》及相关规定填报的，我确定它是真实的、可靠的、完整的。 声明人签字：

以下由税务机关填写：

收到日期：　　　　接收人：　　　　主管税务机关盖章：

2. 小规模纳税人增值税的纳税申报

小规模纳税人对增值税进行纳税申报时，应当填报"增值税纳税申报表（小规模纳税人适用）"，如表 2-6 所示。

表 2-6　增值税纳税申报表（小规模纳税人适用）

（小规模纳税人适用）

纳税人识别号：

纳税人名称（公章）：　　　　金额单位：元至角分

税款所属期：　年　月　日至　年　月　日　　　　填表日期：　年　月　日

项目		栏次	本期数		本年累计	
			应税货物及劳务	应税服务	应税货物及劳务	应税服务
一、计税依据	（一）应征增值税不含税销售额	1				
	税务机关代开的增值税专用发票不含税销售额	2				
	税控器具开具的普通发票不含税销售额	3				
	（二）销售使用过的应税固定资产不含税销售额	4（4≥5）		—		—
	其中：税控器具开具的普通发票不含税销售额	5		—		—

续表

	项目	栏次	本期数		本年累计	
			应税货物及劳务	应税服务	应税货物及劳务	应税服务
一、计税依据	（三）免税销售额	6=7+5+9				
	其中：小微企业免税销售额	7				
	未达起征点销售额	8				
	其他免税销售额	9				
	（四）出口免税销售额	10（10≥11）				
	其中：税控器具开具的普通发票销售额	11				
二、税款计算	本期应纳税额	12				
	本期应纳税额减征额	13				
	本期免税额	14				
	其中：小微企业免税额	15				
	未达起征点免税额	16				
	应纳税额合计	17=12+13				
	本期预缴税额	18				
	本期应补（退）税额	19=17+13				

纳税人或代理人声明： 本纳税申报表是根据国家税收法律法规及相关规定填报的。我确定它是真实的、可靠的、完整的。	如纳税人填报，由纳税人填写以下各栏： 办税人员： 法定代表人：	 财务负责人： 联系电话：
	如委托代理人填报，由代理人填写以下各栏： 代理人名称（公章）：	 经办人： 联系电话：

主管税务机关：　　　　接收人：　　　　接收日期：

知识点应用

一、单项选择题

1．根据增值税法律制度的规定，增值税一般纳税人提供的下列服务中，适用 6%税率的是（　　）。

A．交通运输服务　B．不动产租赁服务　C．建筑服务　D．信息技术服务

2．根据增值税法律制度的规定，年应税销售额在一定标准以下的纳税人为小规模纳税人。该标准是（　　）。

A．50 万元　B．80 万元　C．500 万元　D．1 000 万元

3．根据增值税法律制度的规定，关于增值税纳税人的下列表述中，正确的是（　　）。

A．转让无形资产，以无形资产受让方为纳税人

B．提供建筑安装服务，以建筑安装服务接收方为纳税人

C．资管产品运营过程中发生的增值税应税行为，以资管产品管理人为纳税人

D．单位以承包、承租、挂靠方式经营的，一律以承包人为纳税人

4．下列税种中，由海关负责征收和管理的是（　　）。

A．房产税　B．个人所得税　C．契税　D．关税

5．某企业为增值税一般纳税人，主营二手车交易，2019 年 7 月取得含税销售额 206 万元；除上述收入外，该企业当月又将本企业于 2007 年 6 月购入自用的一辆货车和 2010 年 10 月购入自用的一辆货车分别以含增值税 10.3 万元和 34.8 万元的价格出售，则该企业当月应纳增值税的下列计算中，正确的是（　　）。

A．[206÷（1+3%）]×2%+[10.3÷（1+3%）]×3%+34.8÷（1+13%）×13%=8.3（万元）

B．[206÷（1+3%）]×2%+[10.3÷（1+3%）]×2%+34.8÷（1+13%）×13%=8.2（万元）

C．[206÷（1+3%）]×3%+[10.3÷（1+3%）]×2%+34.8÷（1+13%）×13%=10.2（万元）

D．[206÷（1+3%）]×3%+[10.3÷（1+3%）]×3%+34.8÷（1+13%）×13%=10.3（万元）

6．甲公司为增值税一般纳税人，2017 年 5 月取得咨询服务不含税收入 318 万元，另收取奖励费 5.3 万元。已知咨询服务增值税税率为 6%。计算甲公司的增值税销项税额的下列算式中，正确的是（　　）。

A．（318+5.3）÷（1+6%）×6%=18.3（万元）

B．318×6%=19.08（万元）

C．[318+5.3÷（1+6%）]×6%=19.38（万元）

D．318÷（1+6%）×6%=18（万元）

7．甲公司为增值税一般纳税人，本月将两台自产的 A 型洗衣机奖励给职工，已知 A 型洗衣机的生产成本为 1 500 元/台，成本利润率为 10%，市场最高不含税售价为 2 500 元/台，平均不含税售价为 2 200 元/台，则甲公司当月该笔业务增值税销项税额的下列计算中，正确的是（　　）。

A．1 500×2×13%=390（元）　B．1 500×（1+10%）×2×13%=429（元）

C．2 200×2×13%=572（元）　D．2 500×2×13%=650（元）

8．某企业将用于职工活动中心的计算机改用于生产车间，该批计算机购入时取得的增值税专用发票上注明的价款为 10 万元，增值税为 1.3 万元。截至变更用途时，该批计算机已计提折旧 6.96 万元，则该批计算机应转增进项税额的下列计算中正确的是（　　）。

A．1.3 万元

B．（10−6.96）×13%=0.40（万元）

C．（10+1.3−6.96）÷（1+13%）×13%=0.50（万元）

D．0

二、多项选择题

1．根据增值税法律制度的规定，一般纳税人销售的下列货物中，可以选择简易计税方法计缴增值税的有（　　）。

A．食品厂销售的食用植物油

B．县级以下小型水力发电单位生产的电力

C．自来水公司销售自产的自来水

D．煤气公司销售的煤气

2．下列关于包装物的增值税处理正确的有（　　）。

A．随同货物销售而出租包装物的租金一律在收取时作为价外费用并入销售额计征增值税

B．一般货物包装物押金一律在收取时作为价外费用并入销售额计征增值税

C．白酒包装物押金一律在收取时作为价外费用并入销售额计征增值税

D．啤酒包装物押金一律在收取时作为价外费用并入销售额计征增值税

3．下列关于增值税计税销售额的表述中，正确的有（　　）。

A．金融企业转让金融商品，以卖出价扣除买入价后的余额为销售额

B．银行提供贷款服务，以提供贷款服务取得的全部利息及利息性质的收入为销售额

C．建筑企业提供建筑服务适用一般计税方法的，以取得的全部价款和价外费用扣除支付的分包款后的余额为销售额

D．房地产开发企业销售其开发的房地产项目，适用一般计税方法的，以取得的全部价款和价外费用，扣除受让土地时向政府部门支付的土地价款后的余额为销售额

4．根据增值税法律制度的规定，一般纳税人购进的下列货物、服务中，其进项税额不得从销项税额中抵扣的有（　　）。

A．购进生产免税货物耗用材料所支付的进项税额

B．购进旅客运输服务所支付的进项税额

C．购进试制新产品耗用材料所支付的进项税额

D．购进贷款服务所支付的进项税额

5．根据增值税法律制度的规定，下列各项中，外购货物进项税额准予从销项税额中抵扣的有（　　）。

A．将外购货物无偿赠送给客户　　B．将外购货物作为投资提供给联营单位

C．将外购货物分配给股东　　D．将外购货物用于本单位职工福利

6．根据增值税法律制度的规定，下列服务中，免征增值税的有（　　）。

A．学生勤工俭学提供的服务　　B．残疾人福利机构提供的育养服务

C．婚姻介绍所提供的婚姻介绍服务　　D．火葬场提供的殡葬服务

三、判断题

1．中国境外单位或者个人在境内发生应税行为，在境内未设有经营机构的，以境内代理人为增值税扣缴义务人。（　　）

2．外购进口的原属于中国境内的货物，不征收进口环节增值税。（　　）

3．增值税小规模纳税人，转让其取得的不动产，按照3%的征收率征收增值税。（　　）

4．增值税小规模纳税人月销售额不超过10万元（含10万元）的，免征增值税。（　　）

5．增值税扣缴义务发生时间为纳税人增值税纳税义务发生的当天。（　　）

实践技能训练

一、甲公司为增值税一般纳税人，主要提供餐饮、住宿服务。2019 年 8 月有关经营情况如下。

提供餐饮、住宿服务取得含增值税收入 1 431 万元。

出租餐饮设备取得含增值税收入 28.25 万元，出租房屋取得含增值税收入 5.45 万元。

提供车辆停放服务取得含增值税收入 10.9 万元。

发生员工出差火车票、飞机票支出合计 10 万元。

支付技术咨询服务费，取得增值税专用发票上注明税额 1.2 万元。

购进卫生用具一批，取得增值税专用发票上注明税额 1.3 万元。

从农业合作社购进蔬菜，取得农产品销售发票注明买价 100 万元。

已知：有形动产租赁服务增值税税率为 13%；不动产租赁服务增值税税率为 9%；生活服务、现代服务（除有形动产租赁服务和不动产租赁服务外）增值税税率为 6%；交通运输服务增值税税率为 9%；农产品扣除率为 9%；取得的扣税凭证均已通过税务机关认证。

要求：根据上述材料，不考虑其他因素，分析回答下列问题。

1．甲公司下列经营业务中，应按照“现代服务”税目计缴增值税的是（　　）。

A．餐饮服务　　B．房屋租赁服务　　C．餐饮设备租赁服务　　D．住宿服务

2．下列关于甲公司增值税进项税额抵扣的表述中，正确的是（　　）。

A．支付技术咨询服务费的进项税额准予抵扣

B．火车票、飞机票的进项税额准予抵扣

C．购进蔬菜的进项税额准予抵扣

D．购进卫生用具的进项税额准予抵扣

3．计算甲公司当月增值税销项税额的下列算式中，正确的是（　　）。

A．车辆停放收入的销项税额=10.9÷（1+9%）×9%=0.9（万元）

B．房屋出租收入的销项税额=5.45÷（1+9%）×9%=0.45（万元）

C．餐饮设备出租收入的销项税额=28.25÷（1+13%）×13%=3.25（万元）

D．餐饮、住宿收入的销项税额=1 431÷（1+6%）×6%=81（万元）

4．计算甲公司当月准予抵扣增值税进项税额的下列算式中，正确的是（　　）。

A．1.2+1.3=2.5（万元）

B．1.2+1.3+100×9%=11.5（万元）

C．10×9%+1.2=2.1（万元）

D．10÷（1+9%）×9%+1.2+1.3+100×9%=12.33（万元）

二、甲商业银行 W 分行为增值税一般纳税人，主要提供存款、贷款、货币兑换、基金管理、资金结算、金融商品转让等相关金融服务。2019 年第三季度有关经营情况如下：

（1）取得含增值税贷款利息收入 6 360 万元，支付存款利息 1 590 万元；取得含增值税转贷利息收入 530 万元，支付转贷利息 477 万元。

（2）本季度销售一批债券，卖出价为 805.6 万元，该批债券买入价为 795 万元，除此之外无其他金融商品买卖业务，上一纳税期金融商品买卖销售额为正差且已纳税。

（3）租入营业用房屋，取得增值税专用发票上注明税额 9.9 万元；对该房屋进行装修，支付装修费取得增值税专用发票上注明税额 11 万元。

已知，金融服务增值税税率为 6%。取得的增值税专用发票均已通过税务机关认证。要求：根据上述资料，不考虑其他因素，分析回答下列小题。

1．甲商业银行 W 分行提供的下列金融服务中，应按照“金融服务——直接收费金融服务”税目计缴增值税的是（　　）。

A．货币兑换　　B．基金管理　　C．贷款　　D．资金结算

2．计算甲商业银行 W 分行第三季度贷款及转贷业务增值税销项税额的下列算式中，正确的是（　　）。

A.（6 360−1 590+530−477）÷（1+6%）×6%=273（万元）

B.（6 360−1 590+530）÷（1+6%）×6%=300（万元）

C.（6 360+530）÷（1+6%）×6%=390（万元）

D.（6 360+530−477）÷（1+6%）×6%=363（万元）

3．计算甲商业银行 W 分行第三季度金融商品买卖业务应缴纳增值税税额的下列算式中，正确的是（　　）。

A．805.6×6%=48.336（万元）

B．（805.6+795）÷（1+6%）×6%=90.6（万元）

C．805.6÷（1+6%）×6%=45.6（万元）

D．（805.6−795）÷（1+6%）×6%=0.6（万元）

4．关于甲商业银行 W 分行第三季度租入营业用房屋及装修业务增值税进项税额抵扣的下列表述中，正确的是（　　）。

A．租入营业用房屋进项税额 9.9 万元允许在当期全额抵扣，装修进项税额 11 万元只允许在当期抵扣 60%

B．租入营业用房屋进项税额 9.9 万元及装修进项税额 11 万元都不允许抵扣

C．租入营业用房屋进项税额 9.9 万元及装修进项税额 11 万元都允许在当期抵扣

D．租入营业用房屋进项税额 9.9 万元及装修进项税额 11 万元允许在当期抵扣 60%

三、计算题。

某商贸公司（有进出口经营权）10 月进口货物一批。该批货物在国外的买价为 40 万元，另该批货物运抵我国海关前发生的包装费、运输费、保险费等共计 20 万元。货物报关后，公司按规定缴纳了进口环节的增值税并取得了海关开具的海关进口增值税专用缴款书。假定该批进口货物在国内全部销售，取得不含税销售额为 80 万元。已知货物进口关税税率为 5%，增值税税率为 13%。

请计算该批货物在进口环节和国内销售环节分别应缴纳的增值税税额。

第三章 消费税

学习目标

了解消费税纳税义务人、征税范围、适用税率和不同类别消费品的消费税纳税义务环节；

熟练掌握直接对外销售应税消费品、自产自用应税消费品、委托加工应税消费品、进口应税消费品的应纳税额的计算；

熟练掌握出口应税消费品的免税、出口应税消费品的退税和退税额的计算方法。

第一节 消费税概述

一、消费税的概念

消费税，是指对消费品和特定的消费行为按消费流转额征收的一种商品税。广义上，消费税是对所有消费品包括生活必需品和日用品普遍课税；一般概念上，消费税主要指对特定消费品或特定消费行为如奢侈品等课税。消费税主要以消费品为课税对象，在此情况下，税收随价格转嫁给消费者负担，消费者是实际的负税人。消费税的征收具有较强的选择性，是国家贯彻消费政策、引导消费方向、调节市场供求关系、缓解社会成员之间的分配不均问题的重要工具，在保证国家财政收入，体现国家经济政策等方面具有十分重要的意义。目前消费税是我们国家对在中国境内从事生产、委托加工以及进口应税消费品的流转额征税的一种流转税。

消费税是以特定消费品为课税对象所征收的一种税。属于流转税的范畴。我国自1994年开始征收消费税。现行消费税的基本规范，是2008年11月5日经国务院第34次常务会议修订通过并颁布，自2009年1月1日起施行的《中华人民共和国消费税暂行条例》（以下简称《消费税暂行条例》），以及2008年12月15日财政部、国家税务总局第51号令颁布的《中华人民共和国消费税暂行条例实施细则》（以下简称《消费税暂行条例实施细则》）。

二、消费税的特点

（一）消费税征税项目具有选择性

消费税以税法规定的特定产品为征税对象，即国家可以根据宏观产业政策和消费政策的要求，有目的地、有重点地选择一些消费品征收消费税，以适当地限制某些特殊消费品的消费需求，故可认为消费税税收调节具有特殊性。

（二）税率税额具有差别性

在消费税方面，我国为不同的产品设计不同的税率，对同一产品同等征税。即根据消费品的价格水平、国家的产业政策和消费政策等情况，对不同消费品制定不同的税率、税额。

（三）消费税是价内税，是价格的组成部分

国外的消费税一般都采用了价外税形式，税金在销售发票上另行注明，由缴纳税款的经营者向购买消费品的消费者在产品价格之外另行收取，以达到调节消费、控制消费的目的。但是考虑到我国国情特殊，主要是经过改革后的增值税实行价外税形式，而与之交叉征收的消费税的税金要包含在增值税的税基之中。为了避免对应税产品在交叉征收过程中划分税基的麻烦和误解，我国现行的消费税采用了价内税形式，即消费税税金包括在应税消费品价格之中，应税产品价格亦为含税价格，这样实行从价定率计征的消费品的税基，就和增值税的税基相同，即都包含消费税，而不包含增值税的销售价格。

（四）消费税计税方法有从价定率、从量定额以及从价从量复合计征三种

我国对消费税既可以采取对消费品的数量实行从量定额的征收方法，也可以实行从价定率的征收方法，还可实行从价从量复合计征的方法。

（五）消费税征收环节具有单一性

消费税负担的最终归宿虽然是消费者，但是为了加强源泉控制，防止税款流失，消费税的纳税环节主要确定在生产环节或进口环节。也就是说，应税消费品在生产环节或进口环节征税之后，行销全国不再征收消费税。个别消费品的纳税环节为零售环节。但无论在哪个环节征税，都实行单环节征收。这样既可以减少纳税人的数量，降低税款征收费用和税源流失的风险，又可以防止重复课税。

（六）税率较高且税负差异大

消费税的平均税率比较高并且不同征税项目的税负差异较大，如卷烟的最高税率是56%，排气量在1.0升以下的小汽车的税率只有1%，需要限制或控制消费的消费品通常税负较重。

（七）消费税税收负担具有转嫁性，最终都转嫁到消费者身上

消费税是对消费应税消费品的课税。因此，税负归宿应为消费者，但是为了简化征收管理，我国直接以在我国境内生产、委托加工、零售和进口应税消费品的单位和个人为纳税人，于生产制造、销售环节征收税款，并将该税款作为商品价格的一个组成部分向消费者收回，消费者为税负的最终归宿，故税负具有转嫁性。

第二节 纳税义务人和征税范围

一、纳税义务人

在我国，消费税是我国对在境内从事生产、委托加工和进口应税消费品（属于应当征收消费

税的消费品，以下简称应税消费品）的单位和个人，就其销售额或销售数量，在特定环节征收的一种税。

凡在中华人民共和国境内生产、委托加工和进口《中华人民共和国消费税暂行条例》（以下简称《消费税暂行条例》）规定的应税消费品的单位和个人，以及国务院确定的销售（批发或零售）《消费税暂行条例》规定的某些应税消费品的单位和个人，均为消费税纳税义务人（或称纳税人）。其中在中华人民共和国境内是指生产、委托加工和进口应税消费品的起运地或所在地在境内；单位是指企业、行政单位、事业单位、军事单位、社会团体及其他单位；个人是指个体工商户以及其他个人。

二、消费税征税范围的确定

（一）征税范围的确定原则

（1）一些过度消费会对人身健康、社会秩序、生态环境等方面造成危害的特殊消费品，如烟、酒、鞭炮、焰火等。

（2）生活必需品，如高档化妆品、贵重首饰、珠宝玉石等。

（3）高能耗及高档消费品，如摩托车、小汽车等。

（4）不可再生和替代的稀缺消费品，如汽油、柴油等。

消费税的征税范围不是一成不变的，随着经济的发展，会随着国家的政策和经济状况及消费结构的变化而被适当调整。

（二）征税范围的具体规定

1. 烟

“烟”税目下分甲类卷烟、乙类卷烟、雪茄烟和烟丝四个子目。

（1）甲类卷烟。甲类卷烟是指每标准条（200 支，下同）调拨价格在 70 元（不含增值税）以上（含 70 元）的卷烟。

（2）乙类卷烟。乙类卷烟是指每标准条调拨价格在 70 元（不含增值税）以下的卷烟。

（3）雪茄烟。雪茄烟是指以晾晒烟为原料或者以晾晒烟和烤烟为原料，用烟叶或卷烟纸、烟草薄片作为烟支内包皮，再用烟叶作为烟支外包皮，经机器或手工卷制而成的烟草制品，按内包皮所用材料的不同可分为全叶卷雪茄烟和半叶卷雪茄烟。

（4）烟丝。烟丝是指将烟叶切成丝状、粒状、片状、末状或其他形状，再加入辅料，经过发酵、储存，不经卷制即可供销售吸用的烟草制品。

2. 酒

本税目下设白酒、黄酒、啤酒、其他酒四个子目。

酒是酒精度在 1 度以上的各种酒类饮料。酒类包括白酒、黄酒、啤酒和其他酒。

（1）白酒。白酒是指以高粱、玉米、大米、糯米、大麦、小麦、小米、青稞、白薯、马铃薯（土豆）、芋头、山药等各种粮食为原料，经过糖化、发酵后，采用蒸馏方法酿制的酒。

（2）黄酒。黄酒是指以糯米、粳米、籼米、大米、黄米、玉米、小麦、薯类等为原料，经加温、糖化、发酵、压榨酿制而成的酒。由于工艺、配料和含糖量的不同，黄酒分为干黄酒、半干黄酒、半甜黄酒、甜黄酒四类。黄酒的征收范围包括由各种原料酿制的黄酒和酒度超过 12 度（含 12 度）

的土甜酒。

（3）啤酒。啤酒是指以大麦或其他粮食为原料，加入啤酒花，经糖化、发酵、过滤酿制的含有二氧化碳的酒。啤酒按照杀菌方法的不同，可分为熟啤酒和生啤酒或鲜啤酒。

啤酒的征收范围包括甲类啤酒、乙类啤酒和各种散装啤酒。每吨出厂价（含包装物及包装物押金）在 3 000 元以上（含 3 000 元，不含增值税）的是甲类啤酒，每吨出厂价（含包装物及包装物押金）在 3 000 元（不含增值税）以下的是乙类啤酒。

饮食业、商业、娱乐业举办的啤酒屋（啤酒坊）利用啤酒生产设备生产的啤酒应当征收消费税。

（4）其他酒。其他酒是指除粮食白酒、薯类白酒、黄酒、啤酒以外，酒精度在 1 度以上的各种酒。其征收范围包括糠麸白酒、其他原料白酒、土甜酒、复制酒、果木酒、汽酒、药酒、葡萄酒等。我国对各种饮料酒按“其他酒”10%的适用税率征收消费税。

3. 高档化妆品

本税目征收范围包括高档美容、修饰类化妆品，高档护肤类化妆品和成套化妆品。

美容、修饰类化妆品，是指香水、香水精、香粉、口红、指甲油、胭脂、眉笔、唇笔、蓝眼油（眼影膏、眼影霜、眼影粉）、假睫毛以及成套化妆品。舞台、戏剧、影视演员化妆用的上妆油、卸妆油、油彩，不属于本税目的征收范围。

高档美容、修饰类化妆品和高档护肤类化妆品是指生产（进口）环节销售（完税）价格（不含增值税）在 10 元/毫升（克）或每片（张）15 元及以上的美容、修饰类化妆品和护肤类化妆品。

成套化妆品是指由各种用途的化妆品配套盒装而成的产品。

我国自 2016 年 10 月 1 日起取消对普通美容、修饰类化妆品征收消费税，将原来的“化妆品”税目名称更改为“高档化妆品”。

4. 贵重首饰及珠宝玉石

本税目包括以金、银、白金、宝石、珍珠、钻石、翡翠、珊瑚、玛瑙等高贵稀有物质以及其他金属、人造宝石等制作的各种纯金银首饰及镶嵌首饰和经采掘、打磨、加工的各种珠宝玉石。我国对出国人员免税商店销售的金银首饰征收消费税。

5. 鞭炮、焰火

包括各种鞭炮、焰火。体育上用的发令纸、鞭炮药引线，不按本税目征收。

6. 成品油

本税目包括汽油、柴油、石脑油、溶剂油、航空煤油、润滑油、燃料油 7 个子目。航空煤油暂缓征收；变压器油、导热类油等绝缘油类产品不征收消费税。

（1）汽油。汽油是指可用作汽油发动机燃料的各种轻质油。汽油分为车用汽油和航空汽油。以汽油、汽油组分调和生产的甲醇汽油、乙醇汽油也属于本税目征收范围。

（2）柴油。柴油是指可用作柴油发动机燃料的各种轻质油和以柴油组分为主，经调和精制可用作柴油发动机燃料的非标油。以柴油、柴油组分调和生产的生物柴油也属于本税目征收范围。

（3）石脑油。石脑油又叫化工轻油，是以原油或其他原料加工生产的用于化工原料的轻质油。石脑油的征收范围包括除汽油、柴油、航空煤油、溶剂油以外的各种轻质油。非标汽油等也属轻质油，属于石脑油征收范围。

（4）溶剂油。溶剂油是用原油或其他原料加工生产的用于涂料、油漆、食用油、印刷油墨、皮革、农药、橡胶、化妆品生产和机械清洗、胶粘行业的轻质油。橡胶填充油、溶剂油原料，属于溶剂油征收范围。

（5）航空煤油。航空煤油也叫喷气燃料，是用原油或其他原料加工生产的用作喷气发动机和喷气推进系统燃料的各种轻质油。

（6）润滑油。润滑油是用原油或其他原料加工生产的用于内燃机、机械加工过程的润滑产品。润滑油分为矿物性润滑油、植物性润滑油、动物性润滑油和化工原料合成润滑油。润滑脂是润滑产品，生产、加工润滑脂应当征收消费税。以植物性、动物性和矿物性基础油（或矿物性润滑油）混合掺配而成的混合性润滑油，不论矿物性基础油（或矿物性润滑油）所占比例高低，均属润滑油的征收范围。

（7）燃料油。燃料油也称重油、渣油，是用原油或其他原料加工生产，主要用作电厂发电、锅炉用燃料，加热炉燃料，冶金和其他工业炉燃料。

7. 小汽车

小汽车是指由动力驱动，具有4个或4个以上车轮的非轨道承载的车辆。本税目征收范围包括含驾驶员座位在内最多不超过9个座位（含）的，在设计和技术特性上用于载运乘客和货物的各类乘用车和含驾驶员座位在内的座位数在10～23（含23座）的，在设计和技术特性上用于载运乘客和货物的各类中轻型商用客车以及每辆零售价格在130万元（不含增值税）及以上的超豪华小汽车。电动汽车不属于本税目征收范围。车身长度大于7米（含），并且座位在23座（含）以下的商用客车，不属于中轻型商用客车征税范围，不征收消费税。沙滩车、雪地车、卡丁车、高尔夫球车不属于消费税征收范围，不征收消费税。

8. 摩托车

摩托车包括轻便摩托车和摩托车两种。

（1）轻便摩托车。轻便摩托车是指最高设计车速不超过50千米/小时、发动机汽缸总工作容积不超过50毫升的两轮机动车。我国对最高设计车速不超过50千米/小时，发动机汽缸总工作容量不超过50毫升的三轮摩托车不征收消费税。

（2）摩托车。摩托车是指最高设计车速超过50千米/小时、发动机汽缸总工作容积超过50毫升、空车质量不超过400千克（带驾驶室的正三轮车及特种车的空车质量不受此限）的两轮和三轮机动车。

9. 高尔夫球及球具

高尔夫球及球具是指从事高尔夫球运动所需的各种专用装备，包括高尔夫球、高尔夫球杆及高尔夫球包（袋）等。本税目征收范围包括高尔夫球、高尔夫球杆、高尔夫球包（袋）。高尔夫球杆的杆头、杆身和握把属于本税目的征收范围。

10. 高档手表

高档手表是指销售价格（不含增值税）每只在10 000元（含）以上的各类手表。

11. 游艇

本税目征收范围包括艇身长度大于8米（含）小于90米（含），内置发动机，可以在水上移动，一般为私人或团体购置，主要用于水上运动和休闲娱乐等非谋利活动的各类机动艇。

12. 木制一次性筷子

本税目征收范围包括各种规格的木制一次性筷子。未经打磨、倒角的木制一次性筷子也属于本税目征税范围。

13. 实木地板

本税目征收范围包括各类规格的实木地板、实木指接地板、实木复合地板及用于装饰墙壁、天棚的侧端面为榫、槽的实木装饰板。未经涂饰的素板也属于本税目征税范围。

14. 电池

本税目征收范围包括原电池、蓄电池、燃料电池、太阳能电池和其他电池。我国自 2015 年 2 月 1 日起对电池征收消费税，在生产、委托加工和进口环节征收。

（1）原电池。原电池又称一次电池，是按不可以充电设计的电池。按照电极所含的活性物质分类，原电池包括锌原电池、锂原电池和其他原电池。

（2）蓄电池。蓄电池又称二次电池，是按可充电、重复使用设计的电池。包括酸性蓄电池、碱性或其他酸性蓄电池、氧化还原液流蓄电池和其他蓄电池。

（3）燃料电池。燃料电池指通过一个电化学过程，将连续供应的反应物和氧化剂的化学能直接转换为电能的电化学发电装置。

（4）太阳能电池。太阳能电池是将太阳光能转换成电能的装置，包括晶体硅太阳能电池、薄膜太阳能电池、化合物半导体太阳能电池等，但不包括用于太阳能发电储能的蓄电池。

（5）其他电池。除原电池、蓄电池、燃料电池、太阳能电池以外的电池。我国对无汞原电池、金属氢化物镍蓄电池（又称氢镍蓄电池或镍氢蓄电池）、锂原电池、锂离子蓄电池、太阳能电池、燃料电池和全钒液流电池免征消费税。

15. 涂料

我国自 2015 年 2 月 1 日起对涂料征收消费税，在生产、委托加工和进口环节征收。涂料是指涂于物体表面能形成具有保护、装饰或特殊性能的固态涂膜的一类液体或固体材料之总称。我国对施工状态下挥发性有机物含量低于 420 克/升（含）的涂料免征消费税。

第三节 税率和纳税义务环节

一、税率

消费税的税率有比例税率和定额税率两种形式。我国对多数消费品实行比例税率，最高税率为 56%，最低税率为 1%；对成品油和黄酒、啤酒等实行定额税率；对卷烟、粮食白酒、薯类白酒实行从价定率与从量定额相结合的复合计税办法，既实行比例税率，也实行定额税率。现行消费税税目、税率（税额）如表 3-1 所示。

表 3-1　　　　消费税税目、税率（税额）表

税目	税率（税额）
一、烟	
1．卷烟	
（1）甲类卷烟（生产环节）	56%加 0.003 元/支（生产环节）
（2）乙类卷烟（生产环节）	36%加 0.003 元/支（生产环节）
（3）甲类卷烟和乙类卷烟（批发环节）	11%加 0.005 元/支（批发环节）
2．雪茄烟（生产环节）	36%（生产环节）
3．烟丝（生产环节）	30%（生产环节）
二、酒	
1．白酒（含粮食白酒和薯类白酒）	20%加 0.5 元/500 克（或者 500 毫升）
2．黄酒	240 元/吨
3．啤酒	
（1）甲类啤酒	250 元/吨
（2）乙类啤酒	220 元/吨
4．其他酒	10%
三、高档化妆品	15%
四、贵重首饰及珠宝玉石	
1．金银首饰、铂金首饰和钻石及钻石饰品（零售环节）	5%（零售环节）
2．其他贵重首饰和珠宝玉石	10%
五、鞭炮、焰火	15%
六、成品油	
1．汽油	1.52 元/升
2．柴油	1.2 元/升
3．航空煤油	1.2 元/升
4．石脑油	1.52 元/升
5．溶剂油	1.52 元/升
6．润滑油	1.52 元/升
7．燃料油	1.2 元/升
七、小汽车	
1．乘用车	
（1）汽缸容量（排气量，下同）在 1.0 升（含）以下的	1%
（2）汽缸容量在 1.0 升至 1.5 升（含）的	3%
（3）汽缸容量在 1.5 升至 2.0 升（含）的	5%
（4）汽缸容量在 2.0 升至 2.5 升（含）的	9%
（5）汽缸容量在 2.5 升至 3.0 升（含）的	12%
（6）汽缸容量在 3.0 升至 4.0 升（含）的	25%
（7）汽缸容量在 4.0 升以上的	40%
2．中轻型商用客车	5%
3．超豪华小汽车（零售环节）	10%（零售环节），生产环节的税率同乘用车和中轻型商用客车的一样
八、摩托车	
1．汽缸容量（排气量，下同）在 250 毫升的	3%
2．汽缸容量为 250 毫升以上的	10%
九、高尔夫球及球具	10%
十、高档手表	20%

续表

税目	税率（税额）
十一、游艇	10%
十二、木制一次性筷子	5%
十三、实木地板	5%
十四、电池	4%
十五、涂料	4%

确定消费税税率时应注意以下问题。

（1）对纳税人兼营不同税率的应税消费品所适用税目、税率的规定。纳税人兼营不同税率的应税消费品的，应当分别核算其销售额或销售数量。未分别核算销售额或销售数量的，或者将不同税率的应税消费品组成成套消费品销售的，从高适用税率。

（2）对卷烟适用税目、税率的具体规定。对白包卷烟、手工卷烟、自产自用没有同牌号规格调拨价格的卷烟、委托加工没有同牌号规格调拨价格的卷烟、未经国务院批准纳入计划的企业和个人生产的卷烟，除按定额税率征收外，一律按照56%的比例税率征收。

（3）消费税税目、税率（税额）的调整由国务院确定，地方无权调整。

二、纳税义务环节

消费税的纳税义务环节主要有生产环节、委托加工环节、进口环节、批发环节（仅适用于卷烟）、零售环节（仅适用于超豪华小汽车、金银首饰等）。

（一）生产环节

（1）纳税人生产的应税消费品，于纳税人销售时纳税。这里的销售主要是指出厂环节的销售。

工业企业以外的单位和个人的下列行为视为应税消费品的生产行为，按规定征收消费税：①将外购的消费税非应税产品以消费税应税产品对外销售的；②将外购的消费税低税率应税产品以高税率应税产品对外销售的。

（2）纳税人自产自用的应税消费品，用于连续生产应税消费品的，不纳税；用于其他方面的，于移送使用时纳税。

用于连续生产应税消费品是指纳税人将自产自用的应税消费品作为直接材料生产最终应税消费品，自产自用的应税消费品构成最终应税消费品的实体。用于其他方面是指纳税人将自产自用的应税消费品用于生产非应税消费品、在建工程、管理部门、非生产机构、提供劳务、馈赠、赞助、集资、广告、样品、职工福利、奖励等方面。

（二）委托加工环节

委托加工的应税消费品，除受托方为个人外，由受托方在向委托方交货时代收代缴税款。

（三）进口环节

进口的应税消费品，于进口报关时纳税。进口环节缴纳的消费税由海关代征。进口环节缴纳的增值税、进口关税也由海关代征。

（四）批发环节

卷烟消费税在生产和批发两个环节征收。自2009年5月1日起，我国在卷烟批发环节加征一道从价税，即对在中华人民共和国境内从事卷烟批发业务的单位和个人，批发销售的所有牌号规格的卷烟，按其销售额（不含增值税）征收5%的消费税。纳税人应将卷烟销售额与其他商品销售额分开核算，未分开核算的，一并征收消费税。纳税人销售给纳税人以外的单位和个人的卷烟于销售时纳税。纳税人之间销售的卷烟不缴纳消费税。卷烟批发企业的机构所在地，总机构与分支机构不在同一地区的，由总机构申报纳税。

我国自2015年5月10日起，将卷烟批发环节从价税税率由5%提高至11%，并按0.005元/支加征从量税。纳税人兼营卷烟批发和零售业务的，应当分别核算批发和零售环节的销售额、销售数量；未分别核算批发和零售环节销售额、销售数量的，按照全部销售额、销售数量计算征收批发环节消费税。只有卷烟在批发环节征收消费税，不包括烟丝和雪茄烟。

（五）零售环节

1. 金银首饰的纳税环节

自1995年1月1日起，我国对金银首饰消费税由在生产销售环节征收改为在零售环节征收。改在零售环节征收消费税的金银首饰仅限于金基、银基合金首饰以及金、银和金基、银基合金的镶嵌首饰。自2002年1月1日起，我国对钻石及钻石饰品消费税改为在零售环节征收。自2003年5月1日起，我国对铂金首饰消费税改为在零售环节征收。金银首饰消费税的适用税率为5%，由纳税人在销售金银首饰、铂金首饰、钻石及钻石饰品时征收。其计税依据是不含增值税的销售额。在零售环节征收消费税的金银首饰不包括镀金首饰和包金首饰。另外，我国对出国人员免税商店销售的金银首饰也征收消费税。

既销售金银首饰，又销售非金银首饰的生产、经营单位，应将两类商品划分清楚，分别核算销售额。凡划分不清楚或不能分别核算的，在生产环节销售的，一律从高适用税率征收消费税；在零售环节销售的，一律按金银首饰征收消费税。金银首饰与其他产品组成成套消费品销售，应按销售额全额征收消费税。金银首饰连同包装物销售的，无论包装物是否单独计价，也无论会计上如何核算，均应并入金银首饰的销售额，计征消费税。带料加工的金银首饰，应按受托方销售同类金银首饰的销售价格确定计税依据征收消费税。没有同类金银首饰销售价格的，按照组成计税价格计算纳税。纳税人采用以旧换新（含翻新改制）方式销售的金银首饰，应按实际收取的不含增值税的全部价款确定计税依据征收消费税。金银首饰以旧换新的，应按照销售方实际收取的不含增值税的全部价款确定计税依据征收增值税。

《消费税征收范围注释》（国税发〔1993〕153号）第五条规定：贵重首饰及珠宝玉石的征收范围包括各种金银珠宝首饰和经采掘、打磨、加工的各种珠宝玉石。其中金银珠宝首饰包括：以金、银、白金、宝石、珍珠、钻石、翡翠、珊瑚、玛瑙等高贵稀有物质以及其他金属、人造宝石等制作的各种纯金银首饰及镶嵌首饰（含人造金银、合成金银首饰等）。而金条不在消费税纳税范围内。

2. “小汽车”税目下“超豪华小汽车”子税目的纳税环节

自2016年12月1日起，“小汽车”税目下增设“超豪华小汽车”子税目。征收范围为每辆零售价格在130万元（不含增值税）及以上的乘用车和中轻型商用客车，即乘用车和中轻型商用客车子税目中的超豪华小汽车。我国对超豪华小汽车，在生产（进口）环节按现行税率征收消费税的基础上，在零售环节加征消费税，税率为10%。将超豪华小汽车销售给消费者的单位和个人为超豪华小汽车零售环节消费税纳税人。超豪华小汽车零售环节消费税应纳税额的计算公式为：

应纳税额=零售环节销售额（不含增值税，下同）×零售环节税率

国内汽车生产企业直接销售给消费者的超豪华小汽车，消费税税率按照生产环节税率和零售环节税率加总计算。消费税应纳税额的计算公式为：

应纳税额=销售额×（生产环节税率+零售环节税率）

我国驻外使领馆工作人员、外国驻华机构及人员、非居民常住人员、政府间协议规定等应税（消费税）进口自用，且完税价格在130万元及以上的超豪华小汽车消费税，按照生产（进口）环节税率和零售环节税率（10%）加总计算，由海关代征。

第四节 消费税应纳税额的计算

一、直接对外销售应税消费品应纳税额的计算

直接对外销售应税消费品涉及以下三种计算方法。

（一）从价定率法下应纳税额的计算

其基本计算公式为：

应纳税额=应税消费品销售额×比例税率

应税消费品销售额的确定方法如下。

（1）销售额为纳税人销售应税消费品向购买方收取的全部价款和价外费用。其中价外费用通常是指价外向购买方收取的手续费、补贴、基金、集资费、返还利润、奖励费、违约金、滞纳金、延期付款利息、赔偿金、代收款项、代垫款项、包装费、包装物租金、储备费、优质费、运输装卸费以及其他各种性质的价外费用。但下列项目不包括在内。

① 同时符合以下条件的代垫运输费用：承运部门的运输费用发票开具给购买方的，纳税人将该发票转交给购买方的。

② 同时符合以下条件代为收取的政府性基金或者行政事业性收费：由国务院或者财政部批准设立的政府性基金，由国务院或者省级人民政府及其财政、价格主管部门批准设立的行政事业性收费。收取时开具省级以上财政部门印制的财政票据，所收款项全额上缴财政。

（2）由于应税消费品在缴纳消费税时与一般货物一样，都还要缴纳增值税，因此，《消费税暂行条例实施细则》明确规定，应税消费品的销售额，不包括应向购买方收取的增值税税额。如果纳税人应税消费品的销售额中未扣除增值税税款或者因不得开具增值税专用发票而导致价款和增值税税款合并收取，那么纳税人在计算消费税时，应当将其换算为不含增值税税款的销售额。其换算公式为：

应税消费品的销售额=含增值税的销售额÷（1+增值税税率或征收率）

增值税是价外税，消费税是价内税。消费税应税销售额应当是不含增值税但含消费税的销售额。通常所说的“不含税价格”指的是不含增值税的价格。如果消费税纳税人是增值税一般纳税人，销售应税消费品应适用13%的增值税税率；如果消费税纳税人是增值税小规模纳税人，销售应税消费品应适用3%的增值税征收率。

（3）应税消费品连同包装物销售的，无论包装物是否单独计价以及在会计上如何核算，均应并

入应税消费品的销售额中缴纳消费税。如果包装物不作价随同产品销售，而是收取押金，此项押金则不应并入应税消费品的销售额征税。但因逾期未收回的包装物不再退还的或者已收取的时间超过 12 个月的押金，应并入应税消费品的销售额，按照应税消费品的适用税率缴纳消费税。对既作价随同应税消费品销售，又另外收取押金的包装物，凡纳税人在规定的期限内没有退还的，其押金均应并入应税消费品的销售额，按照应税消费品的适用税率缴纳消费税。

从 1995 年 6 月 1 日起，我国对酒类（黄酒、啤酒除外）生产企业销售酒类产品而收取的包装物押金，无论押金是否返还及在会计上如何核算，均需并入酒类产品销售额，依据酒类产品的适用税率计征消费税。黄酒、啤酒除外是因为黄酒、啤酒的消费税实行从量计征的办法，没有从价计征的比例税率，其包装物押金也就无法计征消费税。

（4）白酒生产企业向商业销售单位收取的“品牌使用费”是随着应税白酒的销售而向购买方收取的，属于应税白酒销售价款的组成部分，因此，不论企业采取何种方式或以何种名义收取价款，均应并入白酒的销售额中缴纳消费税。相关公式如下：

$$\begin{array}{c}\text{白酒生产企业销售白酒}\\\text{计算的消费税销售额}\end{array}=\text{货价}\left(\begin{array}{c}\text{不含}\\\text{增值税}\end{array}\right)+\begin{array}{c}\text{包装物}\\\text{的押金}\end{array}\left(\begin{array}{c}\text{不含增值税，}\\\text{当期未逾期}\end{array}\right)+\begin{array}{c}\text{包装物}\\\text{的押金}\end{array}\left(\begin{array}{c}\text{不含}\\\text{增值税}\end{array}\right)+\begin{array}{c}\text{品牌}\\\text{使用费}\end{array}\left(\begin{array}{c}\text{不含}\\\text{增值税}\end{array}\right)+\begin{array}{c}\text{其他价}\\\text{外费用}\end{array}\left(\begin{array}{c}\text{不含}\\\text{增值税}\end{array}\right)$$

（5）纳税人销售的应税消费品，以人民币以外的货币结算销售额的，其销售额的人民币折合率可以为销售额发生的当天或者当月 1 日的人民币汇率中间价。纳税人应事先确定采用何种折合率，确定后 1 年内不得变更。

（6）纳税人通过自设非独立核算门市部销售自产应税消费品的，应当按照门市部对外销售额或销售数量计算征收消费税。纳税人通过自设独立核算门市部销售自产应税消费品的，应当按照纳税人销售给独立核算门市部的销售额或者销售数量计算征收消费税。

（7）纳税人对用于换取生产资料和消费资料、投资入股和抵偿债务等方面的应税消费品，应当以纳税人同类应税消费品的最高销售价格为依据计算消费税。纳税人对用于换取生产资料和消费资料、投资入股和抵偿债务等方面的应税消费品，应当以纳税人同类应税消费品的平均销售价格（没有平均销售价格的，按照组成计税价格）作为计税依据计算增值税。另外，同一环节既征收消费税又征收增值税的，消费税与增值税的计税销售额一般情况下是相同的（用于换取生产资料和消费资料、投资入股和抵偿债务等方面的应税消费品除外）。

【案例 3-1】某实木地板生产企业为增值税一般纳税人，20×9 年 12 月发生如下业务：

（1）生产实木地板 50 万平方米，销售给消费者个人 40 万平方米，开具普通发票，取得含税销售额 6 400 万元，收取包装费 320 万元。

（2）生产实木复合地板 70 万平方米，销售给单位 22 万平方米，开具普通发票，取得含税销售额 1 540 万元、送货收入 76 万元（运输业务不单独核算）。

问题：计算该企业应缴纳的消费税（消费税税率为 5%）。

【解析】

销售实木地板应缴纳消费税=（6 400+320）÷（1+13%）×5%=297.35（万元）

销售实木复合地板应缴纳消费税=（1 540+76）÷（1+13%）×5%=71.50（万元）

（二）从量定额法下应纳税额的计算

其基本计算公式为：

应纳税额=应税消费品的数量×定额税率

1. 应税消费品数量的确定

根据应税消费品的应税行为，应税消费品数量的具体规定如下。

（1）销售（一般是指出厂销售）应税消费品的，应税消费品数量为应税消费品的销售数量。纳税人通过自设的非独立核算门市部销售自产应税消费品的，应当按照门市部对外销售数量征收消费税。

（2）自产自用应税消费品的（用于连续生产应税消费品的除外），应税消费品数量为应税消费品的移送使用数量。

（3）委托加工应税消费品的，应税消费品数量为纳税人收回的应税消费品数量。

（4）进口应税消费品的，应税消费品数量为海关核定的应税消费品进口征税数量。

实行从量定额计税的，消费税的计算与销售价格无关，不存在通过组成计税价格计算消费税的问题。

2. 计量单位的换算标准

根据我国《消费税暂行条例实施细则》第十条的规定，实行从量定额办法计算应纳税额的应税消费品，计量单位的换算标准如下。

（1）黄酒 1 吨=962 升

（2）啤酒 1 吨=988 升

（3）汽油 1 吨=1 388 升

（4）柴油 1 吨=1 176 升

（5）航空煤油 1 吨=1 246 升

（6）石脑油 1 吨=1 385 升

（7）溶剂油 1 吨=1 282 升

（8）润滑油 1 吨=1 126 升

（9）燃料油 1 吨=1 015 升

【案例 3-2】某酒厂为增值税一般纳税人，20×8 年 1 月销售啤酒 150 吨，每吨不含税售价 2 400 元，销售啤酒收取包装物押金 1 270 元。

问题：计算该酒厂本月应纳消费税税额（啤酒的单位税额为 220 元/吨）。

【解析】啤酒应纳消费税税额=150×220=33 000（元）。

（三）从价定率和从量定额复合计税法下应纳税额的计算

在现行消费税的征税范围中，只有卷烟及白酒（粮食白酒和薯类白酒）采用复合计税方法。

基本计算公式为：

应纳税额=应税消费品的销售额×比例税率+应税消费品的销售数量×定额税率

注意 生产销售卷烟或白酒从量定额的计税依据为实际销售数量。进口、委托加工、自产自用卷烟或白酒从量定额的计税依据分别为海关核定的进口征税数量、委托方收回数量、移送使用数量。

1. 卷烟最低计税价格的核定

根据国家税务总局令第26号文件，自2012年1月1日起，卷烟消费税最低计税价格核定范围为卷烟生产企业在生产环节销售的所有牌号、规格的卷烟。计税价格由国家税务总局按照卷烟批发环节销售价格扣除卷烟批发环节批发毛利核定并发布。

计税价格的核定公式如下：

某牌号、规格卷烟计税价格=批发环节销售价格×（1-适用批发毛利率）

式中，批发环节销售价格，按照税务机关采集的所有卷烟批发企业在价格采集期内销售的该牌号、规格卷烟的数量、销售额进行加权平均计算。其计算公式如下：

批发环节销售价格=Σ该牌号、规格卷烟各采集点的销售额÷Σ该牌号、规格卷烟各采集点的销售数量

实际销售价格高于核定计税价格的卷烟，按实际销售价格征收消费税；反之，按核定计税价格征收消费税。

2. 白酒最低计税价格的核定

根据《国家税务总局关于加强白酒消费税征收管理的通知》（国税函〔2009〕380号）的规定，自2009年8月1日起，我国对白酒消费税实行最低计税价格核定管理办法。

（1）白酒消费税最低计税价格核定范围。

白酒生产企业销售给销售单位的白酒，生产企业消费税计税价格低于销售单位对外销售价格（不含增值税，下同）70%的，税务机关应核定消费税最低计税价格。

销售单位是指销售公司、购销公司以及委托境内其他单位或个人包销本企业生产的白酒的商业机构。销售公司、购销公司专门购进并销售白酒生产企业生产的白酒，并与该白酒生产企业存在关联关系。包销是指销售单位依据协定价格从白酒生产企业购进白酒，同时承担大部分包装材料等成本费用，并负责销售白酒。

白酒生产企业应将各种白酒的消费税计税价格和销售单位销售价格，按照规定的式样及要求，在主管税务机关规定的时限内填报。白酒消费税最低计税价格由白酒生产企业自行申报，税务机关核定。

主管税务机关应将白酒生产企业申报的销售给销售单位的消费税计税价格低于销售单位对外销售价格70%、年销售额1 000万元以上的各种白酒，按照规定的式样及要求，在规定的时限内逐级上报至国家税务总局。国家税务总局选择其中部分白酒核定消费税最低计税价格，其他需要核定消费税最低计税价格的白酒，消费税最低计税价格由各省、自治区、直辖市和计划单列市税务局核定。

（2）白酒消费税最低计税价格核定标准。

① 白酒生产企业销售给销售单位的白酒，生产企业消费税计税价格高于销售单位对外销售价格70%（含70%）的，税务机关暂不核定消费税最低计税价格。

② 白酒生产企业销售给销售单位的白酒，生产企业消费税计税价格低于销售单位对外销售价格70%的，消费税最低计税价格由税务机关根据生产规模、白酒品牌、利润水平等情况在销售单位对外销售价格50%～70%的范围内自行核定。其中，对于生产规模较大、利润水平较高的企业生产的需要核定消费税最低计税价格的白酒，税务机关的核价幅度原则上应为销售单位对外销售价格的60%～70%。

根据《国家税务总局关于部分白酒消费税计税价格核定及相关管理事项的通知》（国税函〔2009〕416号）的规定，国家税务总局选择核定消费税计税价格的白酒，核定比例统一确定为60%。纳税

人应按下列公式计算白酒消费税计税价格：

当月该品牌、规格白酒消费税计税价格=该品牌、规格白酒销售单位上月平均销售价格×核定比例

已核定最低计税价格的白酒，生产企业实际销售价格高于消费税最低计税价格的，按实际销售价格申报纳税；实际销售价格低于消费税最低计税价格的，按最低计税价格申报纳税。已核定最低计税价格的白酒，销售单位对外销售价格持续上涨或下降时间达到 3 个月以上、累计上涨或下降幅度在 20%（含）以上的，税务机关重新核定最低计税价格。另外，白酒生产企业未按规定上报销售单位销售价格的，主管税务局应按照销售单位销售价格征收消费税。

【案例 3-3】某酒厂为增值税一般纳税人，主要生产粮食白酒和啤酒。20×7 年 6 月销售粮食白酒 30 000 千克，取得不含税销售额 105 000 元。另外，收取粮食白酒品牌使用费 4 680 元，本月销售粮食白酒收取包装物押金 9 360 元。

问题：计算该酒厂本月应纳消费税税额。

【解析】粮食白酒应纳消费税=105 000×20%+30 000×2×0.5+4 680÷（1+13%）×20%+9 360÷（1+13%）×20%=53 485（元）

（四）外购应税消费品已纳消费税扣除的计算

由于某些应税消费品是用外购已缴纳消费税的应税消费品连续生产出来的，在对这些连续生产出来的应税消费品计算征税时，税法规定应按当期生产领用数量计算准予扣除外购的应税消费品已纳的消费税税款。扣除范围如下。

（1）以外购已税烟丝为原料生产的卷烟；

（2）以外购已税高档化妆品为原料生产的高档化妆品；

（3）以外购已税珠宝、玉石为原料生产的贵重首饰及珠宝、玉石；

（4）以外购已税鞭炮、焰火为原料生产的鞭炮、焰火；

（5）以外购已税杆头、杆身和握把为原料生产的高尔夫球杆；

（6）以外购已税木制一次性筷子为原料生产的木制一次性筷子；

（7）以外购已税实木地板为原料生产的实木地板；

（8）以外购已税汽油、柴油、石脑油、燃料油、润滑油为原料生产的应税成品油。

自 2015 年 5 月 1 日起，从葡萄酒生产企业购进、进口葡萄酒连续生产应税葡萄酒的，准予从葡萄酒消费税应纳税额中扣除所耗用应税葡萄酒已纳消费税税款。可扣除的项目都是同一税目、同一纳税环节；扣除范围不包括酒（葡萄酒除外）、小汽车、摩托车、高档手表，游艇、电池、涂料；用于生产非应税消费品的不得扣除。

对自己不生产应税消费品，只是购进后再销售应税消费品的工业企业，其销售的珠宝、玉石、高档化妆品和鞭炮、焰火，凡不能构成最终消费品直接进入消费品市场，而需进一步加工的（如需进行深加工、包装、贴标、组合的珠宝玉石，高档化妆品，鞭炮、焰火等），应当征收消费税，同时允许扣除上述外购应税消费品的已纳税款。

根据《国家税务总局关于发布已失效或废止的税收规范性文件目录的通知》（国税发〔2006〕62 号）的规定，以下条款自 2006 年 4 月 30 日起失效：《国家税务总局关于消费税若干征税问题的通知》（国税发〔1994〕130 号）第二条（一）“根据消费税法的规定，对于用外购或委托加工的已税消费品连续生产应税消费品，在计征消费税时可以除外购已税消费品的买价或委托加工已税消费品代收

代缴的消费税”。(三)“对企业用外购或委托加工的已税汽车轮胎（内胎或外胎）连续生产汽车轮胎；用外购或委托加工的已税摩托车连续生产摩托车（如用外购两轮摩托车改装三轮摩托车），在计征消费税时，允许扣除外购或委托加工的已税汽车轮胎和摩托车的买价或已纳消费税税款计征消费税”。另外，允许扣除已纳税款的应税消费品只限于从工业企业购进的应税消费品和在进口环节已缴纳消费税的应税消费品，对从境内商业企业购进应税消费品的已纳税款一律不得扣除。

上述当期准予扣除的外购应税消费品已纳税款的计算公式为：

$$\begin{matrix}\text{当期准予扣除的外购}\\\text{应税消费品已纳税款}\end{matrix}=\begin{matrix}\text{当期准予扣除的外购应税}\\\text{消费品买价（或数量）}\end{matrix}\times\begin{matrix}\text{外购应税消费品适用比例}\\\text{税率（或定额税率）}\end{matrix}$$

式中，

当期准予扣除的外购应税消费品买价（或数量）=期初库存的外购应税消费品的买价（或数量）
+当期购进外购应税消费品的买价（或数量）
-期末库存的外购应税消费品的买价（或数量）

式中，当期外购应税消费品的买价是指购货发票上注明的销售额（不含增值税）。

需要说明的是，纳税人用外购已税珠宝玉石生产的改在零售环节征收消费税的金银首饰，在计税时一律不得扣除外购已税珠宝玉石已纳税款。烟草批发企业在计算应纳消费税时不得扣除已含的生产环节的消费税税款。

【案例 3-4】某卷烟生产企业某月月初库存外购应税烟丝金额为 30 万元，当月又外购应税烟丝金额为 60 万元（不含增值税），月末库存烟丝金额为 20 万元，其余均于当月领用用于生产卷烟。烟丝适用的消费税税率为 30%。

问题：计算该卷烟生产企业当月准许扣除的外购烟丝已纳消费税。

【解析】

当月准许扣除的外购烟丝买价=30+60-20=70（万元）

当月准许扣除的外购烟丝已纳消费税=70×30%=21（万元）

二、自产自用应税消费品应纳税额的计算

（一）自产自用应税消费品的确定

所谓自产自用，是指纳税人生产应税消费品后，不是用于直接对外销售，而是用于自己连续生产应税消费品，或用于其他方面。如果纳税人用于连续生产应税消费品，在自产自用环节不缴纳消费税；如果纳税人用于其他方面，一律于移送使用时按视同销售缴纳消费税。用于其他方面包括用于本企业连续生产非应税消费品、在建工程、管理部门、非生产机构、提供劳务、馈赠、赞助、集资、广告、样品、职工福利、奖励等方面。

根据财政部、国家税务总局下发的《关于对成品油生产企业生产自用油免征消费税的通知》（财税〔2010〕98 号）的规定，自 2009 年 1 月 1 日起，对成品油生产企业在生产成品油过程中，作为燃料、动力及原料消耗掉的自产成品油免征消费税。对用于其他用途或直接对外销售的成品油照章征收消费税。2009 年 1 月 1 日到本通知下发前，成品油生产企业生产自用油已经缴纳的消费税，符合免税规定的，予以退还。但是如果某单位将自产成品油用于本单位班车（接送员工上下班），不符

合免税规定，应按规定缴纳消费税。

（二）自产自用应税消费品计税依据的确定

1. 实行从价定率办法计算纳税的自产自用应税消费品计税依据的确定

实行从价定率办法计算纳税的自产自用消费品按照纳税人生产的同类消费品的销售价格计算纳税；没有同类消费品销售价格的，按照组成计税价格计算纳税。实行从价定率办法计算纳税的组成计税价格的计算公式为：

组成计税价格=（成本+利润）÷（1-比例税率）=成本×（1+成本利润率）÷（1-比例税率）

同类消费品的销售价格是指纳税人当月销售的同类消费品的销售价格，如果当月同类消费品各个销售价格高低不同，应按销售数量加权平均计算。但销售的应税消费品有下列情况之一的，不得列入加权平均计算：（1）销售价格明显偏低且无正当理由的。（2）无销售价格的。如果当月无销售或者当月未完结，应按照同类消费品上月或者最近月份的销售价格计算纳税。

纳税人只有当没有同类消费品销售价格时，才需计算组成计税价格。纳税人用于“换取生产资料和消费资料、投资入股和抵偿债务”等方面的应税消费品，应当以纳税人同类应税消费品的“最高”销售价格作为计税依据计算征收消费税；纳税人将自己生产的应税消费品用于其他方面的（如无偿赠送他人），以纳税人最近时期同类货物的“平均”销售价格（没有“平均”销售价格的，按照组成计税价格）作为计税依据计算征收消费税。

2. 实行从量定额办法计算纳税的自产自用应税消费品计税依据的确定

实行从量定额办法计算纳税的自产自用应税消费品的计税依据为移送使用数量。

3. 实行复合计税办法计算纳税的自产自用应税消费品计税依据的确定

从价部分，按照纳税人生产的同类消费品的销售价格计算纳税；没有同类消费品销售价格的，按照组成计税价格计算纳税。从量部分，以纳税人自产自用应税消费品的移送使用数量作为计税依据计算纳税。实行复合计税办法计算纳税的组成计税价格的计算公式为：

组成计税价格=（成本+利润+自产自用数量×定额税率）÷（1-比例税率）

=[成本×（1+成本利润率）+自产自用数量×定额税率]÷（1-比例税率）

式中，成本是指应税消费品的产品生产成本；利润是指根据应税消费品全国平均成本利润率计算的利润；应税消费品全国平均成本利润率由国家税务总局确定。应税消费品全国平均成本利润率如表 3-2 所示。

表 3-2　应税消费品全国平均成本利润率

消费品	利润率（%）	消费品	利润率（%）
甲类卷烟	10	中轻型商用客车	5
乙类卷烟	5	高档化妆品	5
雪茄烟	5	鞭炮、焰火	5
烟丝	5	贵重首饰及珠宝玉石	6
粮食白酒	10	电池	4
薯类白酒	5	涂料	7
其他酒	5	摩托车	6
木制一次性筷子	5	高尔夫球及球具	10
实木地板	5	高档手表	20
乘用车	8	游艇	10

（三）自产自用应税消费品应纳税额的计算

1. 实行从价定率办法计算纳税的自产自用应税消费品应纳税额的计算

（1）有同类消费品销售价格的

应纳税额=同类应税消费品单位销售价格×自产自用数量×比例税率

（2）没有同类消费品销售价格的

应纳税额=组成计税价格×比例税率

2. 实行从量定额办法计算纳税的自产自用应税消费品应纳税额的计算

应纳税额=自产自用数量×定额税率

3. 实行复合计税办法计算纳税的自产自用应税消费品应纳税额的计算

（1）有同类消费品销售价格的

应纳税额=同类应税消费品单位销售价格×自产自用数量×比例税率+自产自用数量×定额税率

（2）没有同类消费品销售价格的

应纳税额=组成计税价格×比例税率+自产自用数量×定额税率

【案例 3-5】20×8 年 1 月，某化妆品厂将一批自产高档护肤类化妆品用于集体福利，生产成本为 35 000 元，将新研制的香水用于广告样品，生产成本为 20 000 元，上述货物已全部发出，均无同类产品售价。其成本利润率为 5%，消费税税率为 15%。

问题：计算该化妆品厂上述业务当月应缴纳的消费税。

【解析】将自产的化妆品用作职工福利和广告样品，视同销售，因无同类产品市场销售价格，所以按组成计税价格缴纳消费税。

组成计税价格=（35 000+20 000）×（1+5%）÷（1−5%）=60 789.47（元）

应纳消费税税额=60 789.47×15%=911 8.42（元）

三、委托加工应税消费品应纳税额的计算

（一）委托加工应税消费品的确定

委托加工的应税消费品是指由委托方提供原料和主要材料，受托方只收取加工费和代垫部分辅助材料加工的应税消费品。由受托方提供原材料生产的应税消费品，或者受托方先将原材料卖给委托方，然后再接受加工的应税消费品，以及由受托方以委托方名义购进原材料生产的应税消费品，不论在财务上是否作销售处理，都不得作为委托加工应税消费品，而应当按照销售自制应税消费品缴纳消费税。

委托加工的应税消费品，除受托方为个人外，由受托方在向委托方交货时代收代缴税款，委托加工收回的应税消费品，委托方用于连续生产应税消费品的，所纳税款准予按规定抵扣。委托加工的应税消费品收回后直接出售的，不再缴纳消费税。委托方将收回的应税消费品，以不高于受托方的计税价格出售的，为直接出售，不再缴纳消费税；委托方以高于受托方的计税价格出售的，不属于直接出售，需按照规定申报缴纳消费税，在计税时准予扣除受托方已代收代缴的消费税。委托个人加工的应税消费品，由委托方收回后缴纳消费税。

（二）委托加工应税消费品计税依据的确定

1. 实行从价定率办法计算纳税的委托加工应税消费品计税依据的确定

实行从价定率办法计算纳税的委托加工应税消费品按照受托方的同类消费品的销售价格计算纳税；没有同类消费品销售价格的，按照组成计税价格计算纳税。实行从价定率办法计算纳税的组成计税价格的计算公式为：

组成计税价格=（材料成本+加工费）÷（1-比例税率）

2. 实行从量定额办法计算纳税的委托加工应税消费品计税依据的确定

实行从量定额办法计算纳税的委托加工应税消费品计税依据为委托加工收回的应税消费品数量（委托加工数量）。

3. 实行复合计税办法计算纳税的委托加工应税消费品计税依据的确定

从价部分，按照受托方的同类消费品的销售价格计算纳税；没有同类消费品销售价格的，按照组成计税价格计算纳税。从量部分，以纳税人委托加工数量作为计税依据计算纳税。实行复合计税办法计算纳税的组成计税价格的计算公式为：

组成计税价格=（材料成本+加工费+委托加工数量×定额税率）÷（1-比例税率）

式中的“材料成本”是指委托方所提供加工材料的实际成本。委托加工应税消费品的纳税人，必须在委托加工合同上如实注明（或者以其他方式提供）材料成本，凡未提供材料成本的，受托方主管税务机关有权核定其材料成本。“加工费”是受托方加工应税消费品向委托方收取的全部费用（包括代垫的辅助材料实际成本）。

委托加工的应税消费品计算消费税时，应按受托方同类应税消费品的销售价格（没有同类应税消费品销售价格的，则按组成计税价格）计算；而计算增值税时，应按受托方收取的加工费（包括代垫的辅助材料的成本）计算。

（三）委托加工应税消费品应纳税额的计算

1. 实行从价定率办法计算纳税的委托加工应税消费品应纳税额的计算

（1）受托方有同类消费品销售价格的

应纳税额=同类应税消费品单位销售价格×委托加工数量×比例税率

（2）受托方没有同类消费品销售价格的

应纳税额=组成计税价格×比例税率

2. 实行从量定额办法计算纳税的委托加工应税消费品应纳税额的计算

应纳税额=委托加工数量×定额税率

3. 实行复合计税办法计算纳税的委托加工应税消费品应纳税额的计算

（1）受托方有同类消费品销售价格的

应纳税额=同类应税消费品单位销售价格×委托加工数量×比例税率+委托加工数量×定额税率

（2）受托方没有同类消费品销售价格的

应纳税额=组成计税价格×比例税率+委托加工数量×定额税率

（四）委托加工收回的应税消费品已纳税款的扣除

委托加工的应税消费品因为已由受托方代收代缴消费税，因此，委托方收回货物后用于连续生产应税消费品的，其已纳税款准予按照规定从连续生产的应税消费品应纳税额中扣除。扣除范围如下：

（1）以委托加工收回的已税烟丝为原料生产的卷烟；

（2）以委托加工收回的已税高档化妆品为原料生产的高档化妆品；

（3）以委托加工收回的已税珠宝、玉石为原料生产的贵重首饰及珠宝、玉石；

（4）以委托加工收回的已税鞭炮、焰火为原料生产的鞭炮、焰火；

（5）以委托加工收回的已税杆头、杆身和握把为原科生产的高尔夫球杆；

（6）以委托加工收回的已税木制一次性筷子为原料生产的木制一次性筷子；

（7）以委托加工收回的已税实木地板为原料生产的实木地板；

（8）以委托加工收回的已税汽油、柴油、石脑油、燃料油、润滑油为原料生产的应税成品油；

（9）以委托加工收回的已税摩托车连续生产的摩托车；

（10）从葡萄酒生产企业购进、进口葡萄酒连续生产应税葡萄酒。

注意 纳税人用委托加工收回的已税珠宝、玉石生产的改在零售环节征收消费税的金银首饰，在计税时一律不得扣除委托加工收回的珠宝、玉石的已纳消费税税款。

纳税人用委托加工收回的应税消费品连续生产应税消费品，准予从应纳消费税税额中按当期生产领用数量计算扣除其已纳消费税税款。当期准予扣除的委托加工应税消费品已纳税款的计算公式为：

当期准予扣除的委托加工应税消费品已纳税款=期初库存的委托加工应税消费品已纳税款+当期收回的委托加工应税消费品已纳税款-期末库存的委托加工应税消费品已纳税款

纳税人以外购、进口、委托加工收回的应税消费品（以下简称外购应税消费品）为原料连续生产应税消费品，准予按现行政策规定抵扣外购应税消费品已纳消费税税款。经主管税务机关核实上述外购应税消费品未缴纳消费税的，纳税人应将已抵扣的消费税税款从核实当月允许抵扣的消费税中冲减。另外，消费税与增值税的抵扣时间不一样，对于增值税而言，购入或委托加工收回时（即取得增值税专用发票且认证通过的当月）就可以抵扣进项税额；而消费税则是购入或委托加工收回后，领用时才能扣减。

【案例 3-6】某鞭炮企业 20×7 年 8 月受托为某单位加工一批鞭炮，委托单位提供的原材料金额为 60 万元，收取委托单位不含增值税的加工费 8 万元，鞭炮企业无同类产品市场价格。

问题：计算鞭炮企业应代收代缴的消费税。

【解析】

组成计税价格=（60+8）÷（1-15%）=80（万元）

应代收代缴消费税=80×15%=12（万元）

四、进口应税消费品应纳税额的计算

（一）进口应税消费品计税依据的确定

纳税人进口应税消费品，按照组成计税价格和规定的税率计算应纳税额。

1. 实行从价定率办法计算纳税的进口应税消费品计税依据的确定

实行从价定率办法计算纳税的进口应税消费品计税依据为组成计税价格。实行从价定率办法计算纳税的组成计税价格的计算公式为：

$$组成计税价格=（关税完税价格+关税）\div（1-比例税率）$$

2. 实行从量定额办法计算纳税的进口应税消费品计税依据的确定

实行从量定额办法计算纳税的进口应税消费品计税依据为海关核定的应税消费品的进口数量。

3. 实行复合计税办法计算纳税的进口应税消费品计税依据的确定

从价部分，按照组成计税价格计算纳税；从量部分，以海关核定的应税消费品的进口数量作为计税依据计算纳税。实行复合计税办法计算纳税的组成计税价格的计算公式为：

$$\begin{matrix}组成计\\税价格\end{matrix}=\left(\begin{matrix}关税完\\税价格\end{matrix}+关税+\begin{matrix}海关核定的应税\\消费品的进口数量\end{matrix}\times\begin{matrix}定额\\税率\end{matrix}\right)\div\left(1-\begin{matrix}比例\\税率\end{matrix}\right)$$

式中，“关税完税价格”是指海关核定的关税计税价格。进口应税消费品同时涉及缴纳进口环节增值税，进口环节增值税的组成计税价格与消费税的组成计税价格相同。

（二）进口应税消费品应纳税额的计算

（1）实行从价定率办法计算纳税的进口应税消费品应纳税额的计算公式为：

$$应纳税额=组成计税价格\times比例税率$$

（2）实行从量定额办法计算纳税的进口应税消费品应纳税额的计算公式为：

$$应纳税额=海关核定的应税消费品的进口数量\times定额税率$$

（3）实行复合计税办法计算纳税的进口应税消费品应纳税额的计算公式为：

$$应纳税额=组成计税价格\times比例税率+海关核定的应税消费品的进口数量\times定额税率$$

【案例 3-7】某商贸公司，20×7 年 8 月从国外进口一批应税消费品，已知该批应税消费品的关税完税价格为 90 万元，按规定应缴纳关税 18 万元，假定进口应税消费品的消费税税率为 10%。

问题：计算该批消费品在进口环节应缴纳的消费税税额。

【解析】

组成计税价格=（90+18）÷（1-10%）=120（万元）

应缴纳消费税税额=120×10%=12（万元）

第五节　消费税出口退（免）税的计算

我国对纳税人出口应税消费品，免征消费税（国务院另有规定的除外），对于出口前已缴纳的消费税给予退税。

一、出口应税消费品的免税

免征消费税是指对生产性企业按其实际出口数量免征生产（销售）环节的消费税，不退消费税是因为我国已免征生产环节的消费税，该应税消费品出口时，已不含有消费税，所以无须再退还消费税。

出口应税消费品的免税，主要适用于生产企业直接出口或委托外贸企业出口应税消费品。

对出口应税消费品予以免税的情况，规定如下：生产企业直接出口应税消费品或委托外贸企业出口应税消费品，不予计算缴纳消费税。

二、出口应税消费品的退税

出口应税消费品的退税，主要适用于外贸企业自营出口或委托其他外贸企业代理出口应税消费品。

（一）享受出口应税消费品退税政策的企业范围

出口应税消费品的退税，原则上应将所征税款全部退还给出口企业，即采取先征后退办法。享受出口应税消费品退税政策的企业范围主要如下。

（1）有出口经营权的外贸、工贸公司。

（2）特定出口退税企业，如对外承包工程公司、外轮供应公司等。

（二）出口应税消费品退税的范围

（1）具备出口条件，给予退税的消费品。这类消费品必须具备四个条件：在消费税征税范围内；取得“消费税税收（出口货物专用）缴款书”、增值税专用发票（税款抵扣联）、出口货物报关单（出口退税联）、出口收汇核销单；必须报关离境；在财务上做出口销售处理。

（2）不具备出口条件，也给予退税的消费品。例如，对外承包工程公司运出境外用于对外承包项目的消费品，外轮供应公司、远洋运输供应公司销售给外轮、远洋货轮而收取外汇的消费品等。

（三）出口应税消费品退税税率

计算出口应税消费品应退消费税的税率或单位税额，应严格按照《中华人民共和国消费税暂行条例》（以下简称《消费税暂行条例》）所附《消费税税目税率（税额）表》执行。当出口的货物是应税消费品时，其退还增值税要按规定的增值税退税率计算，而其退还消费税则按应税消费品所适用的消费税税率计算。企业应将不同消费税税率的出口应税消费品分开核算和申报，凡划分不清适用税率的，一律从低适用税率计算应退消费税税额。

（四）出口应税消费品退税的计算

1. 退税的计算依据

出口应税消费品的消费税应退税额的计税依据，按购进出口应税消费品的消费税专用缴款书和海关进口消费税专用缴款书确定。以从价定率办法计征消费税的，为已征且未在内销应税消费品应纳税额中抵扣的购进出口货物金额；以从量定额办法计征消费税的，为已征且未在内销应税消费品应纳税额中抵扣的购进出口货物数量；以复合计税办法计征消费税的，按从价定率和从量定额的计税依据分别确定。

2. 退税的计算方法

消费税出口退税的计算公式为：

$$\text{消费税应退税额}=\text{以从价定率办法计征消费税的退税计税依据}\times\text{比例税率}+\text{以从量定额办法计征消费税的退税计税依据}\times\text{定额税率}$$

三、消费税出口退（免）税的其他有关规定

外贸企业自营出口或委托其他外贸企业代理出口的应税消费品办理退税后，发生退关或者国外退货进口时予以免税的，报关出口者必须及时向其机构所在地或者居住地主管税务机关申报补缴已退的消费税税款。

生产企业出口或委托外贸企业代理出口的应税消费品办理免税后，发生退关或者国外退货，进口时已予以免税的，经机构所在地或者居住地主管税务机关批准，可暂不办理补税，待其在国内实际销售时，再申报补缴消费税。

第六节 消费税的征收管理

一、消费税的征收管理要求

（一）消费税的纳税义务发生时间

纳税人生产的应税消费品于销售时纳税，进口消费品于报关进口环节纳税，金银首饰、钻石及钻石饰品在零售环节纳税。

除有关委托加工应税消费品的纳税义务发生时间的规定是消费税的特有规定之外，消费税的纳税义务发生时间与增值税基本一致。消费税纳税义务发生时间依据货款结算方式或行为发生时间不同分别确定。

（1）纳税人销售应税消费品的，按销售结算方式的不同，其纳税义务发生时间分别如下。

① 采取赊销和分期收款结算方式的，为书面合同约定的收款日期的当天，书面合同没有约定收款日期或者无书面合同的，为发出应税消费品的当天。

② 采取预收货款结算方式的，为发出应税消费品的当天。

③ 采取托收承付和委托银行收款方式的，为发出应税消费品并办妥托收手续的当天。

④ 采取其他结算方式的，为收讫销售款或者取得索取销售款凭据的当天。

（2）纳税人自产自用应税消费品的，其纳税义务发生时间为移送使用的当天。

（3）纳税人委托加工应税消费品的，其纳税义务发生时间为纳税人提货的当天。

（4）纳税人进口应税消费品的，其纳税义务发生时间为报关进口的当天。

除委托加工应税消费品的消费税纳税义务发生时间有特殊现定之外，消费税的纳税义务发生时间与增值税的基本一致。

（二）消费税的纳税期限

消费税的纳税期限分别为 1 日、3 日、5 日、10 日、15 日、1 个月或者 1 个季度。纳税人的具体纳税期限，由主管税务机关根据纳税人应纳税额的大小分别核定；不能按照固定期限纳税的，可

以按次纳税。

纳税人以 1 个月或者 1 个季度为 1 个纳税期的，自期满之日起 15 日内申报纳税；以 1 日、3 日、5 日、10 日或者 15 日为 1 个纳税期的，自期满之日起 5 日内预缴税款，于次月 1 日至 15 日内申报纳税并结清上月应纳税款。

纳税人进口应税消费品，应当自海关填发海关进口消费税专用缴款书之日起 15 日内缴纳税款。消费税纳税期限的有关规定与增值税的相关规定一致。如果纳税人不能按照规定的纳税期限依法纳税，将被相关部门按《税收征收管理法》的有关规定处理。

（三）消费税的纳税地点

（1）纳税人销售应税消费品及自产自用应税消费品，除国家另有规定外，应当向纳税人机构所在地或居住地的主管税务机关申报纳税。

（2）纳税人到外县（市）销售或者委托外县（市）代销自产应税消费品，于应税消费品销售后，向机构所在地或者居住地主管税务机关申报纳税。

（3）纳税人的总机构与分支机构不在同一县（市）的，应当分别向各自机构所在地的主管税务机关申报纳税；经财政部、国家税务总局或者其授权的财政、税务机关批准，可以由总机构汇总向总机构所在地的主管税务机关申报纳税。卷烟批发企业的纳税地点比较特殊，总机构与分支机构不在同一地区的，由总机构申报纳税。

（4）委托加工的应税消费品，除委托个人加工以外，由受托方向所在地主管税务机关代收代缴消费税税款。委托个人加工的应税消费品，由委托方向其机构所在地或者居住地主管税务机关申报纳税。

（5）进口的应税消费品，由进口人或者其代理人向报关地海关申报纳税。

（6）出口的应税消费品办理退税后，发生退关或者境外退货进口时予以免税的，报关出口者必须及时向其机构所在地或者居住地主管税务机关申报补缴已退的消费税税款。

二、消费税的纳税申报

消费税的纳税申报表按“烟”“酒”“成品油”“小汽车”“其他应税消费品”等分别设置，不同类别的消费品其纳税申报表的格式和内容不同，纳税人应根据应税消费品的类别分别填写相应的申报表。消费税主要的纳税申报表如表 3-3～表 3-6 所示。

一般消费品的消费税在生产或进口环节缴纳，金银首饰的消费税在零售环节缴纳，卷烟的消费税在生产（进口）和批发两个环节都要缴纳。

表 3-3　　烟类应税消费品消费税纳税申报表

税款所属期：　年　月　日至　年　月　日

纳税人名称（公章）：　　纳税人识别号：

填表日期：　年 月　日　单位：卷烟万支、雪茄烟支、烟丝千克

金额单元：万支、元（列至角分）

应税消费品名称＼项目	适用税率		销售数量	销售额	应纳税额
	定额税率	比例税率			
卷烟	30 元/万支	56%			
卷烟	30 元/万支	36%			

续表

项目 应税消费品名称	适用税率 定额税率	 比例税率	销售数量	销售额	应纳税额
雪茄烟	—	36%			
烟丝	—	30%			
合计	—	—	—	—	

本期准予扣除税额： 本期减（免）税额： 期初未缴税额： 本期缴纳前期应纳税额：	声明 此纳税申报表是根据国家税收法律的规定填报的，我确定它是真实的、可靠的、完整的。 经办人（签章）： 财务负责人（签章）： 联系电话：
本期预缴税额： 本期应补（退）税额： 期末未缴税额：	（如果你已委托代理人申报，请填写） 授权声明 为代理一切税务事宜，现授权______（地址）______为本纳税人的代理申报人，任何与本申报表有关的往来文件，都可寄予此人。 授权人签章：

以下由税务机关填写

受理人（签章）：　　受理日期：　年　月　日　　受理税务机关（章）：

表 3-4　　卷烟批发环节消费税纳税申报表

税款所属期：　　年　　月　　日至　　年　　月　　日

纳税人名称（公章）：　　　　纳税人识别号：

填表日期：　　年　　月　　日　　　　单位：万支、元（列至角分）

应税消费品名称　项目	适用税率 定额税率	 比例税率	销售数量	销售额	应纳税额
卷烟	50 元/万支	11%			
合计	—	—			

期初未缴税额： 本期缴纳前期应税税额：	声明 此纳税申报表是根据国家税收法律、法规规定填报的，我确定它是真实的、可靠的、完整的。 经办人（签章）： 财务负责人（签章）： 联系电话：
本期预缴税额： 本期应补（退）税额： 期末未缴税额：	（如果你已委托代理人申报，请填写） 授权声明 为代理一切税务事宜，现授权______（地址）______为本纳税人的代理申报人，任何与本申报表有关的往来文件，都可寄予此人。 授权人签字：

以下由税务机关填写

受理人（签章）：　　受理日期：　年　月　日　　受理税务机关（章）：

表 3-5 成品油消费税纳税申报表

税款所属期： 年 月 日至 年 月 日

纳税人名称（公章）： 纳税人识别号：

填表日期： 年 月 日 计量单位：升 金额单位：元（列至角分）

项目 应税消费品名称	适用税率（元/升）	销售数量	应纳税额
汽油	1.12		
	1.40		
	1.52		
柴油	0.94		
	1.10		
	1.20		
石脑油	1.12		
	1.4		
	1.52		
溶剂油	1.12		
	1.40		
	1.52		
润滑油	1.12		
	1.40		
	1.52		
燃料油	0.94		
	1.10		
	1.20		
航空煤油	0.94		
	1.10		
	1.20		
合计	—	—	

本期减（免）税额：

期初留抵税额：

本期准予扣除税额：

本期应抵扣税额：

期初未缴税额：

期末留抵税额：

本期实际抵扣税额：

本期缴纳前期应纳税额：

本期预缴税额：

本期应补（退）税额：

期末未缴税额：

声明

此纳税申报表是根据国家税收法律、法规规定填报的，我确定它是真实的、可靠的、完整的。

声明人签字：

（如果你已委托代理人申报，请填写）

授权声明

为代理一切税务事宜，现授权________（地址）________为本纳税人的代理申报人，任何与本申报表有关的往来文件，都可寄予此人。

授权人签字：

以下由税务机关填写

受理人（签章）： 受理日期： 年 月 日 受理税务机关（章）：

表 3-6　　本期准予扣除税额计算表

税款所属期：　年　月　日至　年　月　日

纳税人名称（公章）：　　纳税人识别号：

填表日期：　年　月　日　　计量单位：升　　金额单元：元（列至角分）

应税消费品名称 项目	汽油	柴油	石脑油	润滑油	燃料油	合计
	1	2	3	4	5	6=1+2+3+4+5
1．当期准予扣除的委托加工收回应税消费品已纳税款						
2．当期准予扣除的外购应税消费品已纳税款						
3．当期准予扣除的进口应税消费品已纳税款						
本期准予扣除税款合计						

知识点应用

一、单项选择题

1．下列产品中，属于消费税征税范围的是（　　）。

A．轮胎　　B．电池　　C．卡丁车　　D．酒精

2．下列产品中，属于消费税征税范围的是（　　）。

A．涂料　　B．酒精　　C．电动汽车　　D．子午线轮胎

3．根据消费税的有关规定，下列纳税人自产自用应税消费品不缴纳消费税的是（　　）。

A．炼油厂用于本企业基建部门车辆的自产汽油

B．汽车厂用于管理部门的自产汽车

C．日化厂用于交易会样品的自产化妆品

D．卷烟厂用于生产卷烟的自制烟丝

4．下列各项中符合消费税纳税义务发生时间规定的是（　　）。

A．进口的应税消费品，为取得进口货物的当天

B．自产自用的应税消费品，为移送使用的当天

C．委托加工的应税消费品，为支付加工费的当天

D．采取预收货款结算方式的，为收到预收款的当天

5．下列各项中，符合消费税纳税义务发生时间规定的是（　　）。

A．进口的应税消费品，为取得进口货物的当天

B．采取分期收款结算方式的，为销售合同规定的收款日期的当天

C．采取委托银行收款方式的，为银行收到款项的当天

D．采取预收货款结算方式的，为收到预收款的当天

6．某企业委托酒厂加工药酒 10 箱，该药酒无同类产品销售价格；已知委托方提供的原料成本为 2 万元。受托方垫付辅料成本 0.15 万元，另收取不含增值税加工费 0.4 万元。则该酒厂代收代缴的消费税为（　　）元（消费税税率为 10%）。

A．2 550　　B．2 833.33　　C．3 833.33　　D．2 388.88

7．下列各项中，不符合应税消费品销售数量规定的是（　　）。

A．生产销售应税消费品的，为应税消费品的销售数量

B．自产自用应税消费品的，为应税消费品的生产数量

C．委托加工应税消费品的，为纳税人收回的应税消费品数量

D．进口应税消费品的，为海关核定的应税消费品进口征税数量

8．下列关于消费税税率的表述中，错误的是（　　）。

A．消费税采用比例税率和定额税率两种税率形式，以适应不同应税消费品的实际情况

B．我国对卷烟在批发环节加征一道从价税，税率为 10%

C．对饮食业、商业、娱乐业举办的啤酒屋利用啤酒生产设备生产的啤酒，按照 250 元/吨的税额计算消费税

D．比例税率中，最高税率为 56%，最低税率为 1%

9．下列单位经营的应税消费品，不需缴纳消费税的为（　　）。

A．啤酒屋利用啤酒生产设备生产的啤酒

B．商场销售的高档手表

C．出境人员在免税商店销售的金银首饰

D．汽车制造厂公益性捐赠的自产小轿车

二、多项选择题

1．下列关于消费税纳税人的说法，正确的有（　　）。

A．零售金银首饰的纳税人是消费者

B．委托加工化妆品的纳税人是受托加工企业

C．携带卷烟入境的纳税人是携带者

D．邮寄入境的应税消费品纳税人是收件人

2．纳税人自产自用的下列应税消费品中，需缴纳消费税的有（　　）。

A．生产企业将石脑油用于本企业连续生产汽油

B．日化厂将自产化妆品用于促销赠品

C．汽车制造厂将自产小汽车用于后勤服务

D．木筷厂将自产高档木筷用于本企业职工食堂

3．下列关于消费税税率的说法中，正确的有（　　）。

A．每标准条卷烟对外调拨价在 70 元以下的，从价定率税率为 36%

B．娱乐业、饮食业自制啤酒的消费税单位税额为 250 元/吨

C．甲类卷烟的税率为 56%

D．纳税人之间批发销售的卷烟按 5%缴纳消费税

4. 下列各项中，应当缴纳消费税的有（　　）。

A．化妆品厂作为样品赠送给客户的香水

B．用于产品质量检验耗费的高尔夫球杆

C．白酒生产企业向百货公司销售的试制药酒

D．酒厂移送非独立核算门市部待销售的啤酒

5. 下列关于消费税纳税环节的说法，正确的有（　　）。

A．金店销售金银饰品在销售环节纳税　B．啤酒屋自制的啤酒在销售时纳税

C．白酒在生产环节和批发环节纳税　D．销售珍珠饰品在零售环节纳税

6. 纳税人收回委托加工的应税消费品后，在（　　）情况下不需再缴纳消费税。

A．用于直接销售　B．用于抵偿债务

C．用于对外投资或无偿赠送他人　D．用于职工福利品发放

7. 下列应税消费品，以纳税人同类应税消费品的最高销售价格作为计税依据计算消费税的有（　　）。

A．用于抵债的应税消费品　B．用于赠送他人的应税消费品

C．用于发放职工福利的应税消费品　D．用于换取生产资料的应税消费品

8. 下列关于消费税税目的政策，正确的有（　　）。

A．电动汽车属于“小汽车”税目的征收范围

B．“高尔夫球及球具”税目的征收范围包括高尔夫球、高尔夫球杆、高尔夫球包（袋）

C．未经涂饰的素板不属于“实木地板”税目的征收范围

D．未经打磨的木制一次性筷子属于“木制一次性筷子”税目的征收范围

9. 下列各项中，符合消费税纳税地点规定的有（　　）。

A．进口应税消费品的，由进口人或其代理人向报关地海关申报纳税

B．纳税人的总机构与分支机构不在同一县（市）的，应分别向各自机构所在地缴纳消费税

C．委托加工应税消费品的，一律由委托方向受托方所在地主管税务机关申报纳税

D．纳税人到外县销售自产应税消费品的，应向机构所在地或者居住地主管税务机关申报纳税

10. 依据消费税的有关规定，下列应税消费品中，准予扣除已纳消费税的有（　　）。

A．以委托加工收回已税烟丝为原料生产的卷烟

B．以已税珠宝、玉石为原料生产的贵重珠宝首饰

C．以委托加工收回的已税汽车轮胎连续生产的小汽车

D．以已税润滑油为原料生产的润滑油

三、判断题

1. 我国现行消费税采取多环节课征制，即每流转一个环节，课征一次。（　　）

2. 对于通过接受投资、赠予、抵债等方式取得的已税消费品，其所含的消费税不能扣除。（　　）

3. 我国现行消费税的征税对象大多为最终消费品，因此消费税在零售环节征收。（　　）

4. 如果委托方只提供主要原材料，辅助材料则由受托方提供，那么受托方收取加工费所加工出来的应税消费品，按销售自制应税消费品处理，缴纳消费税。（　　）

5. 卷烟、白酒在生产销售和进口环节计算消费税时，实行复合计税办法计算消费税，但在委托

加工环节代收代缴消费税时，实行单一从价计税方法。（　　）

6．委托加工应税消费品的受托方为消费税的纳税人。（　　）

7．应税消费品征收消费税的，其税基含有增值税；应税消费品征收增值税的，其税基不含有消费税。（　　）

8．我国现行消费税采用单一比例税率的形式。（　　）

9．委托加工的应税消费品，按照受托方的同类消费品的销售价格计算缴纳消费税；没有同类消费品销售价格的，按照组成计税价格计算消费税。（　　）

10．卷烟批发企业将卷烟销售给同类卷烟批发企业，不再征收消费税。（　　）

11．实行从价定率办法计税的应税消费品，其计税依据是包含增值税而不含消费税的销售额。（　　）

12．我国现行消费税中采用定额税率的有啤酒、黄酒、成品油。（　　）

13．纳税人自产自用的应税消费品，包括用于连续生产应税消费品，用于在建工程及馈赠、赞助等方面的应税消费品，应缴纳消费税。（　　）

实践技能训练

1．某卷烟厂从甲企业购进烟丝，价款为 50 万元，取得增值税专用发票。其中 60%用于生产 A 牌卷烟（甲类卷烟）；本月销售 A 牌卷烟 80 箱（标准箱），取得不含税销售额为 400 万元（甲类卷烟的消费税税率为 56%加 150 元/标准箱、烟丝的消费税税率为 30%）。

问题：计算当月该卷烟厂应纳消费税。

2．某酒厂将自产特制粮食白酒 1 000 千克在春节前夕发放给职工，每千克白酒成本为 6 元，无同类产品售价。

问题：计算应纳消费税（白酒消费税成本利润率为 10%）。

3．某地板企业为增值税一般纳税人，20×8 年 1 月销售自产地板 2 批：第一批 800 箱，取得不含税收入为 160 万元，第二批 500 箱，取得不含税收入为 113 万元，另将同型号地板 200 箱赠送给福利院，300 箱发放给职工作为福利（实木地板消费税税率为 5%）。

问题：计算该企业当月应缴纳的消费税。

4．某化妆品有限公司为增值税一般纳税人。20×7 年 7 月发生以下业务。

（1）从国外空运进口一批化妆品，成交价格为 1 380 000 元、运费为 20 000 元、保险费为 4 200 元、进口关税为 280 840 元。在自海关运往单位的途中发生运费为 8 000 元，未取得运费发票。此化妆品入库后，其中的 45%被生产部门领用继续用来加工化妆品。

（2）以成本为 80 000 元的原材料委托某县 A 企业加工化妆品，取得的专用发票上注明的加工费为 50 000 元、辅助材料费为 5 000 元，受托方按规定代收代缴了税金。

（3）当月采用分期收款方式销售 A 化妆品，当月发出货物，不含税售价为 1 500 000 元；合同约定分三期结算，自当月起，每月月末结算一次。

（4）以预收款方式销售 B 化妆品 215 000 件，不含税单价为 58 元，货物已经发出。

（5）将自产的共 1 000 套 B 化妆品，在展销会上作为小样赠送给客商。

（6）为某影视公司定做演员用的油彩和卸妆油一批，收取 67.86 万元（含税价），另收取运输费 5 万元、优质费 2.02 万元，均开具增值税普通发票。

（7）通过当地非独立核算的门市部销售试制的新型化妆品 100 套，每套成本为 100 元，不含税单价为 130 元。

高档化妆品消费税税率为 15%。

根据上述资料，按下列序号计算回答问题（以元为单位）。

（1）计算进口化妆品应缴纳的消费税。

（2）计算 A 企业应代收代缴的消费税。

（3）计算本月应缴纳的消费税（不含代收代缴部分）。

第四章 企业所得税

学习目标

了解企业所得税的纳税人及税率。

熟练掌握税收优惠规定、应纳所得额及应纳税额的计算方法。

熟悉企业所得税纳税申报表的填制方法。

第一节 企业所得税概述

一、企业所得税的纳税义务人

企业所得税的纳税义务人（也称纳税人），是指在中华人民共和国境内的企业和其他取得收入的组织。根据我国现行《中华人民共和国企业所得税法》（以下简称《企业所得税法》）的规定，除个人独资企业、合伙企业不适用企业所得税法外，凡在我国境内的企业和其他取得收入的组织（以下统称企业）均为企业所得税的纳税人，依照本法规定缴纳企业所得税。

企业分为居民企业和非居民企业，这是根据企业纳税义务范围的大小分类的，不同的企业在向我国缴纳企业所得税时，纳税义务不同。把企业分为居民企业和非居民企业，是为了更好地保障我国税收管辖权的有效行使。税收管辖权是一国政府在征税方面的主权，是国家主权的重要组成部分。根据国际上的通行做法，我国选择了地域管辖权和居民管辖权的双重管辖权标准，最大限度地维护我国的税收利益。

（一）居民企业

居民企业，是指依法在中国境内成立，或者依照外国（地区）法律成立但实际管理机构在中国境内的企业。这里的企业包括国有企业、集体企业、私营企业、联营企业、股份制企业、外商投资企业、外国企业以及有生产、经营所得和其他所得的其他组织。其中，有生产、经营所得和其他所得的其他组织，是指经国家有关部门批准，依法注册登记的事业单位、社会团体等组织。我国的一些社会团体组织、事业单位在完成国家事业计划的过程中，开展多种经营和有偿服务活动，取得除财政部门各项拨款、财政部和国家物价部门批准的各项规费收入以外的经营收入，具有了经营的特点，应当视同企业纳入征税范围。其中，实际管理机构，是指对企业的生产经营、人员、账务、财产等实施实质性全面管理和控制的机构。

（二）非居民企业

非居民企业，是指依照外国（地区）法律成立且实际管理机构不在中国境内，但在中国境内设立机构、场所的，或者在中国境内未设立机构、场所，但有来源于中国境内所得的企业。

上述所称机构、场所，是指在中国境内从事生产经营活动的机构、场所，包括管理机构、营业机构、办事机构，工厂、农场、开采自然资源的场所，提供劳务的场所，从事建筑、安装、装配、修理、勘探等工程作业的场所，其他从事生产经营活动的机构、场所。

非居民企业委托营业代理人在中国境内从事生产经营活动的，包括委托单位或者个人经常代其签订合同，或者储存、交付货物等，该营业代理人视为非居民企业在中国境内设立的机构、场所。

二、征税对象

企业所得税的征税对象是指企业的生产经营所得、其他所得和清算所得。

（一）居民企业的征税对象

居民企业应就其来源于中国境内、境外的所得缴纳企业所得税。所得包括销售货物所得、提供劳务所得、转让财产所得、股息红利等权益性投资所得、利息所得、租金所得、特许权使用费所得、接受捐赠所得和其他所得。

（二）非居民企业的征税对象

非居民企业在中国境内设立机构、场所的，应当就其所设机构、场所取得的来源于中国境内的所得，以及发生在中国境外但与其所设机构、场所有实际联系的所得，缴纳企业所得税。非居民企业在中国境内未设立机构、场所的，或者虽设立机构、场所但取得的所得与其所设机构、场所没有实际联系的，应就其来源于中国境内的所得缴纳企业所得税。

上述所称实际联系，是指非居民企业在中国境内设立的机构、场所拥有的据以取得所得的股权、债权，以及拥有、管理、控制据以取得所得的财产。

（三）所得来源地的确定

企业所得来源地按以下原则确定。

（1）销售货物所得，按照交易活动发生地确定。

（2）提供劳务所得，按照劳务发生地确定。

（3）不动产转让所得，按照不动产所在地确定。

（4）动产转让所得，按照转让动产的企业或者机构、场所所在地确定。

（5）权益性投资资产转让所得，按照被投资企业所在地确定。

（6）股息、红利等权益性投资所得，按照分配所得的企业所在地确定。

（7）利息所得、租金所得、特许权使用费所得，按照负担、支付所得的企业或者机构、场所所在地确定，或者按照负担、支付所得的个人的住所地确定。

（8）其他所得，由国务院财政、税务主管部门确定。

三、税率

我国企业所得税实行比例税率。

（1）基本税率为 25%。适用于居民企业和在中国境内设有机构、场所且取得的所得与其所设机构、场所有实际联系的非居民企业。

（2）低税率为 20%，适用于在中国境内未设立机构、场所的，或者虽设立机构、场所但取得的所得与其所设机构、场所没有实际联系的非居民企业。

第二节 企业所得税的税收优惠

一、免征与减免优惠

（一）从事农、林、牧、渔业项目的所得

我国对企业从事下列项目的所得，免征企业所得税。

（1）蔬菜、谷物、薯类、油料、豆类、棉花、麻类、糖料、水果、坚果的种植。

（2）农作物新品种的选育。

（3）中药材的种植。

（4）林木的培育和种植。

（5）牲畜、家禽的饲养。

（6）林产品的采集。

（7）灌溉、农产品初加工、兽医、农技推广、农机作业和维修等农、林、牧、渔服务业项目。

（8）远洋捕捞。

我国对企业从事下列项目的所得，减半征收企业所得税。

（1）花卉、茶以及其他饮料作物和香料作物的种植。

（2）海水养殖、内陆养殖。

（二）从事国家重点扶持的公共基础设施项目投资经营的所得

企业所得税法所称国家重点扶持的公共基础设施项目，是指《公共基础设施项目企业所得税优惠目录》规定的港口码头、机场、铁路、公路、电力、水利等项目。

（1）我国对企业从事国家重点扶持的公共基础设施项目的投资经营的所得，自项目取得第 1 笔生产经营收入所属纳税年度起，第 1 年至第 3 年免征企业所得税，第 4 年至第 6 年减半征收企业所得税。

（2）企业承包经营、承包建设和内部自建自用本条规定的项目，不得享受本条规定的企业所得税优惠。

（3）企业投资经营符合《公共基础设施项目企业所得税优惠目录》规定条件和标准的公共基础设施项目，采用一次核准、分批次（如码头、泊位、航站楼、跑道、路段、发电机组等）建设的，凡同时符合以下条件的，可按每一批次为单位计算所得，并享受企业所得税“三免三减半”优惠：①不同批次在空间上相互独立；②每一批次自身具备取得收入的功能；③以每一批次为单位进行会计核算，单独计算所得，并合理分摊期间费用。

（三）从事符合条件的环境保护、节能节水项目的所得

我国对符合条件的环境保护、节能节水项目的所得，自项目取得第 1 笔生产经营收入所属纳税年度起，第 1 年至第 3 年免征企业所得税，第 4 年至第 6 年减半征收企业所得税。

但是以上享受减免税优惠的项目，在减免税期限内转让的，受让方自受让之日起，可以在剩余期限内享受规定的减免税优惠；减免税期限届满后转让的，受让方不得就该项目重复享受减免税优惠。

（四）符合条件的技术转让所得

企业所得税法所称对符合条件的技术转让所得免征、减征企业所得税，是指在一个纳税年度内，我国对居民企业转让技术所有权所得不超过 500 万元的部分，免征企业所得税；对超过 500 万元的部分，减半征收企业所得税。

技术转让的范围，包括居民企业转让专利技术、计算机软件著作权、集成电路布图设计权、植物新品种、生物医药新品种、5 年（含）以上非独占许可使用权，以及财政部和国家税务总局确定的其他技术。

符合条件的技术转让所得的计算公式为：

技术转让所得=技术转让收入-技术转让成本-相关税费

或

技术转让所得=技术转让收入-无形资产摊销费用-相关税费-应分摊的期间费用

享受减免企业所得税优惠的技术转让应符合以下条件。

（1）享受优惠的技术转让主体是企业所得税法规定的居民企业；

（2）技术转让属于财政部、国家税务总局规定的范围；

（3）境内技术转让经省级以上科技部门认定；

（4）向境外转让技术经省级以上商务部门认定；

（5）国务院税务主管部门规定的其他条件。

技术转让时，双方应签订技术转让合同。其中，境内的技术转让须经省级以上（含省级）科技部门认定登记，跨境的技术转让须经省级以上（含省级）商务部门认定登记，涉及财政经费支持的技术转让，须省级以上（含省级）科技部门审批。

居民企业技术出口应由有关部门按照商务部、科技部发布的《中国禁止出口限制出口技术目录》进行审查。居民企业取得禁止出口和限制出口技术转让所得，不享受技术转让所得减免企业所得税优惠政策。

居民企业从直接或间接持有股权之和达到 100%的关联方取得的技术转让所得，不享受技术转让减免企业所得税优惠政策。

享受技术转让所得减免企业所得税优惠的企业，应单独计算技术转让所得，并合理分摊企业的期间费用；没有单独计算的，不得享受技术转让所得企业所得税优惠。

企业发生技术转让，应在纳税年度终了后至报送年度纳税申报表以前，向主管税务机关办理减免税备案手续。

二、高新技术企业优惠

国家需要重点扶持的高新技术企业，减按 15%的税率征收企业所得税。国家须要重点扶持的高

新技术企业是指拥有核心自主知识产权，并同时符合下列条件的企业。

（1）企业申请认定时须注册成立1年以上。

（2）企业通过自主研发、受让、受赠、并购等方式，获得对其主要产品（服务）在技术上发挥核心支持作用的知识产权的所有权。

（3）对企业主要产品（服务）发挥核心支持作用的技术属于《国家重点支持的高新技术领域》规定的范围。

（4）企业从事研发和相关技术创新活动的科技人员占企业当年职工总数的比例不低于10%。

（5）企业近3个会计年度（实际经营期不满3年的按实际经营时间计算，下同）的研究开发费用总额占同期销售收入总额的比例符合如下要求：①最近1年销售收入小于5 000万元（含）的企业，比例不低于5%；②最近1年销售收入在5 000万元至2亿元（含）的企业，比例不低于4%；③最近1年销售收入在2亿元以上的企业，比例不低于3%。其中，企业在中国境内发生的研究开发费用总额占全部研究开发费用总额的比例不低于60%。

（6）近1年高新技术产品（服务）收入占企业同期总收入的比例不低于60%。

（7）企业创新能力评价应达到相应要求。

（8）企业申请认定前一年内未发生重大安全、重大质量事故或严重环境违法行为。

根据财税〔2011〕47号的规定，自2010年1月1日起，高新技术企业境外所得适用税率及税收抵免有关问题按以下规定执行。

（1）以与境内、境外全部生产经营活动有关的研究开发费用总额、总收入、销售收入总额、高新技术产品（服务）收入等指标申请并经认定的高新技术企业，其来源于境外的所得可以享受高新技术企业所得税优惠政策，即对其来源于境外所得可以按照15%的优惠税率缴纳企业所得税，在计算境外抵免限额时，可按照15%的优惠税率计算境内外应纳税总额。

（2）上述高新技术企业境外所得税收抵免的其他事项，仍按照财税〔2009〕25号文件的有关规定执行。

（3）此处所称高新技术企业，是指依照《中华人民共和国企业所得税法》及其实施条例的规定，经认定机构按照《高新技术企业认定管理办法》（国科发火〔2008〕172号）和《高新技术企业认定管理工作指引》（国科发火〔2008〕362号）认定取得高新技术企业证书并正在享受企业所得税15%税率优惠的企业。

国家税务总局公告2011年第4号文件规定，高新技术企业资格复审结果公示之前企业所得税预缴按以下规定执行。

高新技术企业应在资格期满前三个月内提出复审申请，在通过复审之前，在其高新技术企业资格有效期内，其当年企业所得税暂按15%的税率预缴。

已认定的高新技术企业有下列行为之一的，由认定机构取消其高新技术企业资格：①在申请认定过程中存在严重弄虚作假行为的。②发生重大安全、重大质量事故或有严重环境违法行为的。③未按期报告与认定条件有关重大变化情况，或累计两年未填报年度发展情况报表的。

对被取消高新技术企业资格的企业，由认定机构通知税务机关按《中华人民共和国税收征收管理法》及有关规定，追缴其自发生上述行为之日所属年度起已享受的高新技术企业税收优惠。

三、技术先进型服务企业优惠

自 2018 年 1 月 1 日起，我国在全国范围内对经认定的技术先进型服务企业，减按 15%的税率征收企业所得税。享受企业所得税优惠政策的技术先进型服务企业必须同时符合以下条件。

（1）在中国境内（不包括香港、澳门、台湾地区）注册的法人企业。

（2）从事《技术先进型服务业务认定范围（试行）》中的一种或多种技术先进型服务业务，采用先进技术或具备较强的研发能力。

（3）具有大专以上学历的员工占企业员工总数的 50%以上。

（4）从事《技术先进型服务业务认定范围（试行）》中的技术先进型服务业务取得的收入占企业当年总收入的 50%以上。

（5）从事离岸服务外包业务取得的收入不低于企业当年总收入的 35%。从事离岸服务外包业务取得的收入，是指企业根据境外单位与其签订的委托合同，由本企业或其直接转包的企业为境外单位提供《技术先进型服务业务认定范围（试行）》中所规定的信息技术外包服务（ITO）、技术性业务流程外包服务（BPO）和技术性知识流程外包服务（KPO），而从上述境外单位取得的收入。

省级科技部门会同本级商务、财政、税务和发展改革部门根据规定制定本省（自治区、直辖市、计划单列市）技术先进型服务企业认定管理办法，并负责本地区技术先进型服务企业的认定管理工作。各省（自治区、直辖市、计划单列市）技术先进型服务企业认定管理办法应报科技部、商务部、财政部、国家税务总局和国家发展改革委备案。

符合条件的技术先进型服务企业应向所在省级科技部门提出申请，由省级科技部门会同本级商务、财政、税务和发展改革部门联合评审后发文认定，并将认定企业名单及有关情况通过科技部"全国技术先进型服务企业业务办理管理平台"备案，科技部与商务部、财政部、国家税务总局和国家发展和改革委员会共享备案信息。符合条件的技术先进型服务企业须在商务部"服务贸易统计监测管理信息系统（服务外包信息管理应用）"中填报企业基本信息，按时报送数据。

经认定的技术先进型服务企业，持相关认定文件向所在地主管税务机关办理企业所得税优惠政策事宜。享受企业所得税优惠的技术先进型服务企业条件发生变化的，应当自发生变化之日起 15 日内向主管税务机关报告；不再符合享受税收优惠条件的，应当依法履行纳税义务。主管税务机关在执行税收优惠政策过程中，发现企业不具备技术先进型服务企业资格的，应提请认定机构复核。复核后确认不符合认定条件的，应取消企业享受税收优惠政策的资格。

省级科技、商务、财政、税务和发展改革部门对经认定并享受税收优惠政策的技术先进型服务企业应做好跟踪管理，对变更经营范围、合并、分立、转业、迁移，不再符合认定条件的企业，应及时取消其享受税收优惠政策的资格。

省级财政、税务、商务、科技和发展改革部门要认真贯彻落实各项规定，在认定工作中对内外资企业一视同仁，平等对待，切实做好沟通与协作工作。在政策实施过程中发现问题，要及时上报财政部、国家税务总局、商务部、科技部和国家发展和改革委员会。

省级科技、商务、财政、税务和发展改革部门及其工作人员在认定技术先进型服务企业的工作中，存在违法违纪行为的，被相关部门按照《中华人民共和国公务员法》《中华人民共和国行政监察法》等国家有关规定追究相应责任；涉嫌犯罪的，被移送司法机关处理。

四、小型微利企业优惠

小型微利企业，是指企业的全部生产经营活动产生的所得均负有我国企业所得税纳税义务的企业。

（一）小型微利企业认定

小型微利企业减按20%的税率征收企业所得税。小型微利企业的认定条件如下。

（1）工业企业，年度应纳税所得额不超过30万元，从业人数不超过100人，资产总额不超过3 000万元。

（2）其他企业，年度应纳税所得额不超过30万元，从业人数不超过80人，资产总额不超过1 000万元，从业人数80人，包括与企业建立劳动关系的职工人数和企业接受的劳务派遣用工人数。

从业人数和资产总额指标，应按企业全年的季度平均值确定。具体计算公式如下：

季度平均值=（季初值+季末值）/2

全年季度平均值=全年各季度平均值之和/4

自2019年1月1日起至2021年12月31日，我国按“从事国家非限制和禁止行业，且同时符合年度应纳税所得额不超过300万元、从业人数不超过300人、资产总额不超过5 000万元三个条件”判断企业为小型微利企业，不再区分工业企业与其他企业。

年度中间开业或者终止经营活动的，以其实际经营期作为一个纳税年度确定上述相关指标。仅就来源于我国所得负有我国纳税义务的非居民企业，不适用上述规定。

（二）小型微利企业的优惠政策

自2017年1月1日至2018年12月31日，我国将小型微利企业的年应纳税所得额上限由30万元提高至50万元，对年应纳税所得额低于50万元（含50万元）的小型微利企业，将其所得减按50%计入应纳税所得额，按20%的税率缴纳企业所得税。

自2019年1月1日至2021年12月31日，对小型微利企业年应纳税所得额不超过100万元的部分，减按25%计入应纳税所得额，按20%的税率缴纳企业所得税；对年应纳税所得额超过100万元但不超过300万元的部分，减按50%计入应纳税所得额，按20%的税率缴纳企业所得税。

符合规定条件的小型微利企业自行申报享受减半征税政策。汇算清缴时，小型微利企业通过填报企业所得税年度纳税申报表中的“资产总额、从业人数、所属行业、国家限制和禁止行业”等栏次，履行备案手续。

五、加计扣除优惠

加计扣除，是指对企业支出项目按规定的比例给予税前扣除后再给予追加扣除。

（一）研究开发费

研究开发费是指企业为开发新技术、新产品和新工艺发生的研究开发费用。未形成无形资产计入当期损益的，在按照规定据实扣除的基础上，按照研究开发费用的50%加计扣除；对形成无形资产的，按照无形资产成本的150%摊销。在2018年1月1日至2020年12月31日期间，再按照实际发生额的75%在税前加计扣除；形成无形资产的，在上述期间按照无形资产成本的175%在税前摊销。

企业委托外部机构或个人开展研发活动发生的费用，可按规定在税前扣除；加计扣除时，以研发活动发生费用的80%作为加计扣除基数。自2018年1月1日起，我国取消了企业委托境外研发费用不得加计扣除的限制。即自2018年1月1日起，企业委托境外进行研发所发生的费用，按照费用实际发生额的80%计入委托方的委托境外研发费用。委托境外研发费用不超过境内符合条件的研发费用2/3的部分，可以按规定在企业所得税税前加计扣除。上述费用实际发生额应按照独立交易原则确定。委托方与受托方存在关联关系的，受托方应向委托方提供研发项目费用支出明细情况。

（二）安置残疾人员所支付的工资

企业安置残疾人员就业的，在按照支付给残疾职工工资据实扣除的基础上，按照支付给残疾职工工资的100%加计扣除。

六、创业投资企业优惠

创业投资企业从事国家需要重点扶持和鼓励的创业投资，可以按投资额的一定比例抵扣应纳税所得额。

创业投资企业采取股权投资方式投资于未上市的中小高新技术企业2年（24个月）以上的，可以按照其投资额的70%在股权持有满2年的当年抵扣该创业投资企业的应纳税所得额；当年不足抵扣的，可以在以后的纳税年度结转抵扣。

七、加速折旧优惠

企业对由于技术进步等原因，确需加速折旧的固定资产，可以缩短折旧年限或者采取加速折旧的方法。

可采用加速折旧方法的固定资产是指由于技术进步，产品更新换代较快的固定资产或常年处于强震动、高腐蚀状态的固定资产。

采取缩短折旧年限方法的，最低折旧年限不得低于税法规定折旧年限的60%；采取加速折旧方法的，可以采取双倍余额递减法或者年数总和法。

加速折旧的相关规定如下。

（1）对生物药品制造业，专用设备制造业，铁路、船舶、航空航天和其他运输设备制造业，计算机、通信和其他电子设备制造业，仪器仪表制造业，信息传输、软件和信息技术服务业等6个行业的企业在2014年1月1日后新购进的固定资产（包括自行建造的，下同），允许缩短折旧年限或采取加速折旧的方法。

（2）对轻工、纺织、机械、汽车四个领域重点行业（以下简称“四个领域重点行业”）企业在2015年1月1日后新购进的固定资产，允许缩短折旧年限或采取加速折旧方法。

（3）对所有行业企业在2014年1月1日后新购进的专门用于研发的仪器、设备，单位价值不超过100万元的，允许一次性计入当期成本费用在计算应纳税所得额时扣除，不再分年度计算折旧；单位价值超过100万元的，可缩短折旧年限或采取加速折旧的方法。

（4）对所有行业企业持有的单位价值不超过5 000元的固定资产，允许一次性计入当期成本费用在计算应纳税所得额时扣除，不再分年度计算折旧。

企业按上述第（1）条和第（2）条规定缩短折旧年限的，对其购置的新固定资产，最低折旧年限不得低于《企业所得税法实施条例》规定的折旧年限的60%；企业购置已使用过的固定资产，其最低折旧年限不得低于《企业所得税法实施条例》规定的最低折旧年限减去已使用年限后剩余年限的60%。采取加速折旧方法的，可采取双倍余额递减法或者年数总和法。上述第（1）条～第（3）条规定之外的企业固定资产加速折旧所得税处理问题，继续按照企业所得税法及其实施条例和现行税收政策规定解决。

企业按上述第（1）条和第（2）条规定采取加速折旧方法的，可以采用双倍余额递减法或者年数总和法。加速折旧方法一经确定，不得改变。

八、减计收入优惠

减计收入是指企业以《资源综合利用企业所得税优惠目录》规定的资源作为主要原材料，生产国家非限制和禁止并符合国家和行业相关标准的产品取得的收入，减按90%计入收入总额。

九、税额抵免优惠

税额抵免优惠，指企业购置并实际使用《环境保护专用设备企业所得税优惠目录》《节能节水专用设备企业所得税优惠目录》和《安全生产专用设备企业所得税优惠目录》规定的环境保护、节能节水、安全生产等专用设备的，该专用设备的投资额的10%可以从企业当年的应纳税额中抵免；当年不足抵免的，可以在以后5个纳税年度结转抵免。

享受前款规定的企业所得税优惠的企业，应当实际购置并自身实际投入使用前款规定的专用设备；企业购置上述专用设备在5年内转让、出租的，应当停止享受企业所得税优惠，并补缴已经抵免的企业所得税税款，受让方可以按照该专用设备投资额的10%抵免当年企业所得税应纳税额；当年应纳税额不足抵免的，可以在以后5个纳税年度结转抵免。

企业同时从事适用不同企业所得税待遇的项目的，其优惠项目应当单独计算所得，并合理分摊企业的期间费用；没有单独计算的，不得享受企业所得税优惠。

自2009年1月1日起，增值税一般纳税人购进固定资产发生的进项税额可从其销项税额中抵扣。如增值税进项税额允许抵扣，其专用设备投资额不再包括增值税进项税额；如增值税进项税额不允许抵扣，其专用设备投资额应为增值税专用发票上注明的价税合计金额。企业购买专用设备取得普通发票的，其专用设备投资额为普通发票上注明的金额。

十、民族自治地方的优惠

民族自治地方的自治机关对本民族自治地方的企业应缴纳的企业所得税中属于地方分享的部分，可以决定减征或者免征。自治州、自治县决定减征或者免征的，须报省、自治区、直辖市人民政府批准。

十一、非居民企业优惠

非居民企业减按10%的税率征收企业所得税。这里的非居民企业，是指在中国境内未设立机构、场所的，或者虽设立机构、场所但取得的所得与其所设机构、场所没有实际联系的企业。该类非居民企业取得下列所得免征企业所得税：①外国政府向中国政府提供贷款取得的利息所得。②国际金融组织向中国政府和居民企业提供优惠贷款取得的利息所得。③经国务院批准的其他所得。

十二、特殊行业优惠

特殊行业的优惠主要包括：软件产业和集成电路产业、证券投资基金、节能服务、电网企业电网新建项目等。

（一）关于鼓励软件产业和集成电路产业发展的优惠政策

软件生产企业按规定实行增值税即征即退政策所退还的税款，由企业专项用于软件产品的研发和扩大再生产并单独进行核算的，可以作为不征税收入在计算应纳税所得额时从收入总额中扣除。

我国境内新办的集成电路设计企业和符合条件的软件企业，经认定后，在2017年12月31日前自获利年度起计算优惠期，第1年至第2年免征企业所得税，第3年至第5年按照25%的法定税率减半征收企业所得税，并享受至期满为止。

国家规划布局内的重点软件生产企业，如当年未享受免税优惠，可减按10%的税率征收企业所得税。

集成电路线宽小于0.8微米（含）的集成电路生产企业，经认定后，在2017年12月31日前自获利年度起计算优惠期，第1年至第2年免征企业所得税，第3年至第5年按照25%的法定税率减半征收企业所得税，并享受至期满为止。

集成电路线宽小于0.25微米或投资额超过80亿元的集成电路生产企业，经认定后，减按15%的税率征收企业所得税，其中经营期在15年以上的，在2017年12月31日前自获利年度起计算优惠期，第1年至第5年免征企业所得税，第6年至第10年按照25%的法定税率减半征收企业所得税，并享受至期满为止。

（二）关于鼓励证券投资基金发展的优惠政策

我国对证券投资基金从证券市场中取得的收入，包括买卖股票、债券的差价收入，股权的股息、红利收入，债券的利息收入及其他收入，暂不征收企业所得税。

我国对投资者从证券投资基金分配中取得的收入，暂不征收企业所得税。

我国对证券投资基金管理人运用基金买卖股票、债券的差价收入，暂不征收企业所得税。

（三）节能服务公司的优惠政策

自2011年1月1日起，我国对符合条件的节能服务公司实施合同能源管理项目，符合企业所得税法有关规定的，自项目取得第一笔生产经营收入所属纳税年度起，第1年至第3年免征企业所得税，第4年至第6年按照25%的法定税率减半征收企业所得税。

（四）电网企业电网新建项目享受所得税的优惠政策

根据《中华人民共和国企业所得税法》及其实施条例的有关规定，居民企业从事符合《公共基础设施项目企业所得税优惠目录（2008年版）》规定条件和标准的电网（输变电设施）的新建项目，可依法享受“三免三减半”的企业所得税优惠政策。基于企业电网新建项目的核算特点，企业暂以资产比例法，即以企业新增输变电固定资产原值占企业总输变电固定资产原值的比例，合理计算电网新建项目的应纳税所得额，并据此享受“三免三减半”的企业所得税优惠政策。

十三、其他优惠

西部大开发的税收优惠：适用范围包括重庆市、四川省、贵州省、云南省、西藏自治区、陕西省、甘肃省、宁夏回族自治区、青海省、新疆维吾尔自治区、新疆生产建设兵团、内蒙古自治区和广西壮族自治区（上述地区统称西部地区）。湖南省湘西土家族苗族自治州、湖北省恩施土家族苗族自治州、吉林省延边朝鲜族自治州、江西省赣州市，可以比照西部地区的税收优惠政策执行。

其他事项：①享受企业所得税过渡优惠政策的企业，应按照企业所得税法和实施条例中有关收入和扣除的规定计算应纳税所得额。②企业所得税过渡优惠政策与企业所得税法及实施条例规定的优惠政策存在交叉的，由企业选择最优惠的政策执行，不得叠加享受，且一经选择，不得改变。③在法律设置的发展对外经济合作和技术交流的特定地区内，以及国务院已规定执行上述地区特殊政策的地区内新设立的国家需要重点扶持的高新技术企业，可以享受过渡性税收优惠，具体办法由国务院规定。④国家已确定的其他鼓励类企业，可以按照国务院规定享受减免税优惠。⑤对企业取得的2009年及以后年度发行的地方政府债券利息所得，免征企业所得税。地方政府债券是指经国务院批准，以省、自治区、直辖市和计划单列市政府为发行和偿还主体的债券。

第三节 应纳税所得额的计算

应纳税所得额是企业所得税的计税依据，在实务中，应纳税所得额的计算方法有直接计算法和间接计算法两种。

直接计算法下，应纳税所得额是企业每一个纳税年度的收入总额，减除不征税收入、免税收入、各项扣除以及允许弥补的以前年度亏损后的余额。其计算公式为：

应纳税所得额=收入总额-不征税收入-免税收入-各项扣除-允许弥补的以前年度亏损

间接计算法下，应纳税所得额是由会计利润调整而来的。其计算公式为：

应纳税所得额=会计利润总额+纳税调增项目金额-纳税调减项目金额

企业会计利润是以权责发生制为基础、以会计准则为依据计算出来的。而应纳税所得额是按照税法规定确定的。会计利润和应纳税所得可能会存在差异。企业在计算缴纳企业所得税时，应当以税法规定为依据确定应纳税所得额。因此，企业所得税法对应纳税所得额计算做了明确规定。主要内容包括收入总额、扣除范围和标准、资产的税务处理、亏损弥补等。

一、收入总额

企业的收入总额包括以货币形式和非货币形式从各种来源取得的收入，具体有：销售货物收入，提供劳务收入，转让财产收入，股息、红利等权益性投资收益，利息收入，租金收入，特许权使用费收入，接受捐赠收入以及其他收入。企业取得收入的货币形式，包括现金、存款、应收账款、应收票据、准备持有至到期的债券投资以及债务的豁免等。纳税人以非货币形式取得的收入，包括固定资产、生物资产、无形资产、股权投资、存货、不准备持有至到期的债券投资、劳务以及有关权益等。这些非货币资产应当按照公允价值确定收入额，公允价值是指按照市场价格确定的价值。收入的具体构成如下。

（一）一般收入的确认

销售货物收入，是指企业销售商品、产品、原材料、包装物、低值易耗品以及其他存货取得的收入。

提供劳务收入，是指企业从事建筑安装、修理修配、交通运输、仓储租赁、金融保险、邮电通信、咨询经纪、文化体育、科学研究、技术服务、教育培训、餐饮住宿、中介代理、卫生保健、社区服务、旅游、娱乐、加工以及其他劳务服务活动取得的收入。

转让财产收入，是指企业转让固定资产、生物资产、无形资产、股权、债权等财产取得的收入。企业转让股权收入，应于转让协议生效且完成股权变更手续时，确认收入的实现。转让股权收入扣除为取得该股权所发生的成本后的所得为股权转让所得。企业在计算股权转让所得时，不得扣除被投资企业未分配利润等股东留存收益中按该项股权所可能分配的金额。

股息、红利等权益性投资收益，是指企业因权益性投资从被投资方取得的收入。股息、红利等权益性投资收益，除国务院财政、税务主管部门另有规定外，按照被投资方做出利润分配决定的日期确认收入的实现。被投资企业将股权（票）溢价所形成的资本公积转为股本的，不作为投资方企业的股息、红利收入，投资方企业也不得增加该项长期投资的计税基础。

利息收入，是指企业将资金提供给他人使用但不构成权益性投资，或者因他人占用本企业资金取得的收入，包括存款利息、贷款利息、债券利息、欠款利息等收入。利息收入，按照合同约定的债务人应付利息的日期确认收入的实现。

租金收入，是指企业提供固定资产、包装物或者其他有形资产的使用权取得的收入。租金收入，按照合同约定的承租人应付租金的日期确认收入的实现。其中，交易合同或协议中规定租赁期限跨年度，且租金提前一次性支付的，根据《企业所得税实施条例》第九条规定的收入与费用配比原则，出租人可将上述已确认的收入，在租赁期内，分期均匀计入相关年度收入。

特许权使用费收入，是指企业提供专利权、非专利技术、商标权、著作权以及其他特许权的使用权取得的收入。特许权使用费收入，按照合同约定的特许权使用人应付特许权使用费的日期确认收入的实现。

接受捐赠收入，是指企业接受的来自其他企业、组织或者个人无偿给予的货币性资产、非货币性资产。接受捐赠收入，按照实际收到捐赠资产的日期确认收入的实现。

其他收入，是指企业取得的除以上收入外的其他收入，包括企业资产溢余收入、逾期未退包装物押金收入、确实无法偿付的应付款项、已做坏账损失处理又收回的应收款项、债务重组收入、补贴收入、违约金收入、汇兑收益等。

（二）特殊收入的确认

以分期收款方式销售货物的，按照合同约定的收款日期确认收入的实现。

企业受托加工制造大型机械设备、船舶、飞机，以及从事建筑、安装、装配工程业务或者提供其他劳务等，持续时间超过 12 个月的，按照纳税年度内完工进度或者完成的工作量确认收入的实现。

采取产品分成方式取得收入的，按照企业分得产品的日期确认收入的实现，其收入额按照产品的公允价值确定。

企业发生非货币性资产交换以及将货物、财产、劳务用于捐赠、偿债、赞助、集资、广告、样品、职工福利或者利润分配等用途的，应当视同销售货物、转让财产或者提供劳务，但国务院财政、税务主管部门另有规定的除外。

（三）处置资产收入的确认

企业发生下列情形的处置资产，除将资产转移至境外以外，由于资产所有权属在形式和实质上均不发生改变，可作为内部处置资产，不视同销售确认收入，相关资产的计税基础延续计算。

（1）将资产用于生产、制造、加工另一产品。

（2）改变资产形状、结构或性能。

（3）改变资产用途（如将自建商品房转为自用或经营）。

（4）将资产在总机构及其分支机构之间转移。

（5）上述两种或两种以上情形的混合。

（6）其他不改变资产所有权属的用途。

企业将资产移送他人的下列情形，因资产所有权属已发生改变而不属于内部处置资产，应按规定视同销售确定收入。

（1）用于市场推广或销售。

（2）用于交际应酬。

（3）用于职工奖励或福利。

（4）用于股息分配。

（5）用于对外捐赠。

（6）其他改变资产所有权属的用途。

企业移送属于企业自制的资产，应按企业同类资产同期对外销售价格确定销售收入；企业移送属于外购的资产，可按购入时的价格确定销售收入。

（四）非货币性资产投资企业所得税处理

非货币性资产，是指现金、银行存款、应收账款、应收票据以及准备持有至到期的债券投资等货币性资产以外的资产。

居民企业（以下简称企业）对以非货币性资产对外投资确认的非货币性资产转让所得，可在不超过5年的期限内，分期均匀计入相应年度的应纳税所得额，按规定计算缴纳企业所得税。

企业以非货币性资产对外投资，应对非货币性资产进行评估并按评估后的公允价值扣除计税基础后的余额，计算确认非货币性资产转让所得。企业以非货币性资产对外投资，应于投资协议生效并办理股权登记手续时，确认非货币性资产转让收入的实现。

企业以非货币性资产对外投资而取得被投资企业的股权，应以非货币性资产的原计税成本为计税基础，加上每年确认的非货币性资产转让所得，逐年进行调整。被投资企业取得非货币性资产的计税基础，应按非货币性资产的公允价值确定。

企业在对外投资5年内转让上述股权或投资收回的，应停止执行递延纳税政策，并就递延期内尚未确认的非货币性资产转让所得，在转让股权或投资收回当年的企业所得税年度汇算清缴时，一次性计算缴纳企业所得税；企业在计算股权转让所得时，可按财税〔2014〕116号规定将股权的计税基础一次调整到位。企业在对外投资5年内注销的，应停止执行递延纳税政策，并就递延期内尚未确认的非货币性资产转让所得，在注销当年的企业所得税年度汇算清缴时，一次性计算缴纳企业所得税。此处所称非货币性资产投资，限于以非货币性资产出资设立新的居民企业，或将非货币性资产注入现存的居民企业。

企业发生非货币性资产投资，符合《财政部 国家税务总局关于企业重组业务企业所得税处理若干问题的通知》（财税〔2009〕59号）等文件规定的特殊性税务处理条件的，也可选择按特殊性税务处理规定执行。

（五）相关收入实现的确认

除企业所得税法及其实施条例前述收入规定外，企业销售收入的确认，必须遵循权责发生制原则和实质重于形式原则。

企业销售商品同时满足下列条件的，应确认收入的实现。

（1）商品销售合同已经签订，企业已将与商品所有权相关的主要风险和报酬转移给购买方。

（2）企业对已售出的商品既没有保留通常与所有权相联系的继续管理权，也没有实施有效控制。

（3）收入的金额能够可靠地计量。

（4）已发生或将发生的销售方的成本能够可靠地核算。

符合上述收入确认条件，采取下列商品销售方式的，应按以下规定确认收入实现时间。

（1）销售商品采用托收承付方式的，在办妥托收手续时确认收入。

（2）销售商品采取预收款方式的，在发出商品时确认收入。

（3）销售商品需要安装和检验的，在购买方接受商品以及安装和检验完毕时确认收入。如果安装程序比较简单，可在发出商品时确认收入。

（4）销售商品采用支付手续费方式委托代销的，在收到代销清单时确认收入。

采用售后回购方式销售商品的，销售的商品按售价确认收入，回购的商品作为购进商品处理。有证据表明不符合销售收入确认条件的，如以销售商品方式进行融资，收到的款项应被确认为负债，回购价格大于原售价的，差额应在回购期间被确认为利息费用。

销售商品以旧换新的，销售商品应当按照销售商品收入确认条件确认收入，回收的商品作为购进商品处理。

企业为促进商品销售而在商品价格上给予的价格扣除属于商业折扣，商品销售涉及商业折扣的，应当按照扣除商业折扣后的金额确定销售商品收入金额。债权人为鼓励债务人在规定的期限内付款而向债务人提供的债务扣除属于现金折扣，销售商品涉及现金折扣的，应当按扣除现金折扣前的金额确定销售商品收入金额，现金折扣在实际发生时作为财务费用扣除。企业因售出商品的质量不合格等原因而在售价上给予的减让属于销售折让。企业因售出商品质量、品种不符合要求等原因而发生的退货属于销售退回。企业已经确认销售收入的售出商品发生销售折让和销售退回的，应当在发生当期冲减当期销售商品收入。

企业在各个纳税期期末，提供劳务交易的结果能够可靠估计的，应采用完工进度（完工百分比）法确认提供劳务收入。

（1）提供劳务交易的结果能够可靠估计，是指同时满足下列条件。

① 收入的金额能够可靠地计量。

② 交易的完工进度能够可靠地确定。

③ 交易中已发生和将发生的成本能够可靠地核算。

（2）企业提供劳务完工进度的确定，可选用下列方法。

① 已完工工作的测量。

② 已提供劳务占劳务总量的比例。

③ 已发生成本占总成本的比例。

（3）企业应按照从接受劳务方已收或应收的合同或协议价款确定劳务收入总额，将纳税期期末提供劳务收入总额乘以完工进度，再扣除以前纳税年度累计已确认提供劳务收入后的金额，确认为当期劳务收入；同时，将提供劳务估计总成本乘以完工进度，再扣除以前纳税期间累计已确认劳务成本后的金额，结转为当期劳务成本。

（4）下列提供劳务满足收入确认条件的，应按规定确认收入。

① 安装费。应根据安装完工进度确认收入。安装工作是商品销售附带条件的，安装费在确认商品销售实现时确认收入。

② 宣传媒介费。应在相关的广告或商业行为出现于公众面前时确认收入。广告的制作费，应根据制作广告的完工进度确认收入。

③ 软件费。为特定客户开发软件的收费，应根据开发的完工进度确认收入。

④ 服务费。包含在商品售价内可区分的服务费，在提供服务的期间分期确认收入。

⑤ 艺术表演、招待宴会和其他特殊活动的收费。在相关活动发生时确认收入。收费涉及几项活动的，预收的款项应合理分配给每项活动，分别确认收入。

⑥ 会员费。申请入会或加入会员，只允许取得会籍，所有其他服务或商品都要另行收费的，在取得该会员费时确认收入。申请入会或加入会员后，会员在会员期内不再付费就可得到各种服务或商品，或者以低于非会员的价格销售商品或提供服务的，该会员费应在整个受益期内分期确认收入。

⑦ 特许权费。属于提供设备和其他有形资产的特许权费，在交付资产或转移资产所有权时确认

收入；属于提供初始及后续服务的特许权费，在提供服务时确认收入。

⑧ 劳务费。长期为客户提供重复的劳务收取的劳务费，在相关劳务活动发生时确认收入。

企业以买一赠一等方式组合销售本企业商品的，不属于捐赠，应将总的销售金额按各项商品的公允价值的比例来分摊确认各项的销售收入。

企业取得财产（包括各类资产、股权、债权等）转让收入、债务重组收入、接受捐赠收入、无法偿还的应付款收入等，不论是以货币形式还是非货币形式体现，除另有规定外，均应一次性计入确认收入的年度计算缴纳企业所得税。

二、不征税收入和免税收入

国家为了扶持和鼓励某些特殊的纳税人和特定的项目，或者避免因征税影响企业的正常经营，对企业取得的某些收入予以不征税或免税的特殊政策，以减轻企业的负担，促进经济的协调发展。

（一）不征税收入

不征税收入主要包括财政拨款、依法收取并纳入财政管理的行政事业性收费与政府性基金及国务院规定的其他不征税收入。

财政拨款，是指各级人民政府对纳入预算管理的事业单位、社会团体等组织拨付的财政资金，但国务院和国务院财政、税务主管部门另有规定的除外。

依法收取并纳入财政管理的行政事业性收费、政府性基金中的行政事业性收费是指依照法律法规等有关规定，按照国务院规定程序批准，在实施社会公共管理，以及在向公民、法人或者其他组织提供特定公共服务过程中，向特定对象收取并纳入财政管理的费用。政府性基金，是指企业依照法律、行政法规等有关规定，代政府收取的具有专项用途的财政资金。

国务院规定的其他不征税收入，是指企业取得的，由国务院财政、税务主管部门规定专项用途并经国务院批准的财政性资金。财政性资金，是指企业取得的来源于政府及其有关部门的财政补助、补贴、贷款贴息，以及其他各类财政专项资金，包括直接减免的增值税和即征即退、先征后退、先征后返的各种税收，但不包括企业按规定取得的出口退税款。

（二）免税收入

免税收入主要有：国债利息收入，符合条件的居民企业之间及非居民企业与居民企业之间的股息、红利等权益性收益，符合条件的非营利组织的收入等。

符合条件的居民企业之间的股息、红利等权益性收益，是指居民企业直接投资于其他居民企业取得的投资收益。

符合条件的非居民企业与居民企业之间的股息、红利等权益性收益，是指在中国境内设立机构、场所的非居民企业从居民企业取得的与该机构、场所有实际联系的股息、红利等权益性投资收益。该收益都不包括连续持有居民企业公开发行并上市流通的股票不足12个月取得的投资收益。

符合条件的非营利组织的收入是指非营利组织的下列收入。

（1）接受其他单位或者个人捐赠的收入。

（2）除《中华人民共和国企业所得税法》（以下简称《企业所得税法》）第七条规定的财政拨款以外的其他政府补助收入，但不包括因政府购买服务取得的收入。

（3）按照省级以上民政、财政部门的规定收取的会费。

（4）不征税收入和免税收入孳生的银行存款利息收入。

（5）财政部、国家税务总局规定的其他收入。

符合条件的非营利组织是指同时符合下列条件的组织。

（1）依法履行非营利组织登记手续。

（2）从事公益性或者非营利性活动。

（3）取得的收入除用于与该组织有关的、合理的支出外，全部用于登记核定或者章程规定的公益性或者非营利性事业。

（4）财产及其孳生息不用于分配。

（5）按照登记核定或者章程规定，该组织注销后的剩余财产用于公益性或者非营利性目的，或者由登记管理机关转赠与该组织性质、宗旨相同的组织，并向社会公告。

（6）投资人对投入该组织的财产不保留或者享有任何财产权利。

（7）将工作人员工资福利开支控制在规定的比例内，不变相分配该组织的财产。

（8）国务院财政、税务主管部门规定的其他条件。

三、准予扣除项目的确定

（一）准予扣除项目的原则

企业申报的扣除项目和金额要真实、合法。所谓真实，是指能证明有关支出确已实际发生；合法是指符合国家税收法规的规定，若其他法规规定与税收法规规定不一致，应以税收法规的规定为标准。除税收法规另有规定外，税前扣除一般应遵循以下原则。

（1）权责发生制原则，是指企业费用应在发生的所属期扣除，而不是在实际支付时确认扣除。

（2）配比原则，是指企业发生的费用应当与收入配比，除特殊规定外，企业发生的费用不得提前或滞后申报扣除。

（3）相关性原则，是指企业可扣除的费用从性质和根源上必须与取得的应税收入直接相关。

（4）确定性原则，是指企业可扣除的费用不论何时支付，其金额必须是确定的。

（5）合理性原则，是指符合生产经营活动常规，应当计入当期损益或者有关资产成本的必要和正常的支出。

（二）扣除项目的范围

现行《企业所得税法》规定，企业实际发生的与取得收入有关的、合理的支出，包括成本、费用、税金、损失和其他支出，准予在计算应纳税所得额时扣除。在实际中，计算应纳税所得额时还应注意三个方面的内容：第一，企业对发生的支出应当区分收益性支出和资本性支出。收益性支出在发生当期直接扣除；资本性支出应当分期扣除或者计入有关资产成本，不得在发生当期直接扣除。第二，企业的不征税收入用于支出所形成的费用或者财产，企业不得扣除或者计算对应的折旧、摊销扣除。第三，除企业所得税法及其实施条例另有规定外，企业实际发生的成本、费用、税金、损失和其他支出，不得重复扣除。

1. 成本

成本，是指企业在生产经营活动中发生的销售成本、销货成本、业务支出以及其他耗费，即企业销售商品（产品、材料、下脚料、废料、废旧物资等）、提供劳务、转让固定资产、无形资产（包括技术转让）的成本。企业必须将经营活动中发生的成本合理划分为直接成本和间接成本。直接成本是可直接计入有关成本计算对象或劳务的经营成本中的直接材料、直接人工等。间接成本是指多个部门为同一成本对象提供服务的共同成本，或者同一种投入可以制造、提供两种或两种以上的产品或劳务的联合成本。直接成本可根据有关会计凭证、记录直接计入有关成本计算对象或劳务的经营成本中。间接成本必须根据与成本计算对象之间的因果关系、成本计算对象的产量等，以合理的方法分配计入有关成本计算对象中。

2. 费用

费用，是指企业在每一个纳税年度为生产、经营商品和提供劳务等所发生的销售（经营）费用、管理费用和财务费用，已经计入成本的有关费用除外。销售费用，是指应由企业负担的为销售商品而发生的费用，包括广告费、运输费、装卸费、包装费、展览费、保险费、销售佣金（能直接认定的进口佣金调整商品进价成本）、代销手续费、经营性租赁费及销售部门发生的差旅费、工资、福利费等费用。管理费用，是指企业的行政管理部门为管理组织经营活动提供各项支援性服务而发生的费用。财务费用，是指企业筹集经营性资金而发生的费用，包括利息净支出、汇兑净损失、金融机构手续费以及其他非资本化支出。

3. 税金

税金，是指企业发生的除企业所得税和允许抵扣的增值税以外的企业缴纳的各项税金及其附加。即企业按规定缴纳的消费税、城市维护建设税、关税、资源税、土地增值税、房产税、车船税、城镇土地使用税、印花税、教育费附加等。这些已纳税金准予在税前扣除。准许扣除的税金有两种扣除方式：一是在发生当期扣除；二是在发生当期计入相关资产的成本，在以后各期分摊扣除。

4. 损失

损失，是指企业在生产经营活动中发生的固定资产和存货的盘亏、毁损、报废损失，转让财产损失，呆账损失，坏账损失，自然灾害等不可抗力因素造成的损失以及其他损失。

企业发生的损失，减除责任人赔偿和保险赔款后的余额，依照国务院财政、税务主管部门的规定扣除。企业已经作为损失处理的资产，在以后纳税年度又全部收回或者部分收回时，应当计入当期收入。

其他支出，是指除成本、费用、税金、损失外，企业在生产经营活动中发生的与生产经营活动有关的、合理的支出。

（三）准予扣除项目及其标准

在计算应纳税所得额时，下列项目可按照实际发生额或规定的标准扣除。

1. 工资、薪金支出

企业发生的合理的工资、薪金支出准予据实扣除。工资、薪金支出是企业在每一纳税年度支付给在本企业任职或与其有雇佣关系的员工的所有现金或非现金形式的劳动报酬，包括基本工资、奖金、津贴、补贴、年终加薪、加班工资，以及与任职或者受雇有关的其他支出。

2. 职工福利费、工会经费、职工教育经费

企业发生的职工福利费支出，不超过工资薪金总额14%的部分准予扣除。

企业拨缴的工会经费，不超过工资薪金总额2%的部分准予扣除。

除国务院财政、税务主管部门另有规定外，企业发生的职工教育经费支出，不超过工资薪金总额8%的部分准予扣除，超过部分准予结转以后纳税年度扣除。

软件生产企业发生的职工教育经费中的职工培训费用，可以全额在企业所得税税前扣除。扣除职工培训费后的职工教育经费的金额应按照工资薪金总额8%的比例扣除。软件生产企业应准确划分职工教育经费中的职工培训费支出，对于不能准确划分的，以及准确划分后职工教育经费中扣除职工培训费用的余额，一律按照工资薪金总额8%的比例扣除。

3. 社会保险费

企业依照国务院有关主管部门或者省级人民政府规定的范围和标准为职工缴纳的五险一金，即基本养老保险费、基本医疗保险费、失业保险费、工伤保险费、生育保险费等基本社会保险费和住房公积金准予扣除。

企业为投资者或者职工支付的补充养老保险费、补充医疗保险费，在国务院财政、税务主管部门规定的范围和标准内，准予扣除。企业依照国家有关规定为特殊工种职工支付的人身安全保险费和符合国务院财政、税务主管部门规定可以扣除的商业保险费准予扣除。

企业参加财产保险，按照规定缴纳的保险费，准予扣除。企业为投资者或者职工支付的商业保险费，不得扣除。

4. 利息费用

非金融企业向金融企业借款的利息支出、金融企业的各项存款利息支出和同业拆借利息支出、企业经批准发行债券的利息支出可据实扣除。所谓金融企业，是指各类银行、保险公司及经中国人民银行批准从事金融业务的非银行金融机构，包括国家专业银行、区域性银行、股份制银行、外资银行、中外合资银行以及其他综合性银行；还包括全国性保险企业、区域性保险企业、股份制保险企业、中外合资保险企业以及其他专业性保险企业；城市、农村信用社、各类财务公司以及其他从事信托投资、租赁等业务的专业和综合性非银行金融机构。非金融企业，是指除上述金融企业以外的所有企业、事业单位以及社会团体等企业或组织。

非金融企业向非金融企业借款的利息支出，不超过按照金融企业同期同类贷款利率计算的数额的部分可据实扣除，超过部分不许扣除。鉴于目前我国对金融企业利率要求的具体情况，企业在按照合同要求首次支付利息并进行税前扣除时，应提供金融企业的同期同类贷款利率情况说明，以证明其利息支出的合理性。

关联企业利息费用的扣除。企业从其关联方接受的债权性投资与权益性投资的比例超过规定标准而发生的利息支出，不得在计算应纳税所得额时扣除。(1) 在计算应纳税所得额时，企业实际支付给关联方的利息支出，不超过以下规定比例和税法及其实施条例有关规定计算的部分，准予扣除，超过的部分不得在发生当期和以后年度扣除。企业实际支付给关联方的利息支出，除符合下面第（2）条规定外，其接受关联方债权性投资与其权益性投资比例为：金融企业5∶1；其他企业2∶1。(2) 企业如果能够按照税法及其实施条例的有关规定提供相关资料，并证明相关交易活动符合独立交易原则的；或者该企业的实际税负不高于境内关联方的，其实际支付给境内关联方的利息支出，在计算

应纳税所得额时准予扣除。（3）企业同时从事金融业务和非金融业务，其实际支付给关联方的利息支出，应按照合理方法分开计算；没有按照合理方法分开计算的，一律按前述第（1）条有关其他企业的比例计算准予税前扣除的利息支出。（4）企业自关联方取得的不符合规定的利息收入应按照有关规定缴纳企业所得税。

5. 借款费用

企业在生产经营活动中发生的合理的不需要资本化的借款费用，准予扣除。

企业为购置、建造固定资产、无形资产和经过12个月以上的建造才能达到预定可销售状态的存货发生借款的，在有关资产购置、建造期间发生的合理的借款费用，应予以资本化，作为资本性支出计入有关资产的成本；有关资产交付使用后发生的借款利息，可在发生当期扣除。

企业通过发行债券、取得贷款、吸收保户储金等方式融资而发生的合理的费用支出，符合资本化条件的，应计入相关资产成本；不符合资本化条件的，应作为财务费用，准予在企业所得税前据实扣除。

6. 汇兑损失

企业在货币交易中，以及纳税年度终了时将人民币以外的货币性资产、负债按照期末即期人民币汇率中间价折算为人民币时产生的汇兑损失，除已经计入有关资产成本以及与向所有者进行利润分配相关的部分外，准予扣除。

7. 业务招待费

企业发生的与生产经营活动有关的业务招待费支出，按照发生额的60%扣除，但最高不得超过当年销售（营业）收入的5‰。

对从事股权投资业务的企业（包括集团公司总部、创业投资企业等），其从被投资企业所分配的股息、红利以及股权转让收入，可以按规定的比例计算业务招待费扣除限额。

企业在筹建期间发生的与筹办活动有关的业务招待费支出，可按实际发生额的60%计入企业筹办费，并按有关规定在税前扣除。

作为业务招待费限额的计算基数的收入范围是当年销售（营业）收入，包括销售货物收入、让渡资产使用权（收取资产租金或使用费）收入、提供劳务收入等主营业务收入，还包括其他业务收入、视同销售收入等。但是不含营业外收入，转让固定资产、无形资产所有权收入，投资收益（从事股权投资业务的企业除外）。对从事股权投资业务的企业，其从被投资企业所分配的股息、红利及股权转让收入，可以按规定的比例计算业务招待费扣除限额。

8. 广告费和业务宣传费

企业发生的符合条件的广告费和业务宣传费支出，除国务院财政、税务主管部门另有规定外，不超过当年销售（营业）收入15%的部分，准予扣除；超过部分，准予结转以后纳税年度扣除。

自2016年1月1日起至2020年12月31日止，我国对化妆品制造或销售、医药制造和饮料制造（不含酒类制造）企业发生的广告费和业务宣传费支出，不超过当年销售（营业）收入30%的部分，准予扣除；超过部分，准予在以后纳税年度结转扣除。

对签订广告费和业务宣传费分摊协议（以下简称分摊协议）的关联企业，其中一方发生的不超过当年销售（营业）收入税前扣除限额比例的广告费和业务宣传费支出，可以在本企业扣除，也可以将其中的部分或全部按照分摊协议归集至另一方扣除。另一方在计算本企业广告费和业务宣传费支出企业所得税税前扣除限额时，可将按照上述办法归集至本企业的广告费和业务宣传费不计算在内。

企业在筹建期间发生的广告费和业务宣传费，可按实际发生额计入企业筹办费，可按上述规定在税前扣除。

烟草企业的烟草广告费和业务宣传费支出，一律不得在计算应纳税所得额时扣除。

企业申报扣除的广告费支出应与赞助支出严格区分。企业申报扣除的广告费支出，必须符合下列条件：广告是通过工商部门批准的专门机构制作的；已实际支付费用，并已取得相应发票；通过一定的媒体传播。

9. 环境保护专项资金

企业依照法律、行政法规有关规定提取的用于环境保护、生态恢复等方面的专项资金，准予扣除。上述专项资金提取后改变用途的，不得扣除。

10. 保险费

企业参加财产保险，按照规定缴纳的保险费，准予扣除。

11. 租赁费

以经营租赁方式租入固定资产发生的租赁费支出，按照租赁期限均匀扣除。经营性租赁是指所有权不转移的租赁。

以融资租赁方式租入固定资产发生的租赁费支出，按照规定构成融资租入固定资产价值的部分应当提取折旧费用，分期扣除。融资租赁是指在实质上转移与一项资产所有权有关的全部风险和报酬的一种租赁。

12. 劳动保护费

企业发生的合理的劳动保护支出，准予扣除。自 2011 年 7 月 1 日起，企业根据其工作性质和特点，由企业统一制作并要求员工工作时统一着装所发生的工作服饰费用，根据《企业所得税法实施条例》的规定，可以作为企业合理的支出给予税前扣除。

13. 公益性捐赠支出

企业通过公益性社会组织或者县级（含县级）以上人民政府及其组成部门和直属机构，用于慈善活动、公益事业的捐赠支出（以下简称公益性捐赠支出），不超过年度利润总额 12%的部分，准予扣除。超过年度利润总额 12%的部分，准予以后 3 年内在计算应纳税所得额时结转扣除。年度利润总额是指企业依照国家统一会计制度的规定计算的年度会计利润。企业发生的公益性捐赠支出未在当年税前扣除的部分，准予在以后年度结转扣除，但结转年限自捐赠发生年度的次年起计算最长不得超过 3 年。企业在对公益性捐赠支出计算扣除时，应先扣除以前年度结转的捐赠支出，再扣除当年发生的捐赠支出。

纳税人直接向受赠人的捐赠属于非公益性捐赠，不得在企业所得税前扣除。

14. 有关资产的费用

企业转让各类固定资产发生的费用，允许扣除。企业按规定计算的固定资产折旧费、无形资产和递延资产的摊销费，准予扣除。

15. 总机构分摊的费用

非居民企业在中国境内设立的机构、场所，就其中国境外总机构发生的与该机构、场所生产经营有关的费用，能够提供总机构出具的费用汇集范围、定额、分配依据和方法等证明文件，并合理分摊的，准予扣除。

16. 资产损失

企业当期发生的固定资产和流动资产盘亏、毁损净损失，由其提供清查盘存资料经主管税务机关审核后，准予扣除。

17. 手续费及佣金支出

企业发生的与生产经营有关的手续费及佣金支出，不超过以下规定计算限额以内的部分，准予扣除；超过部分，不得扣除。

① 保险企业：财产保险企业按当年全部保费收入扣除退保金等后余额的15%（含本数，下同）计算限额；人身保险企业按当年全部保费收入扣除退保金等后余额的10%计算限额。

② 其他企业：按与具有合法经营资格中介服务机构或个人（不含交易双方及其雇员、代理人和代表人等）所签订服务协议或合同确认的收入金额的5%计算限额。

企业应与具有合法经营资格的中介服务企业或个人签订代办协议或合同，并按国家有关规定支付手续费及佣金。除委托个人代理外，企业以现金等非转账方式支付的手续费及佣金不得在税前扣除。企业为发行权益性证券支付给有关证券承销机构的手续费及佣金不得在税前扣除。

企业不得将手续费及佣金支出计入回扣、业务提成、返利、进场费等费用。

企业已计入固定资产、无形资产等相关资产的手续费及佣金支出，应当通过折旧、摊销等方式分期扣除，不得在发生当期直接扣除。

企业支付的手续费及佣金不得直接冲减服务协议或合同金额，并如实入账。

企业应当如实向当地主管税务机关提供当年手续费及佣金计算分配表和其他相关资料，并依法取得合法真实凭证。

电信企业在发展客户、拓展业务等过程中（如委托销售电话入网卡、电话充值卡等），需向经纪人、代办商支付手续费及佣金的，其实际发生的相关手续费及佣金支出，不超过企业当年收入总额5%的部分，准予在企业所得税前据实扣除。

从事代理服务，主营业务收入为手续费、佣金的企业，如证券、期货、保险代理等企业，其为取得该类收入而实际发生的营业成本（包括手续费及佣金支出），准予在企业所得税税前据实扣除。

18. 其他

依照有关法律、行政法规和国家有关税法规定准予扣除的其他项目，如会员费、合理的会议费、差旅费、违约金、诉讼费用等。

注意 对企业依据财务会计制度规定，并实际在财务会计处理上已确认的支出，凡没有超过规定的税前扣除范围和标准的，可按企业实际会计处理确认的支出，在企业所得税前扣除，计算其应纳税所得额。

四、不得扣除的项目的确定

在计算应纳税所得额时，下列支出不得扣除。

（1）向投资者支付的股息、红利等权益性投资收益款项。

（2）企业所得税税款。

（3）税收滞纳金，是指纳税人违反税收法规，被税务机关处以的滞纳金。

（4）罚金、罚款和被没收财物的损失，是指纳税人违反国家有关法律、法规规定，被有关部门处以的罚款，以及被司法机关处以的罚金和被没收的财物。

（5）超过规定标准的捐赠支出。

（6）赞助支出，是指企业发生的与生产经营活动无关的各种非广告性质支出。

（7）未经核定的准备金支出，是指不符合国务院财政、税务主管部门规定的各项资产减值准备、风险准备等准备金支出。

（8）企业之间支付的管理费、企业内营业机构之间支付的租金和特许权使用费，以及非银行企业内营业机构之间支付的利息。

（9）与取得收入无关的其他支出。

五、亏损弥补

亏损，是指企业依照《企业所得税法》及其暂行条例的规定，将每一纳税年度的收入总额减除不征税收入、免税收入和各项扣除后小于零的数额。税法规定，企业某一纳税年度发生的亏损可以用下一年度的所得弥补，下一年度的所得不足以弥补的，可以逐年延续弥补，但最长不得超过 5 年。而且，企业在汇总计算缴纳企业所得税时，其境外营业机构的亏损不得抵减境内营业机构的盈利。

企业筹办期间不计算为亏损年度，企业自开始生产经营的年度，为开始计算企业损益的年度。企业从事生产经营之前在进行筹办活动期间发生的筹办费用支出，不得计算为当期的亏损，企业可以在开始经营之日的当年一次性扣除，也可以按照税法有关长期待摊费用的处理规定处理，但一经选定，不得改变。

税务机关对企业以前年度纳税情况进行检查时调增的应纳税所得额，凡企业以前年度发生亏损且该亏损属于《企业所得税法》规定允许弥补的，应允许以调增的应纳税所得额弥补该亏损。弥补该亏损后仍有余额的，按照《企业所得税法》的规定计算缴纳企业所得税。对检查调增的应纳税所得额应根据其情节，依照《税收征收管理法》的有关规定进行处理或处罚。

对企业发现以前年度实际发生的、按照税收规定应在企业所得税前扣除而未扣除或者少扣除的支出，企业做出专项申报及说明后，准予追补至该项目发生年度计算扣除，但追补确认期限不得超过 5 年。企业由于上述原因多缴的企业所得税税款，可以在追补确认年度企业所得税应纳税款中抵扣，不足抵扣的，可以向以后年度递延抵扣或申请退税。亏损企业追补确认以前年度未在企业所得税前扣除的支出，或盈利企业经过追补确认后出现亏损的，应首先调整该项支出所属年度的亏损额，然后再按照弥补亏损的原则计算以后年度多缴的企业所得税税款，并按前款规定处理。

第四节 资产的税务处理

资产是由于资本投资而形成的财产，对于资本性支出以及无形资产受让、开办、开发费用，不允许作为成本、费用从纳税人的收入总额中做一次性扣除，只能采取分次计提折旧或分次摊销的方式予以扣除，即纳税人经营活动中使用的固定资产的折旧费用、无形资产和长期待摊费用的摊销费用可以扣除。税法规定，纳入税务处理范围的资产形式主要有固定资产、生物资产、无形资产、长期待摊费用、存货、投资资产等，均以历史成本为计税基础。历史成本是指企业取得该项资产时实际发生的支出。企业在持有各项资产期间资产增值或者减值的，除国务院财政、税务主管部门规定可以确认损益外，不得调整该资产的计税基础。

一、固定资产的税务处理

固定资产，是指企业为生产产品、提供劳务、出租或者经营管理而持有的、使用时间超过 12 个月的非货币性资产，包括房屋、建筑物、机器、机械、运输工具以及其他与生产经营活动有关的设备、器具、工具等。

（一）固定资产计税基础

固定资产计税基础按以下内容确定。

（1）外购的固定资产，以购买价款和支付的相关税费以及直接归属于使该资产达到预定用途发生的其他支出为计税基础。

（2）自行建造的固定资产，以竣工结算前发生的支出为计税基础。

（3）融资租入的固定资产，以租赁合同约定的付款总额和承租人在签订租赁合同过程中发生的相关费用为计税基础，租赁合同未约定付款总额的，以该资产的公允价值和承租人在签订租赁合同过程中发生的相关费用为计税基础。

（4）盘盈的固定资产，以同类固定资产的重置完全价值为计税基础。

（5）通过捐赠、投资、非货币性资产交换、债务重组等方式取得的固定资产，以该资产的公允价值和支付的相关税费为计税基础。

（6）改建的固定资产，除已足额提取折旧的固定资产和租入的固定资产以外的其他固定资产，以改建过程中发生的改建支出增加计税基础。

（二）固定资产折旧的范围

在计算应纳税所得额时，企业按照规定计算的固定资产折旧，准予扣除。下列固定资产不得计算折旧扣除。

（1）房屋、建筑物以外未投入使用的固定资产。

（2）以经营租赁方式租入的固定资产。

（3）以融资租赁方式租出的固定资产。

（4）已足额提取折旧仍继续使用的固定资产。

（5）与经营活动无关的固定资产。

（6）单独估价作为固定资产入账的土地。

（7）其他不得计算折旧扣除的固定资产。

（三）固定资产折旧的计提方法

企业应当自固定资产投入使用月份的次月起计算折旧；停止使用的固定资产，应当自停止使用月份的次月起停止计算折旧。

企业应当根据固定资产的性质和使用情况，合理确定固定资产的预计净残值。固定资产的预计净残值一经确定，不得变更。

固定资产按照直线法计算的折旧，准予扣除。

（四）固定资产折旧的计提年限

除国务院财政、税务主管部门另有规定外，固定资产计算折旧的最低年限如下。

（1）房屋、建筑物，为20年。

（2）飞机、火车、轮船、机器、机械和其他生产设备，为10年。

（3）与生产经营活动有关的器具、工具、家具等，为5年。

（4）飞机、火车、轮船以外的运输工具，为4年。

（5）电子设备，为3年。

从事开采石油、天然气等矿产资源的企业，在开始商业性生产前发生的费用和有关固定资产的折耗、折旧方法，由国务院财政、税务主管部门另行规定。

（五）固定资产折旧的企业所得税处理

企业固定资产的会计折旧年限如果短于税法规定的最低折旧年限，其按会计折旧年限计提的折旧高于按税法规定的最低折旧年限计提的折旧部分，应调增当期应纳税所得额；企业固定资产的会计折旧年限已期满且会计折旧已提足，但税法规定的最低折旧年限尚未到期且税收折旧尚未足额扣除，其未足额扣除的部分准予在剩余的税收折旧年限继续按规定扣除。

企业固定资产会计折旧年限如果高于税法规定的最低折旧年限，其折旧应按会计折旧年限计算扣除，税法另有规定的除外。

企业按会计规定提取的固定资产减值准备，不得税前扣除，其折旧仍按税法确定的固定资产计税基础计算扣除。

企业按税法规定实行加速折旧的，其按加速折旧办法计算的折旧额可全额在税前扣除。

石油天然气开采企业在计提油气资产折耗（折旧）时，对由于会计与税法规定计算方法不同导致的折耗（折旧）差异，应按税法规定进行纳税调整。

二、生物资产的税务处理

生物资产，是指有生命的动物和植物。生物资产分为消耗性生物资产、生产性生物资产和公益性生物资产。消耗性生物资产，是指为出售而持有的或在将来收获为农产品的生物资产，包括生长中的农田作物、蔬菜、用材林以及存栏待售的牲畜等。生产性生物资产，是指以产出农产品、提供劳务或出租等为目的而持有的生物资产，包括经济林、薪炭林、产畜和役畜等。公益性生物资产，是指以防护、环境保护为主要目的而持有的生物资产，包括防风固沙林、水土保持林和水源涵养林等。

（一）生产性生物资产的计税基础

外购的生产性生物资产，以购买价款和支付的相关税费为计税基础。

通过捐赠、投资、非货币性资产交换、债务重组等方式取得的生产性生物资产，以该资产的公允价值和支付的相关税费为计税基础。

（二）生产性生物资产的折旧方法和折旧年限

生产性生物资产按照直线法计算的折旧，准予扣除。企业应当自生产性生物资产投入使用月份的次月起计算折旧；停止使用的生产性生物资产，应当自停止使用月份的次月起停止计算折旧。

企业应当根据生产性生物资产的性质和使用情况，合理确定生产性生物资产的预计净残值。生产性生物资产的预计净残值一经确定，不得变更。

生产性生物资产计算折旧的最低年限如下。

（1）林木类生产性生物资产，为10年。

（2）畜类生产性生物资产，为3年。

三、无形资产的税务处理

无形资产，是指企业长期使用、但没有实物形态的资产，包括专利权、商标权、著作权、土地使用权、非专利技术、商誉等。

（一）无形资产的计税基础

外购的无形资产，以购买价款和支付的相关税费以及直接归属于使该资产达到预定用途发生的其他支出为计税基础。

自行开发的无形资产，以开发过程中该资产符合资本化条件后至达到预定用途前发生的支出为计税基础。

通过捐赠、投资、非货币性资产交换、债务重组等方式取得的无形资产，以该资产的公允价值和支付的相关税费为计税基础。

（二）无形资产摊销的范围

在计算应纳税所得额时，企业按照规定计算的无形资产摊销费用，准予扣除。

下列无形资产不得计算摊销费用扣除。

（1）自行开发的支出已在计算应纳税所得额时扣除的无形资产。

（2）自创商誉。

（3）与经营活动无关的无形资产。

（4）其他不得计算摊销费用扣除的无形资产。

（三）无形资产的摊销方法及年限

无形资产的摊销，采取直线法计算。无形资产的摊销年限不得低于10年。作为投资或者受让的无形资产，有关法律规定或者合同约定了使用年限的，可以按照规定或者约定的使用年限分期摊销。外购商誉的支出，在企业整体转让或者清算时，准予扣除。

四、长期待摊费用的税务处理

长期待摊费用，是指企业发生的应在1个年度以上的摊销期内进行摊销的费用。在计算应纳税所得额时，企业发生的下列支出作为长期待摊费用，按照规定摊销的，准予扣除。

（1）已足额提取折旧的固定资产的改建支出。

（2）租入固定资产的改建支出。

（3）固定资产的大修理支出。

（4）其他应当作为长期待摊费用的支出。

企业的固定资产修理支出可在发生当期直接扣除。企业的固定资产改建支出，如果有关固定资产尚未提足折旧，可增加固定资产价值；如有关固定资产已提足折旧，可作为长期待摊费用，在规定的期间内平均摊销。

固定资产的改建支出，是指改变房屋或者建筑物结构、延长使用年限等发生的支出。已足额提取折旧的固定资产的改建支出，按照固定资产预计尚可使用年限分期摊销；租入固定资产的改建支出，按照合同约定的剩余租赁期限分期摊销；改建的固定资产延长使用年限的，除已足额提取折旧的固定资产、租入固定资产的改建支出外，其他的固定资产发生改建支出，应当适当延长折旧年限。固定资产的大修理支出，按照固定资产尚可使用年限分期摊销。

《企业所得税法》所指固定资产的大修理支出，是指同时符合下列条件的支出。

（1）修理支出达到取得固定资产时的计税基础的50%以上。

（2）修理后固定资产的使用年限延长2年以上。

其他应当作为长期待摊费用的支出，自支出发生月份的次月起，分期摊销，摊销年限不得低于3年。

五、存货的税务处理

存货，是指企业持有以备出售的产品或者商品、处在生产过程中的在产品、在生产或者提供劳务过程中耗用的材料和物料等。

（一）存货的计税基础

通过支付现金方式取得的存货，计税基础为购买价款和支付的相关税费。

通过支付现金以外的方式取得的存货，计税基础为该存货的公允价值和支付的相关税费。

生产性生物资产收获的农产品，计税基础为产出或者采收过程中发生的材料费、人工费和分摊的间接费用等必要支出。

（二）存货的成本计算方法

企业可以在先进先出法、加权平均法、个别计价法中选用一种为存货的成本计算方法。计价方法一经选用，不得随意变更。

注意

企业转让固定资产、无形资产、生物资产、存货，在计算企业应纳税所得额时，资产的净值允许扣除。其中，资产的净值是指有关资产、财产的计税基础减除已经按照规定扣除的折旧、折耗、摊销、准备金等后的余额。除国务院财政、税务主管部门另有规定外，企业在重组过程中，应当在交易发生时确认有关资产的转让所得或者损失，相关资产应当按照交易价格重新确定计税基础。

六、投资资产的税务处理

投资资产，是指企业对外进行权益性投资和债权性投资而形成的资产。

投资资产按以下方法确定投资成本：①通过支付现金方式取得的投资资产，以购买价款为成本。②通过支付现金以外的方式取得的投资资产，以该资产的公允价值和支付的相关税费为成本。

企业对外投资期间，投资资产的成本在计算应纳税所得额时不得扣除，企业在转让或处置投资资产时，投资资产的成本准予扣除。

自 2011 年 7 月 1 日起，投资企业从被投资企业撤回或减少投资，其取得的资产中，相当于初始出资的部分，应确认为投资收回；相当于被投资企业累计未分配利润和累计盈余公积按减少实收资本比例计算的部分，应确认为股息所得；其余部分确认为投资资产转让所得。被投资企业发生的经营亏损，由被投资企业按规定结转弥补；投资企业不得调整减少其投资成本，也不得将其确认为投资损失。

第五节 企业重组的所得税处理

一、企业重组概述

企业重组，是指企业在日常经营活动以外发生的法律结构或经济结构重大改变的交易，包括企业法律形式改变、债务重组、股权收购、资产收购、合并、分立等。

企业法律形式改变，是指企业注册名称、住所以及企业组织形式等的简单改变（国家另有规定的除外）。

（1）债务重组，是指在债务人发生财务困难的情况下，债权人按照其与债务人达成的书面协议或者法院裁定书，就其债务人的债务做出让步的事项。

（2）股权收购，是指一家企业（以下称为收购企业）购买另一家企业（以下称为被收购企业）的股权，以实现对被收购企业控制的交易。收购企业支付对价的形式包括股权支付、非股权支付或两者的组合。

（3）资产收购，是指一家企业（以下称为“受让企业”）购买另一家企业（以下称为“转让企业”）实质经营性资产的交易。受让企业支付对价的形式包括股权支付、非股权支付或两者的组合。

（4）合并，是指一家或多家企业（以下称为“被合并企业”）将其全部资产和负债转让给另一家现存或新设企业（以下称为“合并企业”），被合并企业股东换取合并企业的股权或非股权支付，实现两个或两个以上企业的依法合并。

（5）分立，是指一家企业（以下称为“被分立企业”）将部分或全部资产分离转让给现存或新设的企业（以下称为“分立企业”），被分立企业股东换取分立企业的股权或非股权支付，实现企业的依法分立。

上述股权支付，是指企业重组中购买、换取资产的一方支付的对价中，以本企业或其控股企业的股权、股份作为支付的形式。

上述非股权支付，是指以本企业的现金、银行存款、应收款项、本企业或其控股企业股权和股份以外的有价证券、存货、固定资产、其他资产以及承担债务等作为支付的形式。

二、企业重组的一般性税务处理方法

企业由法人转变为个人独资企业、合伙企业等非法人组织，或将登记注册地转移至中华人民共和国境外，应视同企业进行清算、分配，股东重新投资成立新企业。企业的全部资产以及股东投资的计税基础均应以公允价值为基础确定。

企业发生其他法律形式简单改变的，可直接变更税务登记，除另有规定外，有关企业所得税纳税事项（包括亏损结转、税收优惠等权益和义务）由变更后企业承继，但因住所发生变化而不符合税收优惠条件的除外。

（一）企业债务重组相关交易的处理

以非货币资产清偿债务，应当分解为转让相关非货币性资产、按非货币性资产公允价值清偿债务两项业务，确认相关资产的所得或损失。

发生债权转股权的，应当分解为债务清偿和股权投资两项业务，确认有关债务清偿所得或损失。

债务人应当按照支付的债务清偿额低于债务计税基础的差额，确认债务重组所得；债权人应当按照收到的债务清偿额低于债权计税基础的差额，确认债务重组损失。

债务人的相关所得税纳税事项原则上保持不变。

（二）企业股权收购及资产重组交易的相关交易的处理

（1）企业股权收购、资产收购重组交易的处理方法如下。

① 被收购方应确认股权、资产转让所得或损失。

② 收购方取得股权或资产的计税基础应以公允价值为基础确定。

③ 被收购企业的相关所得税事项原则上保持不变。

（2）企业合并时，当事各方的税务处理如下。

① 合并企业应按公允价值确定接受被合并企业各项资产和负债的计税基础。

② 被合并企业及其股东都应按清算进行所得税处理。

③ 被合并企业的亏损不得在合并企业结转弥补。

（3）企业分立时，当事各方的税务处理如下。

① 被分立企业对分立出去的资产应按公允价值确认资产转让所得或损失。

② 分立企业应按公允价值确认接受资产的计税基础。

③ 被分立企业继续存在时，其股东取得的对价应视同被分立企业分配进行处理。

④ 被分立企业不再继续存在时，被分立企业及其股东都应按清算进行所得税处理。

⑤ 企业分立相关企业的亏损不得相互结转弥补。

三、企业重组的特殊性税务处理方法

（一）适用特殊性税务处理的条件

（1）具有合理的商业目的，且不以减少、免除或者推迟缴纳税款为主要目的。

（2）被收购、合并或分立部分的资产或股权比例符合下述（二）规定的比例。

（3）企业重组后的连续12个月内不改变重组资产原来的实质性经营活动。

（4）重组交易对价中涉及股权支付金额符合下述（二）规定的比例。

（5）企业重组中取得股权支付的原主要股东，在重组后连续12个月内，不得转让所取得的股权。

（二）企业重组特殊性税务处理

（1）企业债务重组确认的应纳税所得额占该企业当年应纳税所得额50%以上，可以在5个纳税年度的期间内，均匀计入各年度的应纳税所得额。当企业发生债权转股权业务，对债务清偿和股权投资两项业务暂不确认有关债务清偿所得或损失时，股权投资的计税基础以原债权的计税基础确定。企业的其他相关所得税事项保持不变。

（2）股权收购时，收购企业购买的股权不低于被收购企业全部股权的50%，且收购企业在该股权收购发生时的股权支付金额不低于其交易支付总额的85%的，可以选择按以下规定处理。

① 被收购企业的股东取得收购企业股权的计税基础，以被收购股权的原有计税基础确定。

② 收购企业取得被收购企业股权的计税基础，以被收购股权的原有计税基础确定。

③ 收购企业、被收购企业的原有各项资产和负债的计税基础和其他相关所得税事项保持不变。

（3）资产收购时，受让企业收购的资产不低于转让企业全部资产的50%，且受让企业在该资产收购发生时的股权支付金额不低于其交易支付总额的85%的，可以选择按以下规定处理。

① 转让企业取得受让企业股权的计税基础，以被转让资产的原有计税基础确定。

② 受让企业取得转让企业资产的计税基础，以被转让资产的原有计税基础确定。

（4）企业合并时，企业股东在该企业合并发生时取得的股权支付金额不低于其交易支付总额的85%，以及同一控制下且不需要支付对价的，可以选择按以下规定处理。

① 合并企业接受被合并企业资产和负债的计税基础，以被合并企业的原有计税基础确定。

② 被合并企业合并前的相关所得税事项由合并企业继承。

③ 可由合并企业弥补的被合并企业亏损的限额=被合并企业净资产公允价值×截至合并业务发生当年年末国家发行的最长期限的国债利率。

④ 被合并企业股东取得合并企业股权的计税基础，以其原持有的被合并企业股权的计税基础确定。

（5）企业分立时，被分立企业所有股东若按原持股比例取得分立企业的股权，同时分立企业和被分立企业均不改变原来的实质经营活动，且被分立企业股东在该企业分立发生时取得的股权支付金额不低于其交易支付总额的85%时，可以选择按以下规定处理。

① 分立企业接受被分立企业资产和负债的计税基础，以被分立企业的原有计税基础确定。

② 被分立企业已分立出去的资产的相应所得税事项由分立企业承继。

③ 被分立企业未超过法定弥补期限的亏损额可按分立资产占全部资产的比例进行分配，由分立

企业继续弥补。

④ 当被分立企业的股东取得分立企业的股权（以下简称新股），如需部分或全部放弃原持有的被分立企业的股权（以下简称旧股）时，新股的计税基础应以放弃旧股的计税基础确定。如不需放弃旧股，则其取得新股的计税基础可通过以下两种方法确定：直接将新股的计税基础确定为零；或者以被分立企业分立出去的净资产占被分立企业全部净资产的比例先调减原持有的旧股的计税基础，再将调减的计税基础平均分配到新股上。

重组交易各方按上述（1）至（5）项规定对交易中股权支付暂不确认有关资产的转让所得或损失的，其非股权支付仍应在交易当期确认相应的资产转让所得或损失，并调整相应资产的计税基础。

$$\text{非股权支付对应的资产转让所得或损失}=\left(\text{被转让资产的公允价值}-\text{被转让资产的计税基础}\right)\times\left(\frac{\text{非股权支付金额}}{\text{被转让资产的公允价值}}\right)$$

【案例 4-1】甲公司共有股权 1 000 万股，为了将来有更好的发展，将 80%的股权让乙公司收购，然后成为乙公司的子公司。假定在收购日甲公司每股资产的计税基础为 7 元，每股资产的公允价值为 9 元。在收购对价中乙公司以股权形式支付 6 480 万元，以银行存款支付 720 万元。计算甲公司取得非股权支付额对应的资产转让所得。

【解析】计算过程如下：

（1 000×9×80%-1 000×7×80%）×（720/7 200）

=1 600×10%

=160（万元）

企业在发生涉及中国境内与境外之间的股权和资产收购交易时，除应符合上述（一）规定的条件外，还应同时符合下列条件，才可选择适用特殊性税务处理规定。

（1）非居民企业向其 100%直接控股的另一非居民企业转让其拥有的居民企业股权，没有因此造成以后该项股权转让所得预提税负变化，且转让方非居民企业向主管税务机关书面承诺在 3 年（含 3 年）内不转让其拥有受让方非居民企业的股权；

（2）非居民企业向与其具有 100%直接控股关系的居民企业转让其拥有的另一居民企业股权；

（3）居民企业以其拥有的资产或股权向其 100%直接控股的非居民企业进行投资；

（4）财政部、国家税务总局核准的其他情形。

上述（3）所指的居民企业以其拥有的资产或股权向其 100%直接控股的非居民企业进行投资，其资产或股权转让收益如选择特殊性税务处理，可以在 10 个纳税年度内均匀计入各年度应纳税所得额。

在企业吸收合并中，合并后的存续企业的性质及适用税收优惠的条件未发生改变的，可以继续享受合并前该企业剩余期限的税收优惠，其优惠金额按存续企业合并前 1 年的应纳税所得额（亏损计为零）计算。在企业存续分立中，分立后的存续企业性质及适用税收优惠的条件未发生改变的，可以继续享受分立前该企业剩余期限的税收优惠，其优惠金额按该企业分立前一年的应纳税所得额（亏损计为零）乘以分立后存续企业资产占分立前该企业全部资产的比例计算。

企业在重组发生前后连续 12 个月内分步对其资产、股权进行交易，应根据实质重于形式原则将上述交易作为一项企业重组交易进行处理。

企业符合上述规定的特殊性重组条件并选择特殊性税务处理的，当事各方应在该重组业务完成当年企业所得税年度申报时，向主管税务机关提交书面备案资料，证明其符合各类特殊性重组规定的条件。企业未按规定书面备案的，一律不得按特殊重组业务进行税务处理。

第六节 企业所得税应纳税额的计算

一、居民企业应纳税额的计算

居民企业应纳税额等于应纳税所得额乘以适用税率，其计算公式为：

应纳税额=应纳税所得额×适用税率-减免税额-抵免税额

根据计算公式可以看出，应纳税额的多少，取决于应纳税所得额和适用税率两个因素。应纳税所得额的确认方法及税率在本章前几节已介绍过，在此不再赘述。

【案例 4-2】某公司为居民企业，2018 年会计业务数据如下。

（1）产品销售收入为 4 000 万元。

（2）产品销售成本为 2 600 万元。

（3）发生销售费用 770 万元（其中广告费 650 万元）；管理费用 480 万元（其中业务招待费 25 万元）；财务费用 60 万元。

（4）销售税金 160 万元（含增值税 120 万元）

（5）营业外收入 80 万元，营业外支出 50 万元（含通过公益性社会团体向贫困山区捐款的 40 万元，支付的税收滞纳金 6 万元）。

（6）计入成本费用的实发工资总额为 200 万元，拨缴职工工会经费 5 万元，发生职工福利费 31 万元，发生职工教育经费 18 万元。计算该企业 2018 年度实际应纳的企业所得税。

【解析】依本案例所给的条件来看，采用间接法确认应纳税所得额更方便。

会计利润总额=4 000+80-2 600-770-480-60-40-50=80（万元）

广告费和业务宣传费调增所得额=650-4 000×15%=650-600=50（万元）

业务招待费调增所得额=25-25×60%=25-15=10（万元）

4 000×5‰=20（万元）>25×60%=15（万元）

捐赠支出应调增所得额=40-80×12%=30.4（万元）

工会经费应调增所得额=5-200×2%=1（万元）

职工福利费应调增所得额=31-200×14%=3（万元）

职工教育经费应调增所得额=18-200×8%=2（万元）

应纳税所得额=80+50+10+30.4+6+1+3+2=182.4（万元）

2018 年应缴企业所得税=182.4×25%=45.6（万元）

【案例 4-3】某科技型中小企业，有职工 90 人，资产总额为 2 800 万元。2019 年度生产经营情况如下。

（1）取得产品销售收入 3 000 万元、国债利息收入 20 万元；

（2）与产品销售收入配比的成本为 2 200 万元；

（3）发生销售费用 252 万元、管理费用 390 万元（其中业务招待费 28 万元、新产品研发费用 120 万元）；

（4）向非金融企业借款 200 万元，支付年利息费用 18 万元（注：金融企业同期同类借款年利息率为 6%）；

（5）企业所得税税前准许扣除的税金及附加为 32 万元；

（6）10 月购进符合《环境保护专用设备企业所得税优惠目录》的专用设备，取得的增值税专用发票上注明金额为 10 万元、增值税进项税额为 1.3 万元，该设备当月投入使用；

（7）计入成本、费用中的实发工资总额为 200 万元，拨缴职工工会经费 4 万元，发生职工福利费 35 万元，发生职工教育经费 10 万元。计算该企业 2019 年度应纳的企业所得税。

【解析】依本案例所给的条件来看，采用间接法确认应纳税所得额更简便。

会计利润总额=3 000+20-2 200-252-390-18-32=128（万元）

国债利息收入免缴企业所得税，应调减所得额 20 万元。

业务招待费应调增所得额=28-15=13（万元）

28×60%=16.8（万元）>3 000×5‰=15（万元）

新产品研发费用应调减所得额=120×75%=90（万元）

利息费用支出应调增所得额=18-200×6%=6（万元）

工会经费应调增所得额=4-200×2%=0（万元）

职工福利费应调增所得额=35-200×14%=7（万元）

职工教育经费应调增所得额=0　10<200×8%

应纳税所得额=128-20+13-90+6+7+0=44（万元）

该企业 2019 年度应缴企业所得税=44×25%×20%-10×10%=1.2（万元）

二、境外所得抵扣税额的计算

企业取得的下列所得已在境外缴纳的所得税税额，可以从其当期应纳税额中抵免，抵免限额为该项所得依照《企业所得税法》计算的应纳税额；超过抵免限额的部分，可以在以后 5 个年度内，用每年度抵免限额抵免当年应抵税额后的余额进行抵补。

（1）居民企业来源于中国境外的应税所得。

（2）非居民企业在中国境内设立机构、场所，取得发生在中国境外但与该机构、场所有实际联系的应税所得。

居民企业从其直接或者间接控制的外国企业分得的来源于中国境外的股息、红利等权益性投资收益，外国企业在境外实际缴纳的所得税税额中属于该项所得负担的部分，可以作为该居民企业的可抵免境外所得税税额，在企业所得税法规定的抵免限额内抵免。

上述所称直接控制，是指居民企业直接持有外国企业 20%以上股份。上述所称间接控制，是指居民企业以间接持股方式持有外国企业 20%以上股份，具体认定办法由国务院财政、税务主管部门另行制定。在境外实际缴纳的所得税税额，是指企业来源于中国境外的所得依照中国境外税收法律以及相关规定应当缴纳并已经实际缴纳的企业所得税性质的税款。企业依照企业所得税法的规定抵免企业所得税税额时，应当提供中国境外税务机关出具的税款所属年度的有关纳税凭证。

抵免限额，是指企业来源于中国境外的所得，依照企业所得税法及其实施条例的规定计算的应纳税额。除国务院财政、税务主管部门另有规定外，该抵免限额应当分国（地区）不分项计算，计算公式为：

$$抵免限额=中国境内、境外所得按税法计算的应纳税总额\times\frac{来源于某国（地区）的应纳税所得额}{中国境内、境外应纳税所得总额}$$

简化为：

抵免限额=来源于某国（地区）的应纳税所得额×我国法定税率

自 2017 年 1 月 1 日起，企业可以选择按国（地区）分别计算[即“分国（地区）不分项”]，或者不按国（地区）汇总计算，[即“不分国（地区）不分项”]其来源于境外的应纳税所得额，并按照上述公式中规定的税率，分别计算其可抵免境外所得税税额和抵免限额。上述方式一经选择，5 年内不得改变。企业选择采用不同于以前年度的方式（以下称新方式）计算可抵免境外所得税税额和抵免限额时，对该企业以前年度按照财税〔2009〕125 号文件的规定没有抵免完的余额，可在税法规定结转的剩余年限内，按新方式计算的抵免限额中继续结转抵免。

【案例 4-4】甲企业本年度境内应纳税所得额为 200 万元，适用 25%的企业所得税税率。另外，该企业分别在 A、B 两国设有分支机构（我国与 A、B 两国已经缔结避免双重征税协定），在 A 国分支机构的应纳税所得额为 100 万元，A 国企业所得税税率为 20%；在 B 国的分支机构的应纳税所得额为 60 万元，B 国企业所得税税率为 30%，假设该企业在 A、B 两国所得按我国税法计算的应纳税所得额和按 A、B 两国税法计算的应纳税所得额一致，两个分支机构在 A、B 两国分别缴纳了 20 万元和 18 万元的企业所得税。甲企业选择“分国（地区）不分项”的方法来计算其来源于境外的应纳税所得额。要求计算甲企业汇总时在我国的应纳企业所得税。

【解析】

应纳税额=（200+100+60）×25%=90（万元）

A、B 两国的扣除限额：

A 国扣除限额=90×[100/（200+100+60）]≈25（万元）

B 国扣除限额=90×[60/（200+100+60）]=60×25%≈15（万元）

因此，在 A 国缴纳的企业所得税为 20 万元，低于扣除限额 25 万元，可全额扣除。在 B 国缴纳的企业所得税为 18 万元，高于扣除限额 15 万元，其超过扣除限额的部分 3 万元当年不能扣除，汇总时在我国应纳企业所得税=90-20-15=55（万元）。

三、居民企业核定征收应纳税额的计算

我国为了加强企业所得税征收管理，规范核定征收企业所得税工作，保障国家税款及时足额入

库，维护纳税人合法权益，按照相关法律规定，对部分中小企业采取核定征收的办法计算其应纳税额。有关规定如下。

（一）核定征收企业所得税的范围

核定征收办法适用于居民企业纳税人，纳税人具有下列情形之一的，将被按核定征收办法计算企业所得税。

（1）依照法律、行政法规的规定可以不设置账簿的。

（2）依照法律、行政法规的规定应当设置但未设置账簿的。

（3）擅自销毁账簿或者拒不提供纳税资料的。

（4）虽设置账簿，但账目混乱或者成本资料、收入凭证、费用凭证残缺不全，难以查账的。

（5）发生纳税义务，未按照规定的期限办理纳税申报，经税务机关责令限期申报，逾期仍不申报的。

（6）申报的计税依据明显偏低，又无正当理由的。

特殊行业、特殊类型的纳税人和一定规模以上的纳税人不适用核定征收办法。上述特定纳税人由国家税务总局另行明确。

（二）核定征收的办法

税务机关应根据纳税人具体情况，对核定征收企业所得税的纳税人，核定应税所得率或者核定应纳所得税额。

当纳税人有下列情形之一时，税务机关核定其应税所得率。

（1）能正确核算（查实）收入总额，但不能正确核算（查实）成本费用总额的。

（2）能正确核算（查实）成本费用总额，但不能正确核算（查实）收入总额的。

（3）通过合理方法，能计算和推定纳税人收入总额或成本费用总额的。

当纳税人不属于以上情形时，税务机关核定其应纳所得税额。

税务机关采用下列方法核定征收企业所得税。

（1）参照当地同类行业或者类似行业中经营规模和收入水平相近的纳税人的税负水平核定。

（2）按照应税收入额或成本费用支出额定率核定。

（3）按照耗用的原材料、燃料、动力等推算或测算核定。

（4）按照其他合理方法核定。

采用前款所列一种办法不足以正确核定应纳税所得额或应纳税额的，可以同时采用两种以上的办法核定。采用两种以上办法测算的应纳税额不一致时，可按测算的应纳税额从高核定。

采用应税所得率方式核定征收企业所得税的，应纳所得税税额计算公式如下：

应纳所得税税额=应纳税所得额×适用税率

应纳税所得额=应税收入额×应税所得率

或：　　应纳税所得额=成本（费用）支出额/（1-应税所得率）×应税所得率

实行应税所得率方式核定征收企业所得税的纳税人，经营多业的，无论其经营项目是否单独核算，均由税务机关根据其主营项目确定适用的应税所得率。主营项目应为纳税人所有经营项目中，收入总额或者成本（费用）支出额或者耗用原材料、燃料、动力数量所占比重最大的项目。

纳税人实行核定应税所得率方法的，按下列规定申报纳税。

（1）主管税务机关根据纳税人应纳税额的大小确定纳税人按月或者按季预缴，年终汇算清缴。预缴方法一经确定，一个纳税年度内不得改变。

（2）纳税人应依照确定的应税所得率计算纳税期间实际应缴纳的税额，进行预缴。按实际数额预缴有困难的，经主管税务机关同意，可按上一年度应纳税额的1/12或1/4预缴，或者按经主管税务机关认可的其他方法预缴。

（3）纳税人预缴税款或年终进行汇算清缴时，应按规定填写《中华人民共和国企业所得税月（季）度预缴纳税申报表（B类）》，在规定的纳税申报时限内报送主管税务机关。

纳税人实行核定应纳所得税税额办法的，按下列规定申报纳税。

（1）纳税人在应纳所得税税额尚未确定之前，可暂按上年度应纳所得税税额的1/12或1/4预缴，或者按经主管税务机关认可的其他方法，按月或按季分期预缴。

（2）在应纳所得税税额确定以后，减除当年已预缴的所得税税额，余额按剩余月份或季度均分，以此确定以后各月或各季的应纳税额，由纳税人按月或按季填写《中华人民共和国企业所得税月（季）度预缴纳税申报表（B类）》，在规定的纳税申报期限内进行纳税申报。

（3）纳税人在年度终了后，在规定的时限内按照实际经营额或实际应纳税额向税务机关申报纳税。申报额超过核定经营额或应纳税额的，按申报额缴纳税款；申报额低于核定经营额或应纳税额的，按核定经营额或应纳税额缴纳税款。

对违反核定征收规定的行为，按照《中华人民共和国税收征收管理法》及其实施细则的有关规定处理。

四、非居民企业应纳税额的计算

对于在中国境内未设立机构、场所的，或者虽设立机构、场所但取得的所得与其所设机构、场所没有实际联系的非居民企业的所得，按照下列方法计算应纳税所得额。

（1）股息、红利等权益性投资收益和利息、租金、特许权使用费所得，以收入全额为应纳税所得额。

（2）转让财产所得，以收入全额减除财产净值后的余额为应纳税所得额。

（3）其他所得，参照前两项规定的方法计算应纳税所得额。

五、非居民企业所得税核定征收办法

非居民企业因会计账簿不健全，资料残缺难以查账，或者其他原因不能准确计算并据实申报其应纳税所得额的，税务机关有权采取以下方法核定其应纳税所得额。

（1）按收入总额核定应纳税所得额：适用于能够正确核算收入或通过合理方法推定收入总额，但不能正确核算成本费用的非居民企业。计算公式如下：

$$应纳税所得额=收入总额\times经税务机关核定的利润率$$

（2）按成本费用核定应纳税所得额：适用于能够正确核算成本费用，但不能正确核算收入总额的非居民企业。计算公式如下：

应纳税所得额=成本费用总额/（1-经税务机关核定的利润率）×经税务机关核定的利润率

（3）按经费支出换算收入核定应纳税所得额：适用于能够正确核算经费支出总额，但不能正确核算收入总额和成本费用的非居民企业。计算公式如下：

应纳税所得额=经费支出总额/（1-经税务机关核定的利润率）×经税务机关核定的利润率

【提示】税务机关可按照以下标准确定非居民企业的利润率：

从事承包工程作业、设计和咨询劳务的，利润率为15%～30%。

从事管理服务的，利润率为30%～50%。

从事其他劳务或劳务以外经营活动的，利润率不低于15%。

税务机关有根据认为非居民企业的实际利润率明显高于上述标准的，可以按照比上述标准更高的利润率核定其应纳税所得额。

（4）非居民企业与中国居民企业签订机器设备或货物销售合同，同时提供设备安装、装配、技术培训、指导、监督服务等劳务，其销售货物合同中未列明提供上述劳务服务收费金额，或者计价不合理的，主管税务机关可以根据实际情况，参照相同或相近业务的计价标准核定劳务收入。无参照标准的，以不低于货物销售合同总价款的10%为原则，确定非居民企业的劳务收入。

（5）非居民企业为中国境内客户提供劳务取得的收入，凡其提供的服务全部发生在中国境内的，应全额在中国境内申报缴纳企业所得税。凡其提供的服务同时发生在中国境内外的，应以劳务发生地为原则划分其境内外收入，并就其在中国境内取得的劳务收入申报缴纳企业所得税。税务机关对其境内外收入划分的合理性和真实性有疑义的，可以要求非居民企业提供真实有效的证明，并根据工作量、工作时间、成本费用等因素合理划分其境内外收入；如非居民企业不能提供真实有效的证明，税务机关可视同其提供的服务全部发生在中国境内，确定其劳务收入并据以征收企业所得税。

采取核定征收办法征收企业所得税的非居民企业，在中国境内从事适用不同核定利润率的经营活动，并取得应税所得的，应分别核算并适用相应的利润率计算缴纳企业所得税；凡不能分别核算的，应从高适用利润率，计算缴纳企业所得税。

拟采取核定征收办法的非居民企业应填写《非居民企业所得税征收方式鉴定表》（以下简称《鉴定表》），报送主管税务机关。主管税务机关应对企业报送的《鉴定表》的适用行业及所适用的利润率进行审核，并签注意见。

六、房地产开发企业所得税预缴税款的处理

房地产开发企业按当年实际利润据实分季（或月）预缴企业所得税的，对开发、建造的住宅、商业用房以及其他建筑物、附着物、配套设施等开发产品，在未完工前采取预售方式销售取得的预售收入，按照规定的预计利润率分季（或月）计算预计利润额，计入利润总额预缴，开发产品完工、结算计税成本后按照实际利润再进行调整。

房地产开发企业按当年实际利润据实预缴企业所得税的，对开发、建造的住宅、商业用房以及

其他建筑物、附着物、配套设施等开发产品，在未完工前采取预售方式销售取得的预售收入，按照规定的预计利润率分季（或月）计算预计利润额，填报纳税申报表。

房地产开发企业对经济适用房项目的预售收入进行初始纳税申报时，必须附送有关部门批准经济适用房项目开发、销售的文件以及其他相关证明材料。

七、源泉扣税

（一）扣缴义务人

非居民企业在中国境内未设立机构、场所的，或者虽设立机构、场所但取得的所得与其所设机构、场所没有实际联系的所得应缴纳的所得税，实行源泉扣缴，以支付人为扣缴义务人。税款由扣缴义务人在每次支付或者到期应支付时，从支付或者到期应支付的款项中扣缴。

上述所称支付人，是指依照有关法律规定或者合同约定对非居民企业直接负有支付相关款项义务的单位或者个人。上述所称支付，包括现金支付、汇拨支付、转账支付和权益兑价支付等货币支付和非货币支付。上述所称到期应支付的款项，是指支付人按照权责发生制原则应当计入相关成本、费用的应付款项。

对非居民企业在中国境内取得工程作业和劳务所得应缴纳的所得税，税务机关可以指定工程价款或者劳务费的支付人为扣缴义务人。

（二）扣缴方法

扣缴义务人扣缴税款时，按本章前述第六节中非居民企业计算方法计算税款。

应当扣缴的所得税，扣缴义务人未依法扣缴或者无法履行扣缴义务的，由企业在所得发生地缴纳。企业未依法缴纳的，税务机关可以从该企业在中国境内其他收入项目的支付人应付的款项中，追缴该企业的应纳税款。上述所称所得发生地，是指依照《企业所得税法实施条例》第七条规定的原则确定的所得发生地。在中国境内存在多处所得发生地的，由企业选择其中之一申报缴纳企业所得税。上述所称该企业在中国境内其他收入，是指该企业在中国境内取得的其他各种来源的收入。

税务机关在追缴该企业应纳税款时，应当将追缴理由、追缴数额、缴纳期限和缴纳方式等告知该企业。

扣缴义务人每次代扣的税款，应当自代扣之日起7日内缴入国库，并向所在地的税务机关报送扣缴企业所得税报告表。

第七节 企业所得税的征收管理

一、企业所得税纳税地点

除税收法律、行政法规另有规定外，居民企业以企业登记注册地为纳税地点；但登记注册地在境外的，以实际管理机构所在地为纳税地点。企业注册登记地是指企业依照国家有关规定登记注册的住所地。

居民企业在中国境内设立不具有法人资格的营业机构的，应当汇总计算并缴纳企业所得税。企业汇总计算并缴纳企业所得税时，应当统一核算应纳税所得额，具体办法由国务院财政、税务主管部门另行制定。

非居民企业在中国境内设立机构、场所的，应当就其所设机构、场所取得的来源于中国境内的所得，以及发生在中国境外但与其所设机构、场所有实际联系的所得，以机构、场所所在地为纳税地点。非居民企业在中国境内设立两个或者两个以上机构、场所的，经税务机关审核批准，可以选择由其主要机构、场所汇总缴纳企业所得税。非居民企业经批准汇总缴纳企业所得税后，需要增设、合并、迁移、关闭机构、场所或者停止机构、场所业务的，应当事先由负责汇总申报缴纳企业所得税的主要机构、场所向其所在地税务机关报告；需要变更汇总缴纳企业所得税的主要机构、场所的，依照前款规定办理。非居民企业在中国境内未设立机构、场所的，或者虽设立机构、场所但取得的所得与其所设机构、场所没有实际联系的，以扣缴义务人所在地为纳税地点。

除国务院另有规定外，企业之间不得合并缴纳企业所得税。

二、企业所得税纳税期限

企业所得税按年计征，分月或者分季预缴，年终汇算清缴，多退少补。企业所得税的纳税年度，自公历 1 月 1 日起至 12 月 31 日止。企业在一个纳税年度的中间开业，或者由于合并、关闭等原因终止经营活动，使该纳税年度的实际经营期不足 12 个月的，应当以其实际经营期为 1 个纳税年度。企业清算时，应当以清算期间作为 1 个纳税年度。

企业自年度终了之日起 5 个月内，向税务机关报送年度企业所得税纳税申报表，并汇算清缴，结清应缴应退税款。企业在年度中间终止经营活动的，应当自实际经营终止之日起 60 日内，向税务机关办理当期企业所得税汇算清缴。

三、企业所得税纳税申报

按月或按季预缴的，企业应当自月份或者季度终了之日起 15 日内，向税务机关报送《中华人民共和国企业所得税月（季）度预缴纳税申报表（A 类）》（查账征收，见表 4-1）及相关附表（附表略），预缴税款。企业在报送《中华人民共和国企业所得税月（季）度预缴税申报表（A 类）》及附表时，还应当按照规定附送财务会计报告和其他有关资料。

企业应当在办理注销登记前，就其清算所得向税务机关申报并依法缴纳企业所得税。依照企业所得税法缴纳的企业所得税，以人民币计算。所得以人民币以外的货币计算的，应当折合成人民币计算并缴纳税款。

企业在纳税年度内无论盈利或者亏损，都应当依照《企业所得税法》第五十四条规定的期限，向税务机关报送《中华人民共和国企业所得税月（季）度预缴纳税申报表（A 类）》（见表 4-1）、《中华人民共和国企业所得税年度纳税申报表（A 类）》（查账征收，见表 4-2）及相关附表（附表略）、财务会计报告和税务机关规定应当报送的其他有关资料。

表 4-1　　中华人民共和国企业所得税月（季）度预缴纳税申报表（A 类）

税款所属期间：年　　月　　日至　　年　　月　　日

纳税人识别号（统一社会信用代码）：□□□□□□□□□□□□□□□□□□

纳税人名称：　　　　　　　　　　　　　　　　　　　　　　金额单位：人民币元（列至角分）

预缴方式	□按照实际利润额预缴	□按照上一纳税年度应纳税所得额平均额预缴	□按照税务机关确定的其他方法预缴
企业类型	□一般企业	□跨地区经营汇总纳税企业总机构	□跨地区经营汇总纳税企业分支机构

预缴税款计算			
行次	项目		本年累计金额
1	营业收入		
2	营业成本		
3	利润总额		
4	加：特定业务计算的应纳税所得额		
5	减：不征税收入		
6	减：免税收入、减计收入、所得减免等优惠金额（填写 A201010）		
7	减：固定资产加速折旧（扣除）调减额（填写 A201020）		
8	减：弥补以前年度亏损		
9	实际利润额（3+4-5-6-7-8）\按照上一纳税年度应纳税所得额平均额确定的应纳税所得额		
10	税率（25%）		
11	应纳所得税额（9×10）		
12	减：减免所得税额（填写 A201030）		
13	减：实际已缴纳所得税额		
14	减：特定业务预缴（征）所得税额		
15	本期应补（退）所得税额（11-12-13-14）\税务机关确定的本期应纳所得税额		
汇总纳税企业总分机构税款计算			
16	总机构填报	总机构本期分摊应补（退）所得税额（17+18+19）	
17		其中：总机构分摊应补（退）所得税额（15×总机构分摊比例__%）	
18		财政集中分配应补（退）所得税额（15×财政集中分配比例__%）	
19		总机构具有主体生产经营职能的部门分摊所得税额（15×全部分支机构分摊比例__%×总机构具有主体生产经营职能部门分摊比例__%）	
20	分支机构填报	分支机构本期分摊比例	
21		分支机构本期分摊应补（退）所得税额	

附报信息			
小型微利企业	□是□否	科技型中小企业	□是□否
高新技术企业	□是□否	技术入股递延纳税事项	□是□否
期末从业人数			

谨声明：此纳税申报表是根据《中华人民共和国企业所得税法》《中华人民共和国企业所得税法实施条例》以及有关税收政策和国家统一会计制度的规定填报的，是真实的、可靠的、完整的。

法定代表人（签章）：

年　　月　　日

纳税人公章： 会计主管： 填表日期：年　　月　　日	代理申报中介机构公章： 经办人： 经办人执业证件号码： 代理申报日期：年　　月　　日	主管税务机关受理专用章： 受理人： 受理日期：年　　月　　日

表 4-2　　中华人民共和国企业所得税年度纳税申报表（A 类）

行次	类别	项目	金额
1	利润总额计算	一、营业收入（填写 A101010\101020\103000）	
2		减：营业成本（填写 A102010\102020\103000）	
3		减：税金及附加	
4		减：销售费用（填写 A104000）	
5		减：管理费用（填写 A104000）	
6		减：财务费用（填写 A104000）	
7		减：资产减值损失	
8		加：公允价值变动收益	
9		加：投资收益	
10		二、营业利润（1-2-3-4-5-6-7+8+9）	
11		加：营业外收入（填写 A101010\101020\103000）	
12		减：营业外支出（填写 A102010\102020\103000）	
13		三、利润总额（10+11-12）	
14	应纳税所得额计算	减：境外所得（填写 A108010）	
15		加：纳税调整增加额（填写 A105000）	
16		减：纳税调整减少额（填写 A105000）	
17		减：免税、减计收入及加计扣除（填写 A107010）	
18		加：境外应税所得抵减境内亏损（填写 A108000）	
19		四、纳税调整后所得（13-14+15-16-17+18）	
20		减：所得减免（填写 A107020）	
21		减：弥补以前年度亏损（填写 A106000）	
22		减：抵扣应纳税所得额（填写 A107030）	
23		五、应纳税所得额（19-20-21-22）	
24	应纳税额计算	税率（25%）	
25		六、应纳所得税额（23×24）	
26		减：减免所得税额（填写 A107040）	
27		减：抵免所得税额（填写 A107050）	
28		七、应纳税额（25-26-27）	
29		加：境外所得应纳所得税额（填写 A108000）	
30		减：境外所得抵免所得税额（填写 A108000）	
31		八、实际应纳所得税额（28+29-30）	
32		减：本年累计实际已缴纳的所得税额	
33		九、本年应补（退）所得税额（31-32）	
34		其中：总机构分摊本年应补（退）所得税额（填写 A109000）	
35		财政集中分配本年应补（退）所得税额（填写 A109000）	
36		总机构主体生产经营部门分摊本年应补（退）所得税额（填写 A109000）	

知识点应用

一、单项选择题

1. 下列单位不属于企业所得税纳税人的是（　　）。

A. 股份制企业　　B. 合伙企业　　C. 外商投资企业　D. 有经营所得的其他组织

2. 依据企业所得税法的规定，下列各项所得中，按照负担、支付所得的企业或者机构、场所所在地或者个人的住所所在地确定所得来源地的是（　　）。

A. 提供劳务所得　　B. 转让房屋所得

C. 权益性投资所得　　D. 特许权使用费所得

3. 2019 年年末，某造船厂拟对一艘在建远洋客轮按照完工进度法确认其提供劳务的收入。下列测算方法，不符合企业所得税相关规定的是（　　）。

A. 已完工工作的测量　　B. 已发生成本占总成本的比例

C. 已提供劳务占劳务总量的比例　　D. 已建造时间占合同约定时间的比例

4. 企业的非营利组织取得的下列收入中，免征企业所得税的是（　　）。

A. 从事盈利活动取得的收入　　B. 因政府购买服务而取得的收入

C. 不征税收入孳生的银行存款利息收入　D. 按照县级民政部门的规定收取的会费收入

5. 以下关于企业所得税法规定的收入确认时间的表述中，正确的是（　　）。

A. 股息、红利等权益性投资收益，以投资方收到分配金额的日期确认收入的实现

B. 利息收入，按照合同约定的债务人应付利息的日期确认收入的实现

C. 租金收入，在实际收到租金收入时确认收入的实现

D. 特许权使用费收入，在实际收到使用费收入时确认收入的实现

6. 按照企业所得税法的相关规定，下列说法中，正确的是（　　）。

A. 销售商品采用托收承付方式的，在发出商品时确认收入

B. 销售商品采取预收款方式的，在收到预收款时确认收入

C. 销售商品采用支付手续费方式委托代销的，在收到代销清单时确认收入

D. 企业以买一赠一方式组合销售本企业商品的，对赠品按照捐赠行为进行税务处理

7. 在计算企业所得税应纳税所得额时，企业发生的下列（　　）支出，不超过规定比例的部分准予在税前扣除，超过部分，准予在以后纳税年度结转扣除。

A. 职工福利费　　B. 工会经费　　C. 职工教育经费　D. 社会保险费

8. 某境内居民企业 2019 年度“财务费用”账户中利息金额，含有以年利率 8%向银行借入的 9 个月生产用 200 万元资金的借款利息；也包括 12 万元的向本企业职工（与本企业无关联关系）借入的与银行借款同期的生产用 100 万元资金的借款利息。假设向本企业职工借款时，企业与职工签订了借款合同，也取得了相关合法票据。该企业 2015 年度在计算应纳税所得额时允许扣除的利息费用是（　　）。

A. 28 万元　　B. 21 万元　　C. 20 万元　　D. 18 万元

9．下列行为中，属于企业所得税视同销售的是（　　）。

A．房地产企业将开发的房产用于本企业办公

B．钢铁企业将自产的钢材用于修建本企业厂房

C．电视机厂将自产电视安装在本厂食堂供职工观看

D．食品公司将委托加工收回的月饼发给职工作为福利

10．某国有企业2019年度取得主营业务收入5 000万元，其他业务收入1 000万元，债务重组收益100万元，固定资产转让收入50万元；当年管理费用中的业务招待费为60万元；该企业当年度可在企业所得税前扣除的业务招待费为（　　）。

A．60万元　　B．30.75万元　　C．30.5万元　　D．30万元

二、多项选择题

1．依据企业所得税法的规定，下列企业属于我国企业所得税纳税人的有（　　）。

A．依照中国法律在中国境内成立的股份制企业

B．依照中国法律在中国境内成立的个人独资企业

C．依照外国法律成立但实际管理机构在中国境内的企业

D．依照外国法律成立且未在中国境内设立机构，但有来源于中国境内所得的企业

2．依据企业所得税法的相关规定，下列对所得来源地的确定，正确的有（　　）。

A．销售货物所得，按照机构所在地确定

B．提供劳务所得，按照劳务发生地确定

C．股息、红利等权益性投资所得，按照分配的企业所在地确定

D．动产转让所得，按照转让动产的企业或者机构，场所所在地确定

3．依据企业所得税法的相关规定，企业将资产（　　），应视同销售确定收入。

A．用于对外捐赠　　B．用于市场推广或销售

C．从总机构转移到其境内分支机构　　D．用于职工奖励或福利

4．下列属于企业内部处置资产，不需缴纳企业所得税的有（　　）。

A．将资产用于市场推广　　B．将资产用于交际应酬

C．将资产用于加工另一产品　　D．将自建商品房转为自用

5．按照企业所得税法的相关规定，以下按照完工进度法确认收入的项目有（　　）。

A．宣传媒介费　　B．广告的制作费

C．为特定客户开发软件的收费　　D．商品售价内可区分的服务费

6．企业在计算企业所得税应纳税所得额时，应计入应纳税所得额的收入有（　　）。

A．购买国库券到期兑现的利息　　B．外单位因欠款给付的利息

C．收取的预期未退回包装物的押金　　D．确实无法偿付的应付账款

7．纳税人下列经营业务的收入，可以分期确认收入并据以计算企业所得税应纳税所得额的有（　　）。

A．出租财产，租赁期限跨年度且提前一次性收取的租金收入

B．以支付手续费方式委托代销商品

C．从事建筑安装工程业务，持续时间超过12个月的

D．受托加工、制造大型机器设备，持续时间超过12个月的

8．下列关于商品销售收入确认时间的表述中，正确的有（　　）。

A．销售商品采用托收承付方式的，在办妥托收手续时确认收入

B．销售商品采取预收款方式的，在发出商品时确认收入

C．销售商品采用支付手续费方式委托代销的，在收到手续费时确认收入

D．属于提供设备和其他有形资产的特许权费，在交付资产或转移资产所有权时确认收入

9．确定企业所得税税前扣除项目时应遵循的原则有（　　）。

A．确定性原则　　B．相关性原则　　C．权责发生制原则 D．谨慎性原则

10．下列税金中，可在企业所得税税前扣除的有（　　）。

A．可抵扣的增值税 B．土地增值税　　C．出口关税　　D．资源税

三、判断题

1．企业实际发生的与取得收入有关的合理的支出，准予在计算应纳所得税税额时扣除。（　　）

2．在计算应纳税所得额时，违反税法规定被处的罚款不得扣除，但税收滞纳金可以扣除。（　　）

3．企业可以在先进先出法、后进先出法、加权平均法计价法中选用一种为存货的成本计算方法，计价方法一经选用，不得随意变更。（　　）

4．依照外国（地区）法律成立，但实际管理机构在中国境内的企业是居民企业。（　　）

5．目前我国企业所得税实行的税率是比例税率与超额累进税率相结合的税率方式。（　　）

6．纳税人违反国家有关法律、法规规定，被有关部门处以的罚款允许在税前扣除。（　　）

7．企业在计算应纳税所得额时已经扣除的资产损失，在以后纳税年度全部或者部分收回时，其收回部分应当作为收入计入收回当期的应纳税所得额。（　　）

8．资产的计税基础，是指企业收回资产账面价值的过程中，计算应纳税所得额时按照税法规定可以自应税经济利益中抵扣的金额。（　　）

9．在计算应纳税所得额时，企业财务、会计处理办法与税收法律、行政法规的规定不一致的，应当按照会计的规定计算。（　　）

10．非金融企业向非金融企业借款的利息支出可以全额在企业所得税前扣除。（　　）

实践技能训练

某市新民股份有限公司2018年1月1日至12月31日会计资料反映的生产经营状况如下。

销售收入总额为65 000 000元；销售材料收入为100 000元；出售无形资产收入为200 000元，处置固定资产收入为100 000元；国债利息收入为75 000元；金融债券利息收入为25 000元。

公司在A、B两国设有分机构，在A国机构的税后所得为280 000元，A国所得税税率为30%；在B国机构的税后所得为240 000元，B国所得税税率为20%；在A、B两国已分别缴纳所得税120 000元、60 000元。假设A、B两国应纳税所得额的计算方法与我国相同。

产品销售成本为46 000 000元；材料销售成本为90 000元；销售税金及附加为361 000元；销

售费用为 3 200 000 元，其中广告宣传费支出为 2 000 000 元。工资支出为 300 000 元，计提的职工福利费为 40 000 元，工会经费为 6 000 元，职工教育经费为 7 500 元。管理费用为 3 800 000 元，其中行政管理人员工资为 1 200 000 元，计提的职工福利费为 180 000 元，工会经费为 30 000 元，职工教育经费为 30 000 元，业务招待费为 500 000 元，新产品研究开发费用为 300 000 元。财务费用为 1 100 000 元，其中年初向建设银行贷款 10 000 000 元，用于生产经营，年利率为 5%；年初向重机公司借款 2 000 000 元，用于生产经营，年利率为 10%，另支付逾期归还银行贷款的罚息 35 000 元。营业外支出为 800 000 元，其中通过中国红十字会向四川希望小学捐款 300 000 元，直接向希望小学捐款 200 000 元，缴纳税收滞纳金 26 000 元，支付另一企业合同违约金 60 000 元，水利基金 65 000 元，资产盘亏 149 000 元。

将产品用于本厂的基本建设业务，成本为 400 000 元，同类产品对外销售价为 500 000 元。为了环保和节能用水的需要，购进节能节水专用设备一台，价值为 1 800 000 元。年初，应收账款、应收票据借方余额为 6 000 000 元，年末借方余额为 8 000 000 元，年初坏账准备贷方余额为 180 000 元，本期计提坏账准备 280 000 元。

2018 年 1 月开始计提折旧的一项固定资产，成本为 600 万元，使用年限为 10 年，净残值为 0，税法规定按双倍余额递减法计提折旧，会计处理按直线法计提折旧。两者使用年限相同。

2016 年发生亏损 658 000 元，2017 年已弥补亏损 495 000 元，上年度末未弥补亏损为 163 000 元。本年度已缴纳企业所得税 2 000 000 元。

要求：根据以上资料计算该企业 2018 年应缴纳的企业所得税税额。

第五章 个人所得税

学习目标

掌握个人所得税应纳税额的计算方法；

掌握个人所得税纳税申报的方法；

熟悉个人所得税税收优惠政策。

第一节 个人所得税概述

一、个人所得税的纳税义务人

个人所得税是对个人（即自然人）取得的各项应税所得征收的一种所得税。为了有效地行使税收管辖权，根据国际惯例，个人所得税法根据住所标准和居住时间标准，将个人所得税的纳税义务人（也称纳税人）分为居民纳税人和非居民纳税人。

（一）居民纳税人

在中国境内有住所，或者无住所而一个纳税年度内在中国境内居住累计满 183 天的个人，为居民个人。居民个人从中国境内和境外取得的所得，依照《中华人民共和国个人所得税法》（以下简称《个人所得税法》）的规定缴纳个人所得税。

在中国境内有住所，是指因户籍、家庭、经济利益关系而在中国境内习惯性居住。从中国境内和中国境外取得的所得，分别是指来源于中国境内的所得和来源于中国境外的所得。在中国境内居住的时间按照在中国境内的时间计算。

（二）非居民纳税人

在中国境内无住所又不居住，或者无住所而一个纳税年度内在中国境内居住累计不满 183 天的个人，为非居民个人。非居民个人从中国境内取得的所得，依照《个人所得税法》的规定缴纳个人所得税。

纳税年度自公历 1 月 1 日至 12 月 31 日。

需要注意的是，个人独资企业和合伙企业不缴纳企业所得税，我国只对投资者个人取得的生产经营所得征收个人所得税。个人独资企业以投资者个人为纳税义务人，而合伙企业以每一位合伙人个人为纳税义务人。

二、个人所得税的征税对象

个人所得税的征税对象是个人取得的应税所得。《个人所得税法》列举征税的个人所得共 9 项，具体如下。

（一）工资、薪金所得

工资、薪金所得是指个人因任职或者受雇而取得的工资、薪金、奖金、年终加薪、劳动分红、津贴、补贴，以及与任职或者受雇有关的其他所得。

我国根据目前个人收入的构成情况，规定对于一些不属于工资、薪金性质的补贴、津贴，或者不属于纳税人本人工资、薪金所得项目的收入，不予征税。这些项目包括如下几个：

（1）独生子女补贴；

（2）执行公务员工资制度未纳入基本工资总额的补贴、津贴差额和家属成员的副食品补贴；

（3）托儿补助费；

（4）差旅费津贴、误餐补助。其中，误餐补助是指按照财政部规定，个人因公在城区、郊区工作，不能在工作单位或返回就餐的，根据实际误餐顿数，按规定的标准领取的误餐费。单位以误餐补助名义发给职工的补助、津贴不能包括在内。

（二）劳务报酬所得

劳务报酬所得是指个人从事设计、装潢、安装、制图、化验、测试、医疗、法律、会计、咨询、讲学、新闻、广播、翻译、审稿、书画、雕刻、影视、录音、录像、演出、表演、广告、展览、技术服务、介绍服务、经纪服务、代办服务及其他劳务取得的所得。

在实际操作过程中，可能出现难以判定一项所得是属于工资、薪金所得，还是属于劳务报酬所得的情况。国税发〔1994〕89 号文第十九条对工资、薪金所得与劳务报酬所得的区分问题进行了解释：工资、薪金所得与劳务报酬所得两者的主要区别在于，前者存在雇佣关系，后者则不存在这种关系。

（三）稿酬所得

稿酬所得，是指个人因其作品以图书、报刊形式出版、发表而取得的所得。作品包括文学作品、书画作品、摄影作品以及其他作品。作者去世后，财产继承人取得的遗作稿酬，也应征收个人所得税。稿酬所得应当与一般劳务报酬相区别，享受适当的优惠。

（四）特许权使用费所得

特许权使用费所得，是指个人提供专利权、商标权、著作权、非专利技术以及其他特许权的使用权取得的所得。我国个人所得税法律制度规定，提供著作权的使用权取得的所得，不包括稿酬所得，对于作者将自己的文字作品手稿原件或复印件公开拍卖（竞价）取得的所得（属于提供著作权的使用所得），应按“特许权使用费所得”项目征收个人所得税。

（五）经营所得

经营所得，是指：

（1）个人通过在中国境内注册登记的个体工商户、个人独资企业、合伙企业从事生产、经营活动取得的所得；

（2）个人依法取得执照，从事办学、医疗、咨询以及其他有偿服务活动取得的所得；

（3）个人承包、承租、转包、转租取得的所得；

（4）个人从事其他生产、经营活动取得的所得。

（六）利息、股息、红利所得

利息、股息、红利所得是指个人因拥有债权、股权而取得的利息、股息、红利所得。其中，利息一般是指存款、贷款和债券的利息。股息、红利是指个人因拥有股权取得的公司、企业分红。按照一定的比率派发的每股息金，被称为股息。根据公司、企业应分配的超过股息部分的利润，按股派发的红股，被称为红利。

（七）财产租赁所得

财产租赁所得是指个人出租不动产、机器设备、车船及其他财产取得的所得。个人取得的财产转租收入，属于"财产租赁所得"的征税范围，由财产转租人缴纳个人所得税。在确认纳税义务人时，应以产权凭证为依据。

（八）财产转让所得

财产转让所得，是指个人转让有价证券、股权、合伙企业中的财产份额、不动产、土地使用权、机器设备、车船以及其他财产取得的所得。

（九）偶然所得

偶然所得，是指个人得奖、中奖、中彩以及其他偶然性质的所得。得奖是指参加各种有奖竞赛活动，取得名次得到的奖金；中奖、中彩是指参加各种有奖活动，如有奖储蓄或者购买彩票，经过规定程序，抽中、摇中号码而取得的奖金。

三、个人所得税税率

（一）综合所得的适用税率

居民个人的工资、薪金所得，劳务报酬所得，稿酬所得和特许权使用费所得被合并称为综合所得，按年度综合计税，由扣缴义务人（如公司等）按月或按次预扣预缴税款。年度预扣预缴税额与年度应纳税额不一致的，由居民个人于次年3月1日至6月30日向主管税务机关办理综合所得年度汇算清缴，税款多退少补。

1. 综合所得个人所得税的预扣率

（1）居民个人工资、薪金所得个人所得税的预扣率

居民个人工资、薪金所得个人所得税的预扣率如表5-1所示。

表5-1　个人所得税预扣率表

（居民个人工资、薪金所得预扣预缴适用）

级数	累计预扣预缴应纳税所得额	预扣率（%）	速算扣除数
1	不超过36 000元的部分	3	0
2	超过36 000元至144 000元的部分	10	2 520
3	超过144 000元至300 000的部分	20	16 920
4	超过300 000元至420 000元的部分	25	31 920
5	超过420 000元至660 000元的部分	30	52 920
6	超过660 000元至960 000元的部分	35	85 920
7	超过960 000元的部分	45	181 920

（2）劳务报酬所得个人所得税的预扣率

劳务报酬所得个人所得税的预扣率如表 5-2 所示。

表 5-2　个人所得税预扣率表

（居民个人劳务报酬所得预扣预缴适用）

级数	预扣预缴应纳税所得额	预扣率（%）	速算扣除数
1	不超过 20 000 元的部分	20	0
2	超过 20 000 元至 50 000 元的部分	30	2 000
3	超过 50 000 元的部分	40	7 000

（3）稿酬所得、特许权使用费所得个人所得税的预扣率

稿酬所得、特许权使用费所得适用 20%的预扣率。

2. 综合所得个人所得税的汇算清缴税率

综合所得汇算清缴适用 3%～45%的超额累进税率，具体如表 5-3 所示。

表 5-3　个人所得税税率表

（综合所得适用）

级数	全年应纳税所得额	税率（%）	速算扣除数
1	不超过 36 000 元的部分	3	0
2	超过 36 000 元至 144 000 元的部分	10	2 520
3	超过 144 000 元至 300 000 的部分	20	16 920
4	超过 300 000 元至 420 000 元的部分	25	31 920
5	超过 420 000 元至 660 000 元的部分	30	52 920
6	超过 660 000 元至 960 000 元的部分	35	85 920
7	超过 960 000 元的部分	45	181 920

注：本表所称全年应纳税所得额是指依照法律规定，居民个人取得综合所得以每一纳税年度收入额减除费用 6 万元以及专项扣除、专项附加扣除和依法确定的其他扣除后的余额。

3. 非居民个人取得工资、薪金所得，劳务报酬所得，稿酬所得和特许权使用费所得的个人所得税税率

扣缴义务人向非居民个人支付工资、薪金所得，劳务报酬所得，稿酬所得和特许权使用费所得时，应当按表 5-4 所示按月或者按次代扣代缴个人所得税。

表 5-4　个人所得税税率表

（非居民个人工资、薪金所得，劳务报酬所得，稿酬所得，特许权使用费所得适用）

级数	应纳税所得额	税率（%）	速算扣除数
1	不超过 3 000 元的部分	3	0
2	超过 3 000 元至 12 000 元的部分	10	210
3	超过 12 000 元至 25 000 元的部分	20	1 410
4	超过 25 000 元至 35 000 元的部分	25	2 660
5	超过 35 000 元至 55 000 元的部分	30	4 410
6	超过 55 000 元至 80 000 元的部分	35	7 160
7	超过 80 000 元的部分	45	15 160

（二）经营所得的适用税率

经营所得适用 5%～35%的超额累进税率，具体税率如表 5-5 所示。

表 5-5　个人所得税税率表

（经营所得适用）

级数	全年应纳税所得额	税率（%）
1	不超过 30 000 元的部分	5
2	超过 30 000 元至 90 000 元的部分	10
3	超过 90 000 元至 300 000 元的部分	20
4	超过 300 000 元至 500 000 元的部分	30
5	超过 500 000 元的部分	35

注：本表所称全年应纳税所得额是指依照法律规定，以每一纳税年度的收入总额减除成本、费用以及损失后的余额。

（三）利息、股息、红利所得，财产租赁所得，财产转让所得和偶然所得的适用税率

利息、股息、红利所得，财产租赁所得，财产转让所得和偶然所得适用比例税率，税率为 20%。自 2008 年 3 月 1 日起，我国对个人出租住房取得的收入减按 10%的税率征收个人所得税。

第二节　个人所得税应纳税额的计算

一、综合所得应纳税额的计算

（一）综合所得预扣预缴个人所得税的计算

1. 工资、薪金所得预扣预缴个人所得税的计算

扣缴义务人向居民个人支付工资、薪金所得时，应当按照累计预扣法计算预扣税款。

累计预扣法，是指扣缴义务人在一个纳税年度内预扣预缴税款时，以纳税人在本单位截至当前月份工资、薪金所得累计收入减除累计免税收入、累计减除费用、累计专项扣除、累计专项附加扣除和累计依法确定的其他扣除后的余额为累计预扣预缴应纳税所得额，计算累计应预扣预缴税额[适用个人所得税预扣率表（居民个人工资、薪金所得预扣预缴适用）（见表 5-1）]。累计应预扣预缴税额减除累计减免税额和累计已预扣预缴税额后的余额为本期应预扣预缴税额。余额为负值时，暂不退税。纳税年度终了后余额仍为负值时，由纳税人通过办理综合所得年度汇算清缴，税款多退少补。

具体计算公式如下：

$$\text{本期应预扣预缴税额}=\left(\text{累计预扣预缴应纳税所得额}\times\text{预扣率}-\text{速算扣除数}\right)-\text{累计减免税额}-\text{累计已预扣预缴税额}$$

$$\text{累计预扣预缴应纳税所得额}=\text{累计收入}-\text{累计免税收入}-\text{累计减除费用}-\text{累计专项扣除}-\text{累计专项附加扣除}-\text{累计依法确定的其他扣除}$$

（1）计算居民个人工资、薪金所得预扣预缴税额的预扣率、速算扣除数，按表 5-1 执行。

（2）累计减除费用，按照 5 000 元/月乘以纳税人当年截至本月在本单位的任职受雇月份数计算。

（3）专项扣除，包括居民个人按照国家规定的范围和标准缴纳的基本养老保险、基本医疗保险、

失业保险等社会保险费和住房公积金等。

（4）专项附加扣除，是指《个人所得税法》规定的子女教育、继续教育、大病医疗、住房贷款利息、住房租金和赡养老人 6 项专项附加扣除。

① 子女教育

纳税人的子女接受全日制学历教育的相关支出，按照每个子女每月 1 000 元的标准定额扣除。

学历教育包括义务教育（小学、初中教育）、高中阶段教育（普通高中、中等职业、技工教育）、高等教育（大学专科、大学本科、硕士研究生、博士研究生教育）。年满 3 岁至小学入学前处于学前教育阶段的子女，按上述标准执行。

父母可以选择由其中一方按扣除标准的 100%扣除，也可以选择由双方分别按扣除标准的 50%扣除，具体扣除方式在一个纳税年度内不能变更。

纳税人子女在中国境外接受教育的，纳税人应当留存境外学校录取通知书、留学签证等相关教育的证明资料备查。

② 继续教育

纳税人在中国境内接受学历（学位）继续教育的支出，在学历（学位）教育期间按照每月 400 元定额扣除。同一学历（学位）继续教育的扣除期限不能超过 48 个月。纳税人接受技能人员职业资格继续教育、专业技术人员职业资格继续教育的支出，在取得相关证书的当年，按照 3 600 元定额扣除。

个人接受本科及以下学历（学位）继续教育，符合本办法规定扣除条件的，可以选择由其父母扣除，也可以选择由本人扣除。

纳税人接受技能人员职业资格继续教育、专业技术人员职业资格继续教育的，应当留存相关证书等资料备查。

③ 大病医疗

在一个纳税年度内，纳税人发生的与基本医保相关的医药费用支出，扣除医保报销后个人负担（指医保目录范围内的自付部分）累计超过 15 000 元的部分，由纳税人在办理年度汇算清缴时，在 80 000 元限额内据实扣除。

纳税人发生的医药费用支出可以选择由本人或者其配偶扣除；未成年子女发生的医药费用支出可以选择由其父母一方扣除。

纳税人及其配偶、未成年子女发生的医药费用支出，按上述规定分别计算扣除额。

纳税人应当留存医药服务收费及医保报销相关票据原件（或者复印件）等资料备查。医疗保障部门应当向患者提供在医疗保障信息系统记录的本人年度医药费用信息查询服务。

④ 住房贷款利息

纳税人本人或者配偶单独或者共同使用商业银行或者住房公积金个人住房贷款为本人或者其配偶购买中国境内住房，发生的首套住房贷款利息支出，在实际发生贷款利息的年度，按照每月 1 000 元的标准定额扣除，扣除期限最长不超过 240 个月。纳税人只能享受一次首套住房贷款的利息扣除。

首套住房贷款是指购买住房享受首套住房贷款利率的住房贷款。

经夫妻双方约定，可以选择由其中一方扣除，具体扣除方式在一个纳税年度内不能变更。

夫妻双方在婚前分别购买住房发生的首套住房贷款，其贷款利息支出，在婚后可以选择其中一套购买的住房，由购买方按扣除标准的100%扣除，也可以由夫妻双方对各自购买的住房分别按扣除标准的50%扣除，具体扣除方式在一个纳税年度内不能变更。

纳税人应当留存住房贷款合同、贷款还款支出凭证备查。

⑤ 住房租金

纳税人在主要工作城市没有自有住房而发生的住房租金支出，可以按照以下标准定额扣除：直辖市、省会（首府）城市、计划单列市以及国务院确定的其他城市，扣除标准为每月 1 500 元；除上述所列城市以外，市辖区户籍人口数量超过 100 万的城市，扣除标准为每月 1 100 元；市辖区户籍人口数量不超过 100 万的城市，扣除标准为每月 800 元。

纳税人的配偶在纳税人的主要工作城市有自有住房的，视同纳税人在主要工作城市有自有住房。

市辖区户籍人口数量，以国家统计局公布的数据为准。

主要工作城市是指纳税人任职受雇的直辖市、计划单列市、副省级城市、地级市（地区、州、盟）全部行政区域范围；纳税人无任职受雇单位的，为受理其综合所得汇算清缴的税务机关所在城市。

夫妻双方主要工作城市相同的，只能由一方扣除住房租金支出。

住房租金支出由签订租赁住房合同的承租人扣除。

纳税人及其配偶在一个纳税年度内不能同时分别享受住房贷款利息专项扣除和住房租金专项附加扣除。

纳税人应当留存住房租赁合同、协议等有关资料备查。

⑥ 赡养老人

纳税人赡养一位及以上被赡养人的赡养支出，统一按照以下标准定额扣除：纳税人为独生子女的，按照每月 2 000 元的标准定额扣除；纳税人为非独生子女的，由其与兄弟姐妹分摊每月 2 000 元的扣除额度，每人分摊的额度不能超过每月 1 000 元。可以由赡养人均摊或者约定分摊，也可以由被赡养人指定分摊。约定或者指定分摊的须签订书面分摊协议，指定分摊优先于约定分摊。具体分摊方式和额度在一个纳税年度内不能变更。

被赡养人是指年满 60 岁的父母，以及子女均已去世的年满 60 岁的祖父母、外祖父母。

（5）其他扣除，包括个人缴付符合国家规定的企业年金、职业年金，个人购买符合国家规定的商业健康保险、税收递延型商业养老保险的支出，以及国务院规定可以扣除的其他项目。

对个人购买符合规定的商业健康保险产品的支出，允许在当年（月）计算应纳税所得额时予以税前扣除，扣除限额为 2 400 元/年（200 元/月）。单位统一为员工购买符合规定的商业健康保险产品的支出，应分别计入员工个人工资薪金，视同个人购买，按上述限额予以扣除。2 400 元/年（200 元/月）的限额扣除为《个人所得税法》规定减除费用标准之外的扣除。适用商业健康保险税收优惠政策的纳税人，是指取得工资、薪金所得，连续性劳务报酬所得的个人，以及取得个体工商户生产经营所得、对企事业单位的承包承租经营所得的个体工商户业主、个人独资企业投资者、合伙企业合伙人和承包承租经营者。

【案例 5-1】2019 年 1 月 10 日，A 公司应向居民李女士支付工资 14 500 元，李女士在该月除由任职单位扣缴“三险一金”2 660 元外，还通过单位缴付企业年金 440 元，自行支付税收优惠型商业健康保险费 200 元。

李女士已于 2018 年 8 月支付了女儿学前教育的 2018 年下学期（2018 年 9 月至 2019 年 1 月）学费 6 000 元，儿子正在上小学，现已与丈夫约定由李女士按子女教育专项附加扣除标准的 100%扣除。

李女士本人是在职硕士研究生。

李女士去年使用住房公积金贷款购买了首套住房，现处于偿还贷款期间，每月需支付贷款利息 1 200 元，已与丈夫约定由李女士进行住房贷款利息专项附加扣除。

李女士因所购住房距离小孩上学的学校很远，以每月租金 1 100 元在（本市，人口 60 万人的小城市）孩子学校附近租了一套房屋。

李女士的父母均已满 60 岁（每月均领取养老保险金），李女士与姐弟签订书面分摊协议，约定由李女士分摊赡养老人专项附加扣除 1 000 元。

计算 1 月份 A 公司应预扣预缴的李女士个人所得税的金额。

【解析】1. 计算李女士 2019 年 1 月份个人所得税时可扣除：

（1）基本扣除费用 5 000 元；

（2）专项扣除“三险一金”2 660 元；

（3）专项附加扣除 4 400 元：

子女教育专项附加扣除 2 000 元（女儿和儿子各 1 000 元）；

继续教育专项附加扣除 400 元；

住房贷款利息专项附加扣除 1 000 元；

赡养老人专项附加扣除 1 000 元；

（4）依法确定的其他扣除 640 元（企业年金 440 元，税收优惠型商业健康保险费 200 元）。

2. 李女士 2019 年 1 月应纳税所得额=14 500-5 000-2 660-4 400-640=1 800（元）

3. 1 月份应预扣预缴杨女士个人所得税=1 800×3%=54（元）

【案例 5-2】接【案例 5-1】，2019 年 2 月 2 日，A 公司应支付李女士工资 14 500 元，同时发放春节的过节福利费 5 500 元，合计 20 000 元。

单位扣缴“三险一金”，李女士缴付的企业年金、支付的税收优惠型商业健康保险费等金额均与 1 月份相同；李女士可享受的各类专项附加扣除也均与 1 月份相同。

计算 2 月份 A 公司应预扣预缴的李女士个人所得税的金额。

【解析】1. 计算李女士 2019 年 2 月份个人所得税时可扣除：

（1）基本扣除费用 5 000 元；

（2）专项扣除“三险一金”2 660 元；

（3）专项附加扣除 4 400 元：

子女教育专项附加扣除 2 000 元（女儿和儿子各 1 000 元）；

继续教育专项附加扣除 400 元；

住房贷款利息专项附加扣除 1 000 元；

赡养老人专项附加扣除 1 000 元；

（4）依法确定的其他扣除 640 元（企业年金 440 元，税收优惠型商业健康保险费 200 元）。

在 1 月份已预扣预缴李女士个人所得税 54 元。

2. 李女士 2 月份累计应税收入=14 500+14 500+5 500=34 500（元）

3. 杨女士 2 月份累计扣除额=5 000×2+2 660×2+4 400×2+640×2=25 400（元）

4. 李女士 2 月份累计预扣预缴应纳税所得额=34 500-25 400=9 100（元）

5. 2 月份累计应预扣预缴李女士个人所得税=9 100×3%=273（元）

（适用税率级次：将当月累计预缴时的应纳税所得额视为全年应纳税所得额，适用对应税率，见表 5-1）

6. 2 月份应预扣预缴李女士个人所得税=273-54=219（元）

2. 劳务报酬所得、稿酬所得、特许权使用费所得的计算

扣缴义务人向居民个人支付劳务报酬所得、稿酬所得、特许权使用费所得，按次或者按月预扣预缴个人所得税。具体预扣预缴方法如下。

劳务报酬所得、稿酬所得、特许权使用费所得以收入减除费用后的余额为收入额。其中，稿酬所得的收入额减按 70%计算。

减除费用：劳务报酬所得、稿酬所得、特许权使用费所得每次收入不超过 4 000 元的，减除费用按 800 元计算；每次收入 4 000 元以上的，减除费用按 20%计算。

应纳税所得额：劳务报酬所得、稿酬所得、特许权使用费所得，以每次收入额为预扣预缴应纳税所得额。劳务报酬所得适用 20%～40%的超额累进预扣率（见表 5-2），稿酬所得、特许权使用费所得适用 20%的比例预扣率。

劳务报酬所得、稿酬所得和特许权使用费所得，属于一次性收入的，以取得该项收入为一次；属于同一项目连续性收入的，以一个月取得的收入为一次。

劳务报酬所得应预扣预缴税额=预扣预缴应纳税所得额×预扣率-速算扣除数

稿酬所得、特许权使用费所得应预扣预缴税额=预扣预缴应纳税所得额×20%

【案例 5-3】居民个人刘某在甲公司任职，2019 年 2 月为乙公司提供一项维修服务，取得一次性收入 30 000 元，假设不考虑其他税收因素，计算刘某应由乙公司预扣预缴的个人所得税。

【解析】因刘某与乙公司不存在雇佣关系，故该项维修服务收入为劳务报酬所得，适用居民个人劳务报酬所得预扣率（表 5-2）。

刘某应由乙公司预扣预缴的个人所得税=30 000×（1-20%）×30%-2 000=5 200（元）

【案例 5-4】中国公民张某在 A 公司任职，2019 年 3 月在某杂志上发表一篇文章，取得稿酬 3 800 元，假设不考虑其他税收因素，计算张某应由杂志社预扣预缴的个人所得税。

【解析】张某应由杂志社预扣预缴的个人所得税=（3 800-800）×70%×20%=420（元）

（二）综合所得汇算清缴个人所得税的计算

取得综合所得需要办理汇算清缴的情形如下：

（1）从两处以上取得综合所得，且综合所得年收入额减除专项扣除的余额超过 6 万元；

（2）取得劳务报酬所得、稿酬所得、特许权使用费所得中一项或者多项所得，且综合所得年收

入额减除专项扣除的余额超过 6 万元；

（3）纳税年度内预缴税额低于应纳税额；

（4）纳税人申请退税。纳税人申请退税，应当提供其在中国境内开设的银行账户，并在汇算清缴地就地办理税款退库。

综合所得汇算清缴适用个人所得税税率表（综合所得适用）（见表 5-3）。

综合所得应纳税额=应纳税所得额×适用税率−速算扣除数

应纳税所得额=每一纳税年度的收入额−免征额−专项扣除−专项附加扣除−依法确定的其他扣除

收入额=工资薪金收入（全额）+劳务报酬收入×（1−20%）+稿酬收入×（1−20%）×70%+特许权使用费收入×（1−20%）

专项扣除、专项附加扣除和依法确定的其他扣除，以居民个人一个纳税年度的应纳税所得额为限额；一个纳税年度扣除不完的，不结转以后年度扣除。

【案例 5-5】陈先生为 A 企业职员，2019 年 1—12 月每月在甲企业取得工资、薪金收入 16 000 元，每季度最后一个月取得 20 000 元季度考核奖金；每月缴纳三险一金 3 200 元，每月可以办理的专项附加扣除为 3 000 元。另外，2019 年 4 月取得劳务报酬收入 3 500 元、稿酬收入 1 500 元，2019 年 7 月取得劳务报酬收入 30 000 元、特许权使用费收入 1 000 元。计算陈先生 2019 年汇算清缴应补（应退）个人所得税税额。

【解析】1. 陈先生各月个人所得税预扣预缴情况明细如表 5-6 所示。

（1）工资、薪金所得预扣预缴个人所得税

表 5-6　2019 年工资、薪金所得个人所得税预扣预缴计算表　（单位：元）

月份	工资	季度奖金	基本扣除费用	专项扣除	专项附加扣除	应纳税所得额	税率	速算扣除数	累计应纳税额	当月应纳税额
1	16 000		5 000	3 200	3 000	4 800	3%	0	144	144
2	16 000		5 000	3 200	3 000					144
累计	32 000		10 000	6 400	6 000	9 600	3%	0	288	
3	16 000	20 000	5 000	3 200	3 000					744
累计	48 000	20 000	15 000	9 600	9 000	34 400	3%	0	1 032	
4	16 000		5 000	3 200	3 000					368
累计	64 000	20 000	20 000	12 800	12 000	39 200	10%	2 520	1 400	
5	16 000		5 000	3 200	3 000					480
累计	80 000	20 000	25 000	16 000	15 000	44 000	10%	2 520	1 880	
6	16 000	20 000	5 000	3 200	3 000					2 480
累计	96 000	40 000	30 000	19 200	18 000	68 800	10%	2 520	4 360	
7	16 000		5 000	3 200	3 000					480
累计	112 000	40 000	35 000	22 400	21 000	73 600	10%	2 520	4 840	
8	16 000		5 000	3 200	3 000					480
累计	128 000	40 000	40 000	25 600	24 000	78 400	10%	2 520	5 320	
9	16 000	20 000	5 000	3 200	3 000					2 480
累计	144 000	60 000	45 000	28 800	27 000	103 200	10%	2 520	7 800	
10	16 000		5 000	3 200	3 000					480
累计	160 000	60 000	50 000	32 000	30 000	108 000	10%	2 520	8 280	
11	16 000		5 000	3 200	3 000					480
累计	176 000	60 000	55 000	35 200	33 000	112 800	10%	2 520	8 760	
12	16 000	20 000	5 000	3 200	3 000					2 480
累计	192 000	80 000	60 000	38 400	36 000	137 600	10%	2 520	11 240	

（2）其他综合所得（劳务报酬所得、稿酬所得、特许权使用费所得）预扣预缴个人所得税

2019 年 4 月取得劳务报酬收入 3 500 元、稿酬收入 1 500 元

劳务报酬所得预缴个人所得税=（3 500−800）×20%=540（元）

稿酬所得预缴个人所得税=（1 500−800）×70%×20%=98（元）

陈先生 2019 年 4 月工资、薪金预扣预缴税款为 368 元，2019 年 4 月合计预扣预缴 1 006（368+540+98）元。

2019 年 7 月取得劳务报酬收入 30 000 元、特许权使用费收入 1 000 元

劳务报酬收入预扣预缴个人所得税=[30 000×（1−20%）]×30%−2 000=5 200（元）

特许权使用费所得预扣预缴个人所得税=（1 000−800）×20%=40（元）

陈先生 2019 年 7 月工资薪金预扣预缴税款为 480 元，2019 年 7 月合计预扣预缴 5 720（480+5 200+40）元。

2. 综合所得汇算清缴

工资薪金收入=192 000（工资）+80 000（季度考核奖金）

劳务报酬收入=3 500+30 000

稿酬收入=1 500

特许权使用费收入=1 000

应税收入=192 000+80 000+（3 500+30 000）×（1−20%）+1 500×（1−20%）×70%+1 000×（1−20%）

=300 440（元）

应纳税所得额=300 440−60 000−38 400−36 000=166 040（元）

应纳税额=166 040×20%−16 920=16 288（元）

已预扣预缴税款=11 240+540+98+5 200+40=17 118（元）

汇算清缴少退还税款=17 118−16 288=830（元）

二、非居民个人工资、薪金所得，劳务报酬所得，稿酬所得和特许权使用费所得应纳税额的计算

扣缴义务人向非居民个人支付工资、薪金所得，劳务报酬所得，稿酬所得和特许权使用费所得时，应当按以下方法按月或者按次代扣代缴个人所得税。

非居民个人的工资、薪金所得，以每月收入额减除费用 5 000 元后的余额为应纳税所得额；劳务报酬所得、稿酬所得、特许权使用费所得，以每次收入额为应纳税所得额，适用按月换算后的个人所得税税率表（见表 5-4）计算应纳税额。其中，劳务报酬所得、稿酬所得、特许权使用费所得以收入减除 20%的费用后的余额为收入额。稿酬所得的收入额减按 70%计算。

非居民个人工资、薪金所得，劳务报酬所得，稿酬所得，特许权使用费所得应纳税额 = 应纳税所得额 ×税率－速算扣除数

【案例 5-6】2019 年 4 月，非居民个人安德鲁取得税前工资、薪金所得 10 000 元，该收入来源于中国境内。计算安德鲁本月应向我国缴纳的个人所得税。

【解析】工资、薪金应纳税所得额=10 000−5 000=5 000（元）

应纳税额=5 000×10%−210=290（元）

【案例 5-7】2019 年 5 月，非居民纳税人皮埃尔取得一次性劳务报酬 16 000 元、一次性稿酬收入 8 000 元、一次性特许权使用费收入 3 000 元。以上收入均来源于中国境内。计算皮埃尔 2019 年 5 月应向我国缴纳的个人所得税。

【解析】劳务报酬应纳税所得额=16 000×（1−20%）=12 800（元）

应纳税额=12 800×20%−1 410=1 150（元）

稿酬应纳税所得额=8 000×（1−20%）×70%=4 480（元）

应纳税额=4 480×10%−210=238（元）

特许权使用费应纳税所得额=3 000×（1−20%）=2 400（元）

应纳税额=2 400×3%=72（元）

皮埃尔 2019 年 5 月应向我国缴纳的个人所得税=1 150+238+72=1 460（元）

三、经营所得应纳税额的计算

经营所得以每一纳税年度的收入总额减除成本、费用以及损失后的余额为应纳税所得额。

经营所得应纳税额的计算公式为：

$$\text{应纳税额}=\begin{matrix}\text{应纳税}\\\text{所得额}\end{matrix}\times\begin{matrix}\text{适用}\\\text{税率}\end{matrix}-\begin{matrix}\text{速算}\\\text{扣除数}\end{matrix}=\left(\begin{matrix}\text{全年收入}\\\text{总额}\end{matrix}-\begin{matrix}\text{成本、费用、}\\\text{损失}\end{matrix}\right)\times\begin{matrix}\text{适用}\\\text{税率}\end{matrix}-\begin{matrix}\text{速算}\\\text{扣除数}\end{matrix}$$

成本、费用，是指生产、经营活动中发生的各项直接支出和分配计入成本的间接费用以及销售费用、管理费用、财务费用；所称损失，是指生产、经营活动中发生的固定资产和存货的盘亏、毁损、报废损失，转让财产损失，坏账损失，自然灾害等不可抗力因素造成的损失以及其他损失。

取得经营所得的个人，没有综合所得的，计算其每一纳税年度的应纳税所得额时，应当减除费用 6 万元、专项扣除、专项附加扣除以及依法确定的其他扣除。专项附加扣除在办理汇算清缴时减除。

从事生产、经营活动，未提供完整、准确的纳税资料，不能正确计算应纳税所得额的，由主管税务机关核定应纳税所得额或者应纳税额。

四、利息、股息、红利所得应纳税额的计算

利息、股息、红利所得以每次收入额为应纳税所得额。利息、股息、红利所得以支付利息、股息、红利时取得的收入为一次，适用比例税率，税率为 20%。

利息、股息、红利所得应纳税额的计算公式为：

应纳税额=应纳税所得额×适用税率=每次收入额×适用税率

【案例 5-8】陈某 2019 年 5 月从 A 公司（非上市公司）取得红利 6 000 元，为此支付交通费 60 元、银行手续费 2 元。计算陈某应缴纳的个人所得税。

【解析】陈某应按“利息、股息、红利所得”纳税。

每次收入额即为应纳税所得额，不得减除任何支出、费用。

应纳个人所得税=6 000×20%=1 200（元）

五、财产租赁所得应纳税额的计算

财产租赁所得一般以个人每次取得的收入，定额或定率减除规定费用后的余额为应纳税所得额。每次收入不超过 4 000 元的，定额减除费用 800 元 ；每次收入在 4 000 元以上的，定率减除 20%的费用。财产租赁所得以 1 个月内取得的收入为一次。

在确定财产租赁所得的应纳税所得额时，纳税人对在出租财产过程中缴纳的税金和教育费附加，可持完税（缴款）凭证，从其财产租赁收入中扣除。准予扣除的项目除了规定费用和有关税、费外，还包括能够提供有效、准确凭证，证明由纳税人负担的该出租财产实际开支的修缮费用。允许扣除的修缮费用，以每次 800 元为限。一次扣除不完的，准予在下一次继续扣除，直到扣完为止。

个人出租财产取得的财产租赁收入，在计算缴纳个人所得税时，应依次扣除以下费用。

（1）财产租赁过程中缴纳的税费；

（2）由纳税人负担的出租财产实际开支的修缮费用；

（3）税法规定的费用扣除标准。

应纳税所得额的计算公式如下。

每次（月）收入不超过 4 000 元的：

应纳税所得额=每次（月）收入额-准予扣除项目-修缮费用（以 800 元为限）-800 元

每次（月）收入超过 4 000 元的：

应纳税所得额=[每次（月）收入额-准予扣除项目-修缮费用（以 800 元为限）]×（1-20%）

应纳税额=应纳税所得额×适用税率（20%或 10%）

个人出租房屋的个人所得税应税收入不含增值税，计算房屋出租所得可扣除的税费不包括本次出租缴纳的增值税。个人转租房屋的，其向房屋出租方支付的租金及增值税税额，在计算转租所得时予以扣除。

【案例 5-9】刘某于 2019 年 1 月将自有的一间房屋出租给张某作为经营场所，租期 1 年，刘某每月取得租金收入 3 000 元。计算刘某每月租金收入应缴纳的个人所得税。

【解析】对个人按市场价格出租居民住房取得的所得，按 10%的税率征收个人所得税。

每月应纳税额=（3 000-800）×10%=220（元）

【案例 5-10】王某出租商铺，2019 年 5 月取得不含增值税租金收入 8 000 元，本月在财产租赁过程中缴纳的可以税前扣除的税费合计为 700 元，发生由纳税人负担的租赁财产修缮费用 1 000 元，均取得合法票据。计算王某本月应缴纳的个人所得税。

【解析】当月应缴纳个人所得税=（8 000-700-800）×（1-20%）×20%=1 040（元）

六、财产转让所得应纳税额的计算

财产转让所得，按照一次转让财产的收入额减除财产原值和合理费用后的余额计算纳税。

应纳税额=应纳税所得额×适用税率=（收入总额-财产原值-合理费用）×20%

财产原值，按照下列方法确定。

（1）有价证券，为买入价以及买入时按照规定交纳的有关费用；

（2）建筑物，为建造费或者购进价格以及其他有关费用；

（3）土地使用权，为取得土地使用权所支付的金额、开发土地的费用以及其他有关费用；

（4）机器设备、车船，为购进价格、运输费、安装费以及其他有关费用。

其他财产，参照上述规定的方法确定财产原值。纳税人未提供完整、准确的财产原值凭证，不能按照上述规定的方法确定财产原值的，由主管税务机关核定财产原值。

合理费用，是指卖出财产时按照规定支付的有关税费。

【案例 5-11】钱某自建房屋一套，造价 400 000 元，支付其他合理费用 55 000 元。建成后钱某将房屋出售，售价 750 000 元，在出售过程中支付相关税费 35 000 元。计算钱某应缴纳的个人所得税。

【解析】应纳税额=（750 000−400 000−55 000−35 000）×20%=52 000（元）

七、偶然所得应纳税额的计算

偶然所得以每次收入额为应纳税所得额，以每次取得该项收入为一次，不扣除费用。偶然所得适用比例税率，税率为 20%。相关计算公式为：

应纳税所得额=每次收入额

应纳税额=应纳税所得额×20%

【案例 5-12】2019 年 2 月，袁某在商场抽奖活动中获得奖金 3 500 元，袁某为领奖花费交通费 20 元、餐费 50 元。计算袁某获取奖金应支付的个人所得税。

【解析】偶然所得按收入全额计征个人所得税。

应纳税额=3 500×20%=700（元）

八、个人所得税计算的其他规定

（一）个人捐赠款项个人所得税的计算

个人将其所得向教育事业和其他公益事业捐赠的部分，按照国务院有关规定从应纳税所得额中扣除。捐赠具体指个人将其所得通过中国境内的社会团体、国家机关向教育和其他社会公益事业，以及遭受严重自然灾害地区、贫困地区进行捐赠。捐赠额未超过纳税义务人申报的应纳税所得额 30% 的部分，可以从其应纳税所得额中扣除，超过部分不允许扣除。

相关计算公式为：

捐赠扣除限额=应纳税所得额×30%

应纳税额=（应纳税所得额−允许扣除的捐赠额）×适用税率−速算扣除数

【案例 5-13】2019 年 2 月，居民个人高某取得非上市公司派发的股息 10 000 元，将其中的 5 000 元通过国家机关捐给希望工程。计算高某本月应缴纳的个人所得税。

【解析】未扣除捐赠前的应纳税所得额=10 000 元

捐赠扣除限额=10 000×30%=3 000（元），5 000 元>3 000 元，故只能扣除 3 000 元。

应纳税额=（10 000−3 000）×20%=1 400（元）

（二）全年一次性奖金个人所得税的计算

2021 年 12 月 31 日前，居民个人取得全年一次性奖金的，可以自行选择计税方式。一种方式是不并入当年综合所得，以奖金全额除以 12 个月的数额，按照综合所得月度税率表（表 5-3）来确定适用的税率和速算扣除数，单独计算纳税；另一种方式则是并入当年综合所得一起计算纳税。居民个人应结合当年综合所得扣除基本减除费用、专项扣除、专项附加扣除等后的净值进行计税方式的选择。

【案例 5-14】居民个人孙某 2019 年每月工资、薪金为 4 000 元，1 月份发放全年一次性奖金 36 000 元，每月减除费用 5 000 元，“三险一金”等专项扣除 1 500 元，首套住房贷款利息可扣除 1 000 元。用两种方式分别计算孙某全年一次性奖金应缴纳的个人所得税。

【解析】第一种方式，全年一次性奖金单独计算纳税。

36 000÷12=3 000（元）

根据表 5-3 可知，适用税率为 3%，速算扣除数为 0，应纳个人所得税=36 000×3%=1 080（元）

孙某全年工资、薪金应纳税所得额=4 000×12−5 000×12−1 500×12−1 000×12=−42 000（元），工资、薪金部分，孙某无须缴纳个人所得税。

两项相加，孙某全年应缴纳个人所得税为 1 080 元。

第二种方式，全年一次性奖金并入当年综合所得计算纳税。

全年综合所得个人所得税应纳税额=4 000×12+36 000−5 000×12−1 500×12−1 000×12=−6 000（元），孙某无须缴纳个人所得税。

【案例 5-15】居民个人赵某 2019 年每月工资、薪金为 10 000 元，1 月份发放全年一次性奖金 36 000 元，每月减除费用 5 000 元，“三险一金”等专项扣除 1 500 元，首套房贷利息扣除 1 000 元。用两种方式分别计算赵某全年一次性奖金应缴纳的个人所得税。

【解析】第一种方式，全年一次性奖金单独计算纳税。

36 000÷12=3 000（元）

根据表 5-3 可知，适用税率为 3%，速算扣除数为 0

应纳个人所得税=36 000×3%=1 080（元）

赵某全年工资、薪金应纳税所得额=10 000×12−5 000×12−1 500×12−1 000×12=30 000（元）

根据“个人所得税税率表（综合所得适用）”（见表 5-3）可知，适用税率为 3%，速算扣除数为 0

工资、薪金所得应纳税额=30 000×3%=900（元）

两项相加，赵某全年应缴纳的个人所得税=1 080+900=1 980（元）

第二种方式，全年一次性奖金并入当年综合所得计算纳税。

应纳税所得额=10 000×12+36 000−5 000×12−1 500×12−1 000×12=66 000（元）

根据表 5-3 可知，适用税率为 10%，速算扣除数为 2 520

赵某全年应纳税额=66 000×10%−2 520=4 080（元）

第三节 个人所得税的税收优惠与征收管理

一、个人所得税的税收优惠

（一）免税项目

（1）省级人民政府、国务院部委和中国人民解放军军以上单位，以及外国组织、国际组织颁发的科学、教育、技术、文化、卫生、体育、环境保护等方面的奖金。

（2）国债利息和国家发行的金融债券利息。其中，国债利息，是指个人持有中华人民共和国财政部发行的债券而取得的利息；国家发行的金融债券利息，是指个人持有经国务院批准发行的金融债券而取得的利息。

（3）按照国家统一规定发给的补贴、津贴。其是指按照国务院规定发给的政府特殊津贴、院士津贴，以及国务院规定免纳个人所得税的其他补贴、津贴。

（4）福利费、抚恤金及救济金。其中，福利费是指根据国家有关规定，从企业、事业单位、国家机关、社会团体提留的福利费或者从工会经费中支付给困难个人的生活补助费；救济金是指国家民政部门支付给个人的生活困难补助费。

（5）保险赔款。

（6）军人的转业费、复员费、退役金。

（7）按照国家统一规定发给干部、职工的安家费、退职费、基本养老金或者退休费、离休费、离休生活补助费。其中，退职费是指符合《国务院关于工人退休、退职的暂行办法》规定的退职条件，并按该办法规定的退职费标准所领取的退职费。

（8）依照有关法律规定应予免税的各国驻华使馆、领事馆的外交代表、领事官员和其他人员的所得。

（9）中国政府参加的国际公约、签订的协议中规定免税的所得。

（10）对外籍个人取得的探亲费免征个人所得税。可以享受免征个人所得税优惠待遇的探亲费，仅限于外籍个人在我国的受雇地与其家庭所在地（包括配偶或父母居住地）之间搭乘交通工具且每年不超过 2 次的费用。

（11）按照国家规定，单位为个人缴付和个人缴付的住房公积金、基本医疗保险费、基本养老保险费、失业保险费，从纳税义务人的应纳税所得额中扣除。

（12）个人取得的拆迁补偿款按有关规定免征个人所得税。

（13）国务院规定的其他免税所得。该项免税规定，由国务院报全国人民代表大会常务委员会备案。

（二）减税项目

（1）残疾、孤老人员和烈属的所得。

（2）因严重自然灾害造成重大损失的。

上述减税项目的减征幅度和期限，由省、自治区、直辖市人民政府规定，并报同级人民代表大会常务委员会备案。

国务院可以规定其他减税情形，报全国人民代表大会常务委员会备案。

（三）暂免征税项目

根据《财政部 国家税务总局关于个人所得税若干政策问题的通知》和有关文件的规定，我国对下列所得暂免征收个人所得税。

（1）外籍个人以非现金形式或实报实销形式取得的住房补贴、伙食补贴、搬迁费、洗衣费。

（2）外籍个人按合理标准取得的境内、境外出差补贴。

（3）外籍个人取得的语言训练费、子女教育费等，经当地税务机关审核批准为合理的部分。

（4）外籍个人从外商投资企业取得的股息、红利所得。

（5）凡符合下列条件之一的外籍专家取得的工资、薪金所得，可免征个人所得税：

① 根据世界银行专项借款协议，由世界银行直接派往我国工作的外国专家；

② 联合国组织直接派往我国工作的专家；

③ 为联合国援助项目来华工作的专家；

④ 援助国派往我国专为该国援助项目工作的专家；

⑤ 根据两国政府签订的文化交流项目来华工作两年以内的文教专家，其工资、薪金所得由该国负担的；

⑥ 根据我国大专院校国际交流项目来华工作两年以内的文教专家，其工资、薪金所得由该国负担的；

⑦ 通过民间科研协定来华工作的专家，其工资、薪金所得由该国政府机构负担的。

（6）对股票转让所得暂不征收个人所得税。

（7）个人举报、协查各种违法、犯罪行为而获得的奖金。

（8）个人办理代扣代缴手续，按规定取得的扣缴手续费。

（9）个人转让自用达5年以上，并且是唯一的家庭生活用房取得的所得，暂免征收个人所得税。

（10）对个人购买福利彩票、赈灾彩票、体育彩票，一次中奖收入在1万元以下的（含1万元）暂免征收个人所得税；超过1万元的，全额征收个人所得税。

（11）对个人取得单张有奖发票奖金所得不超过800元（含800元）的，暂免征收个人所得税。

（12）达到离休、退休年龄，但确因工作需要，适当延长离休、退休年龄的高级专家（指享受国家发放的政府特殊津贴的专家、学者），其在延长离休、退休期间的工资、薪金所得，视同离休、退休工资免征个人所得税。

（13）对国有企业职工，因企业依照《中华人民共和国企业破产法（试行）》宣告破产，从破产企业取得的一次性安置费收入，免予征收个人所得税。

（14）对职工与用人单位解除劳动关系取得的一次性补偿收入（包括用人单位发放的经济补偿金、生活补助费和其他补助费用），在当地上年职工年平均工资 3 倍数额内的部分，可免征个人所得税。

（15）对个人领取的原提存的住房公积金、基本医疗保险金、基本养老保险金，以及失业保险金，免予征收个人所得税。

（16）对工伤职工及其近亲属按照《工伤保险条例》规定取得的工伤保险待遇，免征个人所得税。

（17）企业和事业单位根据国家有关政策规定的办法和标准，为在本单位任职或者受雇的全体职工缴付的企业年金或职业年金单位缴费部分，在计入个人账户时，个人暂不缴纳个人所得税。

个人根据国家有关政策规定缴付的年金个人缴费部分，在不超过本人缴费工资计税基数的 4%标准内的部分，暂从个人当期的应纳税所得额中扣除。

年金基金投资运营收益分配计入个人账户时，个人暂不缴纳个人所得税。

（18）自 2008 年 10 月 9 日（含）起，对储蓄存款利息所得暂免征收个人所得税。

（19）自 2015 年 9 月 8 日起，个人从公开发行和转让市场取得的上市公司股票，持股期限超过 1 年的，股息红利所得暂免征收个人所得税。

（20）自 2009 年 5 月 25 日（含）起，以下情形的房屋产权无偿赠与，对当事双方不征收个人所得税：

① 房屋产权所有人将房屋产权无偿赠与配偶、父母、子女、祖父母、外祖父母、孙子女、外孙子女、兄弟姐妹；

② 房屋产权所有人将房屋产权无偿赠与对其承担直接抚养或者赡养义务的抚养人或者赡养人；

③ 房屋产权所有人死亡，依法取得房屋产权的法定继承人、遗嘱继承人或者受遗赠人。

（21）对个体工商户、个人独资企业和合伙企业或个人从事种植业、养殖业、饲养业、捕捞业取得的所得，暂不征收个人所得税。

（22）对企业在销售商品（产品）和提供服务过程中向个人赠送礼品，属于下列情形之一的，不征收个人所得税：

① 企业通过价格折扣、折让方式向个人销售商品（产品）和提供服务；

② 企业在向个人销售商品（产品）和提供服务的同时给予赠品，如通信企业对购买手机的个人赠话费、入网费等；

③ 企业对累积消费达到一定额度的个人按消费积分反馈礼品。

税收法律、行政法规、部门规章和规范性文件中未明确规定纳税人享受减免税必须经税务机关审批，且纳税人取得的所得完全符合减免税条件的，无须经主管税务机关审核，纳税人可自行享受减免税。

税收法律、行政法规、部门规章和规范性文件中明确规定纳税人享受减免税必须经税务机关审批的，或者纳税人无法准确判断其取得的所得是否应享受个人所得税减免的，必须经主管税务机关按照有关规定审核或批准后，方可减免个人所得税。

【案例 5-16】居民个人周某 2019 年 3 月取得如下收入。

（1）为改善居住条件，转让家庭唯一住房，该住房系 2010 年购买。转让价款 1 200 000 元。

（2）取得国债利息收入 1 100 元。

（3）餐饮消费取得一张有奖发票，中奖金额 200 元。

（4）购买体育彩票，中奖收入 30 000 元。

计算周某本月应缴纳的个人所得税。

【解析】国债利息收入免征个人所得税，转让自用达 5 年以上并且是唯一的家庭生活用房取得的所得暂免征收个人所得税，个人取得单张有奖发票奖金所得不超过 800 元（含 800 元）的，暂免征收个人所得税。购买体育彩票中奖收入 30 000 元（超过 1 万元）应缴纳个人所得税，且不得扣除购买彩票支出。

中奖收入应缴纳的个人所得税税额=30 000×20%=6 000（元）

周某当月应缴纳的个人所得税税额为 6 000 元。

二、个人所得税的征收管理

我国实行个人所得税代扣代缴和个人自行申报纳税相结合的征收管理制度。

（一）个人所得税扣缴申报管理

1. 扣缴义务人

扣缴义务人，是指向个人支付所得的单位或者个人。扣缴义务人应指定支付应纳税所得的财务会计部门或其他有关部门的人员为办税人员，由办税人员具体办理个人所得税的代扣代缴工作。扣缴义务人应当按照国家规定办理全员全额扣缴申报，并向纳税人提供其个人所得和已扣缴税款等信息。扣缴义务人在向纳税人支付各项应纳税所得时，必须履行代扣代缴税款的义务。

2. 扣缴范围

实行个人所得税全员全额扣缴申报的应税所得包括：工资、薪金所得，劳务报酬所得，稿酬所得，特许权使用费所得，利息、股息、红利所得，财产租赁所得，财产转让所得，偶然所得。

3. 申报管理

扣缴义务人每月或者每次预扣、代扣税款后，应当在次月 15 日内缴入国库，并向税务机关报送《个人所得税扣缴申报表》（见表 5-7）。

扣缴义务人向居民个人支付工资、薪金所得时，按照累计预扣法计算预扣税款，并按月办理扣缴申报。当居民个人向扣缴义务人提供有关信息并依法要求办理专项附加扣除时，扣缴义务人应当按照规定在工资、薪金所得按月预扣预缴税款时予以扣除，不得拒绝。扣缴义务人向居民个人支付劳务报酬所得、稿酬所得、特许权使用费所得时，按次或者按月预扣预缴税款。居民个人办理年度综合所得汇算清缴时，应依法计算劳务报酬所得、稿酬所得、特许权使用费所得的收入额，并入年度综合所得计算应纳税款，税款多退少补。

表 5-7

个人所得税扣缴申报表

税款所属期： 年 月 日至 年 月 日

扣缴义务人名称：

扣缴义务人纳税人识别号（统一社会信用代码）：□□□□□□□□□□□□□□□□□□□□

金额单位：人民币元（列至角分）

序号	姓名	身份证件类型	身份证件号码	纳税人识别号	是否为非居民个人	所得项目	本月（次）情况														累计情况（工资、薪金）									减按计税比例	准予扣除的捐赠额	税款计算							备注
							收入额计算			减除费用	专项扣除				其他扣除						累计收入额	累计减除费用	累计专项扣除	累计专项附加扣除					累计其他扣除			应纳税所得额	税率/预扣率	速算扣除数	应纳税额	减免税额	已扣缴税额	应补（退）税额	
							收入	费用	免税收入		基本养老保险费	基本医疗保险费	失业保险费	住房公积金	年金	商业健康保险	税延养老保险	财产原值	允许扣除的税费	其他				子女教育	赡养老人	住房贷款利息	住房租金	继续教育											
1	2	3	4	5	6	7	8	9	10	11	12	13	14	15	16	17	18	19	20	21	22	23	24	25	26	27	28	29	30	31	32	33	34	35	36	37	38	39	40
合计																																							

谨声明：本扣缴申报表是根据国家税收法律法规及相关规定填报的，是真实的、可靠的、完整的。

扣缴义务人（签章）： 年 月 日

代理机构签章：	受理人：
代理机构统一社会信用代码：	受理税务机关（章）：
经办人签字：	受理日期： 年 月 日
经办人身份证件号码：	

国家税务总局监

《个人所得税扣缴申报表》填表说明

一、适用范围

本表适用于扣缴义务人向居民个人支付工资、薪金所得，劳务报酬所得，稿酬所得和特许权使用费所得的个人所得税全员全额预扣预缴申报；向非居民个人支付工资、薪金所得，劳务报酬所得，稿酬所得和特许权使用费所得的个人所得税全员全额扣缴申报；以及向纳税人（居民个人和非居民个人）支付利息、股息、红利所得，财产租赁所得，财产转让所得和偶然所得的个人所得税全员全额扣缴申报。

二、申报期限

扣缴义务人应当在每月或者每次预扣、代扣税款的次月15日内，将已扣税款缴入国库，并向税务机关报送本表。

三、各栏次填写说明

（一）表头项目

（1）“税款所属期”：填写扣缴义务人代扣税款当月的第一日至最后一日。例如，扣缴义务人在2019年3月20日发放工资时代扣税款，则在税款所属期处填写“2019年3月1日至2019年3月31日”。

（2）“扣缴义务人名称”：填写扣缴义务人的法定名称全称。

（3）“扣缴义务人纳税人识别号（统一社会信用代码）”：填写扣缴义务人的纳税人识别号或统一社会信用代码。

（二）表内各栏

（1）第2列“姓名”：填写纳税人姓名。

（2）第3列“身份证件类型”：填写纳税人有效的身份证件名称。中国公民有中华人民共和国居民身份证的，填写居民身份证；没有居民身份证的，填写港澳居民来往内地通行证或港澳居民居住证、台湾居民通行证或台湾居民居住证。外国人填写外国人永久居留身份证、外国人工作许可证或护照等。

（3）第4列“身份证件号码”：填写纳税人有效身份证件上载明的证件号码。

（4）第5列“纳税人识别号”：有中国公民身份号码的，填写中华人民共和国居民身份证上载明的“公民身份号码”；没有中国公民身份号码的，填写税务机关赋予的纳税人识别号。

（5）第6列“是否为非居民个人”：纳税人为非居民个人的填“是”，为居民个人的填“否”。不填默认为“否”。

（6）第7列“所得项目”：填写纳税人取得的《个人所得税法》第二条规定的应税所得项目名称。同一纳税人取得多项或多次所得的，应分行填写。

（7）第8～21列“本月（次）情况”：填写扣缴义务人当月（次）支付给纳税人的所得，以及按规定各所得项目当月（次）可扣除的减除费用、专项扣除、其他扣除等。其中，工资、薪金所得预扣预缴个人所得税时扣除的专项附加扣除，按照纳税年度内纳税人在该任职受雇单位截至当月可享受的各专项附加扣除项目的扣除总额，填写至“累计情况（工资、薪金）”中第25～29列相应栏，本月（次）情况中则无须填写。

①“收入额计算”：包含“收入”“费用”“免税收入”。

具体计算公式为：收入额=收入-费用-免税收入

第8列“收入”：填写当月（次）扣缴义务人支付给纳税人的所得的总额。

第9列“费用”：仅限支付劳务报酬、稿酬、特许权使用费三项所得时填写，支付其他各项所得时无须填写本列。预扣预缴居民个人上述三项所得个人所得税时，若每次收入不超过4 000元，则在费用处填写“800”元；若每次收入在4 000元以上，则按收入的20%填写费用。扣缴非居民个人上述三项所得的个人所得税时，按收入的20%填写费用。

第10列“免税收入”：填写纳税人各所得项目收入总额中，包含的税法规定的免税收入金额。其中，税法规定“稿酬所得的收入额减按70%计算”，对稿酬所得的收入额减计的30%部分，填入本列。

② 第11列“减除费用”：仅限支付工资、薪金所得时填写。具体按税法规定的减除费用标准填写，如2019年为5 000元/月。

③ 第12～15列“专项扣除”：分别填写按规定允许扣除的基本养老保险费、基本医疗保险费、失业保险费、住房公积金的金额。

④ 第16～21列“其他扣除”：分别填写按规定允许扣除的项目金额。

（8）第22～30列“累计情况（工资、薪金）”：本栏仅适用于居民个人取得工资、薪金所得预扣预缴的情形，工资、薪金所得以外的项目无须填写。具体各列，按照纳税年度内居民个人在该任职受雇单位截至当前月份累计情况填报。

① 第22列“累计收入额”：填写本纳税年度截至当前月份，扣缴义务人支付给纳税人的工资、薪金所得的累计收入额。

② 第23列“累计减除费用”：按照5 000元/月乘以纳税人当年在本单位的任职受雇月份数计算。

③ 第24列“累计专项扣除”：填写本年度截至当前月份，按规定允许扣除的“三险一金”的累计金额。

④ 第25～29列“累计专项附加扣除”：分别填写截至当前月份，纳税人按规定可享受的子女教育、赡养老人、住房贷款利息或住房租金、继续教育扣除的累计金额。大病医疗扣除由纳税人在年度汇算清缴时办理，在此处无须填报。

⑤ 第30列“累计其他扣除”：填写本年度截至当前月份，按规定允许扣除的年金（包括企业年金、职业年金）、商业健康保险、税延养老保险及其他扣除项目的累计金额。

（9）第31列“减按计税比例”：填写按规定实行应纳税所得额减计税收优惠的减计比例。无减计规定的，可不填，系统默认为100%。例如，某项税收政策实行减按60%计入应纳税所得额，则本列填60%。

（10）第32列“准予扣除的捐赠额”：是指按照税法及相关法规、政策的规定，可以在税前扣除的捐赠额。

（11）第33～39列“税款计算”：填写扣缴义务人当月扣缴个人所得税税款的计算情况。

① 第33列“应纳税所得额”：根据相关列次计算填报。

居民个人取得工资、薪金所得，填写累计收入额减除累计减除费用、累计专项扣除、累计专项附加扣除、累计其他扣除、准予扣除的捐赠额后的余额。

非居民个人取得工资、薪金所得，填写收入额减去减除费用、准予扣除的捐赠额后的余额。

居民个人或非居民个人取得劳务报酬所得、稿酬所得、特许权使用费所得，填写本月（次）收入额减除可以扣除的税费、准予扣除的捐赠额后的余额。

居民个人或非居民个人取得利息、股息、红利所得和偶然所得，填写本月（次）收入额减除准予扣除的捐赠额后的余额。

居民个人或非居民个人取得财产租赁所得，填写本月（次）收入额减除允许扣除的税费、准予扣除的捐赠额后的余额。

居民个人或非居民个人取得财产转让所得，填写本月（次）收入额减除财产原值、允许扣除的税费、准予扣除的捐赠额后的余额。

其中，适用"减按计税比例"的所得项目，其应纳税所得额按上述方法计算后乘以减按计税比例的金额填报。

② 第 34～35 列"税率/预扣率"和"速算扣除数"：填写各所得项目按规定适用的税率（或预扣率）和速算扣除数。没有速算扣除数的，则不填。

③ 第 36 列"应纳税额"：根据相关列次计算填报。

具体计算公式为：应纳税额=应纳税所得额×税率（预扣率）-速算扣除数

④ 第 37 列"减免税额"：填写符合税法规定可减免的税额。居民个人工资、薪金所得，填写本年度累计减免税额；居民个人取得工资、薪金以外的所得或非居民个人取得各项所得，填写本月（次）减免税额。

⑤ 第 38 列"已扣缴税额"：填写本年或本月（次）纳税人同一所得项目，已由扣缴义务人实际扣缴的税款金额。

⑥ 第 39 列"应补（退）税额"：根据相关列次计算填报。

具体计算公式为：应补（退）税额=应纳税额-减免税额-已扣缴税额

（三）其他栏次

(1)"声明"：需由扣缴义务人签字或签章。

(2)"经办人"：由办理扣缴申报的经办人签字，并填写经办人身份证件号码。

(3)"代理机构"：代理机构代为办理扣缴申报的，应当填写代理机构统一社会信用代码，并加盖代理机构签章。

四、其他事项说明

本表一式两份，扣缴义务人、税务机关各留存一份。

扣缴义务人向非居民个人支付工资、薪金所得，劳务报酬所得，稿酬所得和特许权使用费所得时，应当按月或者按次代扣代缴税款。非居民个人在一个纳税年度内税款扣缴方法保持不变，达到居民个人条件时，须告知扣缴义务人基础信息变化情况，年度终了后按照居民个人有关规定办理汇算清缴。

扣缴义务人支付利息、股息、红利所得，财产租赁所得，财产转让所得或者偶然所得时，应当依法按次或者按月代扣代缴税款。

（二）个人所得税自行申报管理

纳税人办理自行纳税申报时，应当一并报送税务机关要求报送的其他有关资料。首次申报或者个人基础信息发生变化的，还应报送《个人所得税基础信息表（B 表）》。办理个人所得税自行申报的情形包括以下几种。

1. 取得综合所得需要办理汇算清缴的纳税申报

需要办理汇算清缴的纳税人，在取得所得的次年 3 月 1 日至 6 月 30 日内，向任职、受雇单位所在地主管税务机关办理纳税申报，并报送《个人所得税年度自行纳税申报表》。纳税人有两处以上任职、受雇单位的，选择向其中一处任职、受雇单位所在地主管税务机关办理纳税申报；纳税人没有任职、受雇单位的，向户籍所在地或经常居住地主管税务机关办理纳税申报。

2. 取得经营所得的纳税申报

纳税人取得经营所得，按年计算个人所得税，由纳税人在月度或季度终了后15 日内，向经营管理所在地主管税务机关办理预缴纳税申报，并报送《个人所得税经营所得纳税申报表（A 表）》。在取得所得的次年 3 月 31 日前，向经营管理所在地主管税务机关办理汇算清缴，并报送《个人所得税经营所得纳税申报表（B 表）》；从两处以上取得经营所得的，选择向其中一处经营管理所在地主管税务机关办理年度汇总申报，并报送《个人所得税经营所得纳税申报表（C 表）》。

3. 取得应税所得，扣缴义务人未扣缴税款的纳税申报

纳税人取得应税所得，扣缴义务人未扣缴税款的，应当区别以下情形办理纳税申报。

（1）居民个人取得综合所得的，参照取得综合所得需要办理汇算清缴的纳税申报办法执行。

（2）非居民个人取得工资、薪金所得，劳务报酬所得，稿酬所得，特许权使用费所得的，在取得所得的次年 6 月 30 日前，向扣缴义务人所在地主管税务机关办理纳税申报，并报送《个人所得税自行纳税申报表（A 表）》。有两个以上扣缴义务人均未扣缴税款的，选择向其中一处扣缴义务人所在地主管税务机关办理纳税申报。非居民个人在次年 6 月 30 日前离境（临时离境除外）的，在离境前办理纳税申报。

（3）纳税人取得利息、股息、红利所得，财产租赁所得，财产转让所得和偶然所得的，在取得所得的次年 6 月 30 日前，按相关规定向主管税务机关办理纳税申报，并报送《个人所得税自行纳税申报表（A 表）》。

4. 取得境外所得的纳税申报

居民个人从中国境外取得所得的，在取得所得的次年 3 月 1 日至 6 月 30 日内，向中国境内任职、受雇单位所在地主管税务机关办理纳税申报；在中国境内没有任职、受雇单位的，向户籍所在地或中国境内经常居住地主管税务机关办理纳税申报；户籍所在地与中国境内经常居住地不一致的，选择其中一地主管税务机关办理纳税申报；在中国境内没有户籍的，向中国境内经常居住地主管税务机关办理纳税申报。

5. 因移居境外注销中国户籍的纳税申报

纳税人因移居境外注销中国户籍的，应当在申请注销中国户籍前，向户籍所在地主管税务机关办理纳税申报，进行税款清算。

6. 非居民个人在中国境内从两处以上取得工资、薪金所得的纳税申报

非居民个人在中国境内从两处以上取得工资、薪金所得的，应当在取得所得的次月 15 日内，向其中一处任职、受雇单位所在地主管税务机关办理纳税申报，并报送《个人所得税自行纳税申报表（A 表）》。

知识点应用

一、单项选择题

1．根据《个人所得税法》的规定，下列属于居民个人的是（　　）。

A．在中国境内有住所的个人

B．在中国境内无住所又不居住的个人

C．在中国境内无住所而在一个纳税年度内居住累计满 90 天的个人

D．在中国境内无住所而在一个纳税年度内在中国境内居住累计不满 180 天的个人

2．根据《个人所得税法》的规定，记者张某在其供职的杂志社发表文章所取得的稿酬，应按照（　　）缴纳个人所得税。

A．劳务报酬所得　B．工资、薪金所得　C．偶然所得　D．特许权使用费所得

3．甲公司退休职工王某本月取得的下列收入中，应当缴纳个人所得税的是（　　）。

A．退休工资 2 000 元　B．国债利息收入 600 元

C．购买福利彩票中奖 5 000 元　D．培训服务收入 3 000 元

4．居民个人高某本月取得非上市公司的股息 4 000 元。根据个人所得税法律制度的规定，高某应当缴纳的个人所得税为（　　）元。

A．800　B．600　C．1 000　D．1 200

5．居民个人何某 2019 年每月从任职单位取得工资 8 500 元，何某个人负担的基本社会保险费用为 1 900 元，住房公积金为 1 000 元。何某 2019 年可享受的专项扣除项目金额为（　　）元。

A．29 150　B．25 100　C．34 800　D．33 110

二、多项选择题

1．下列各项所得适用超额累进税率计征个人所得税的有（　　）。

A．股息、利息、红利所得　B．综合所得

C．财产转让所得　D．经营所得

2．下列情形中，纳税人应当依法自行办理纳税申报的有（　　）。

A．取得综合所得需要办理汇算清缴的

B．取得经营所得的

C．取得应税所得，扣缴义务人未扣缴税款的

D．因移居境外注销中国户籍的

3．下列各项所得，需要预缴个人所得税的有（　　）。

A．工资、薪金所得　B．财产租赁所得

C．偶然所得　D．劳务报酬所得

4．下列各项中，属于个人所得税免税项目的有（　　）。

A．国家发行的金融债券利息　B．福利费、抚恤金、救济金

C．个人取得的拆迁补偿款　D．个人取得的保险赔款

三、判断题

1．根据《个人所得税法》，稿酬所得的收入额减按 70%计算。（　　）

2．个人将其所得对教育、扶贫、济困等公益慈善事业进行捐赠，捐赠额未超过纳税人申报的收入额 30%的部分，可以从其应纳税所得额中扣除；国务院规定对公益慈善事业捐赠实行全额税前扣除的，从其规定。（　　）

3．甲公司出资为公司股东刘某购买房屋，房屋产权人为刘某，但该房屋一直用于甲企业的生产经营，因此刘某无须缴纳个人所得税。（　　）

4．个人转让自用 5 年以上并且是家庭唯一生活用房取得的所得，暂免征收个人所得税。（　　）

5．个人因购买和处置企业债券取得的所得，按照财产转让所得缴纳个人所得税。（　　）

实践技能训练

居民个人常某任职于我国某公司。2019 年全年各项收入（税前）如下。

1．每月工资、薪金所得 11 000 元。

2．公司支付的独生子女补贴 1 200 元。

3．6 月取得国债利息收入 1 000 元。

4．每月房屋租赁收入 2 000 元。

5．10 月取得拆迁补偿款 800 000 元。

6．兼职劳务报酬收入 26 000 元。

常某本年专项扣除、专项附加扣除共计 32 000 元，不考虑其他税收因素，试分项目计算常某本年应该缴纳的个人所得税。

第六章 土地增值税

学习目标

了解土地增值税的征收范围和计税依据。

熟悉土地增值税的税收优惠政策。

熟练掌握土地增值税税额的计算方法及纳税申报方法。

第一节 土地增值税概述

一、土地增值税的纳税义务人

土地增值税的纳税义务人（或称纳税人）为转让国有土地使用权、地上的建筑物及其附着物并取得收入的单位和个人。单位包括各类企业单位、事业单位、国家机关、社会团体及其他组织。个人包括个体经营者。土地增值税同样也适用于涉外企业和个人。因此，不论是内资企业还是外商投资企业、外国驻华机构，也不论是中国公民还是外国公民，只要有偿转让国有土地使用权、地上的建筑物及其附着物，都是土地增值税的纳税人。

二、征税范围

土地增值税是就有偿转让国有土地使用权、地上建筑物及其附着物连同国有土地使用权一并转让、存量房地产的买卖等行为征收的一种税。

土地增值税只对企业、单位和个人转让国有土地使用权的行为征税。对属于集体所有的土地，按现行法律规定需先由国家征用后才能转让。未经国家征用的集体土地不得转让，自行转让集体土地是违法行为，应由有关部门依照相关法律来处理，而不应纳入土地增值税的征税范围。

土地增值税征税范围不包括国有土地使用权出让所取得的收入。国有土地使用权出让，是指国家以土地所有者的身份将土地使用权在一定年限内让与土地使用者，并由土地使用者向国家支付土地使用权出让金的行为，属于土地买卖的一级市场。土地使用权出让的出让方是国家，国家凭借土地的所有权向土地使用者收取土地的租金。出让的目的是实行国有土地的有偿使用制度，合理开发、利用、经营土地，因此，土地使用权的出让不属于土地增值税的征税范围。

国有土地使用权的转让是指土地使用者通过出让等形式取得土地使用权后，将土地使用权再转让的行为，包括出售、交换和赠与，它属于土地买卖的二级市场。土地使用权转让，其地上的建筑物、其他附着物的所有权随之转让。土地使用权的转让，属于土地增值税的征税范围。

土地增值税的征税范围不包括未转让土地使用权、房产产权的行为，是否发生转让行为主要以房地产权属（指土地使用权和房产产权）的变更为标准。凡土地使用权、房产产权未转让的（如房地产的出租），不征收土地增值税。

（一）属于土地增值税的征税范围的情况

土地增值税的征税范围如下。

（1）转让国有土地使用权。

“国有土地”，是指按国家法律规定属于国家所有的土地。出售国有土地使用权是指土地使用者通过出让方式，向政府缴纳了土地出让金，有偿受让土地使用权后，仅对土地进行通水、通电、通路和平整地面等土地开发，不进行房产开发，即所谓“将生地变熟地”，然后直接将空地出售出去。

（2）地上的建筑物及其附着物连同国有土地使用权一并转让。

“地上的建筑物”，是指建于土地上的一切建筑物，包括地上地下的各种附属设施。“附着物”，是指附着于土地上的不能移动或一经移动即遭损坏的物品。纳税人取得国有土地使用权后进行房屋开发建造然后出售的行为即是一般所说的房地产开发。虽然这种行为通常被称作卖房，但按照国家有关房地产法律和法规的规定，卖房的同时，土地使用权也随之发生转让。由于这种行为既导致了产权的转让又取得了收入，所以应纳入土地增值税的征税范围。

（3）存量房地产的买卖。

存量房地产是指已经建成并已投入使用的房地产，其房屋所有人将房屋产权和土地使用权一并转让给其他单位和个人。有这种行为时，纳税人按照国家有关的房地产法律和法规，应当到有关部门办理房产产权和土地使用权的转移变更手续；原土地使用权属于无偿划拨的，还应到土地管理部门补交土地出让金。

（4）抵押期满以房地产抵债（发生权属转移）。

（5）单位之间交换房地产（有实物形态的收入）。

（6）投资方或接收方属于房地产开发企业的房地产投资。

（7）投资联营后将投入的房地产再做转让的。

（8）合作建房建成后转让的。

（二）不属于土地增值税征税范围的情况

不属于土地增值税征税范围的情况如下。

1. 房地产的继承

房地产的继承是指房产的原产权所有人、依照法律规定取得土地使用权的土地使用人死亡以后，由其继承人依法承受死者房产产权和土地使用权的民事法律行为。这种行为虽然发生了房地产的权属变更，但作为房产产权、土地使用权的原所有人（即被继承人）并没有因为权属变更而取得任何收入。因此，房地产的继承不属于土地增值税的征税范围。

2. 房地产的赠与

房地产的赠与是指房产所有人、土地使用权所有人将自己所拥有的房地产无偿地交给其他人的民事法律行为。但这里的“赠与”仅指以下情况。

（1）房产所有人、土地使用权所有人将房屋产权、土地使用权赠与直系亲属或承担直接赡养义务人的。

（2）房产所有人、土地使用权所有人通过中国境内非营利的社会团体、国家机关将房屋产权、土地使用权赠与教育、民政和其他社会福利、公益事业的。社会团体是指中国青少年发展基金会、中国宋庆龄基金会、国家减灾委员会、中国红十字基金会、中国残疾人联合会、全国老年事业发展基金会、中国老区建设促进会以及经民政部门批准成立的其他非营利性的公益性组织。房地产的赠与虽发生了房地产的权属变更，但房产所有人、土地使用权的所有人并没有因为权属的转让而取得任何收入。因此，房地产的赠与不属于土地增值税的征税范围。

3. 房地产的出租

房地产的出租是指房产的产权所有人、依照法律规定取得土地使用权的土地使用人，将房产、土地使用权租赁给承租人使用，由承租人向出租人支付租金的行为。在房地产的出租过程中，出租人虽取得了收入，但没有发生房产产权、土地使用权的转让。因此，房地产的出租不属于土地增值税的征税范围。

4. 房地产的抵押

房地产的抵押是指房地产的产权所有人、依法取得土地使用权的土地使用人作为债务人或第三人向债权人提供不动产作为清偿债务的担保而不转移权属的法律行为。在这种情况下，房产的产权、土地使用权在抵押期间产权并没有发生权属的变更，房产的产权所有人、土地使用权人仍能对房地产行使占有、使用、收益等权利，房产的产权所有人、土地使用权人虽然在抵押期间取得了一定的抵押贷款，但实际上这些贷款在抵押期满后是要连本带利偿还给债权人的。因此，对房地产的抵押，在抵押期间不征收土地增值税。待抵押期满后，视该房地产是否转移占有而确定是否征收土地增值税。

5. 房地产的代建房行为

这种情况是指房地产开发公司代客户进行房地产的开发，开发完成后向客户收取代建收入的行为。对于房地产开发公司而言，其虽然取得了收入，但没有发生房地产权属的转移，其收入属于劳务收入性质，故不属于土地增值税的征税范围。

6. 房地产的重新评估

这主要是指国有企业在清产核资时对房地产进行重新评估而使其升值的情况。在这种情况下，房地产虽然有增值，但其既没有发生房地产权属的转移，房产产权人、土地使用权人也未取得收入，所以不属于土地增值税的征税范围。

三、税率

土地增值税实行四级超率累进税率。

（1）增值额未超过扣除项目金额50%的部分，税率为30%。

（2）增值额超过扣除项目金额50%、未超过扣除项目金额100%的部分，税率为40%。

（3）增值额超过扣除项目金额100%、未超过扣除项目金额200%的部分，税率为50%。

（4）增值额超过扣除项目金额200%的部分，税率为60%。

上述所列四级超率累进税率，每级“增值额未超过扣除项目金额”的比例，均包括本比例数。土地增值税税率表如表 6-1 所示。

表 6-1　　土地增值税税率表

级数	增值额与扣除项目金额的比率	税率	速算扣除系数
1	不超过 50%的部分	30%	0
2	超过 50%～100%的部分	40%	5%
3	超过 100%～200%的部分	50%	15%
4	超过 200%的部分	60%	35%

第二节　土地增值税应纳税额的计算

一、土地增值税计税依据的确定

土地增值税的计税依据是纳税人转让房地产所取得的土地增值额。土地增值额为纳税人转让房地产所取得的应税收入减除《中华人民共和国土地增值税暂行条例》（以下简称《土地增值税暂行条例》）规定的扣除项目金额后的余额。

（一）应税收入

应税收入，应包括转让房地产的全部价款及有关的经济收益。从收入的形式来看，包括货币收入、实物收入和其他收入。土地增值税纳税人转让房地产取得的收入为不含增值税收入。适用增值税一般计税方法的纳税人，其转让房地产的土地增值税应税收入不含增值税销项税额。适用增值税简易计税方法的纳税人，其转让房地产的土地增值税应税收入不含增值税应纳税额。

（二）准予扣除的项目

计算土地增值税应纳税额，并不是直接对转让房地产所取得的收入征税，而是要对收入额减除国家规定的各项扣除项目金额后的余额计算征税（这个余额就是纳税人在转让房地产中获取的增值额）。因此，要计算增值额，首先必须确定扣除项目。税法准予纳税人从转让收入额中减除的扣除项目包括如下几个。

1. 取得土地使用权所支付的金额

取得土地使用权所支付的金额包括以下两方面的内容：①纳税人为取得土地使用权所支付的地价款。如果是以协议、招标、拍卖等出让方式取得土地使用权的，地价款为纳税人所支付的土地出让金；如果是以行政划拨方式取得土地使用权的，地价款为按照国家有关规定补交的土地出让金；如果是以转让方式取得土地使用权的，地价款为向原土地使用权人实际支付的地价款。②纳税人在取得土地使用权时按国家统一规定缴纳的有关费用。它是指纳税人在取得土地使用权过程中为办理有关手续，按国家统一规定缴纳的有关登记、过户手续费。

2. 房地产开发成本

房地产开发成本是指纳税人房地产开发项目实际发生的成本，包括土地的征用及拆迁补偿费、前期工程费、建筑安装工程费、基础设施费、公共配套设施费、开发间接费用等。（1）土地征用及拆迁补偿费。包括土地征用费、耕地占用税、劳动力安置费及有关地上、地下附着物拆迁补偿的净支出、安置动迁用房支出等。（2）前期工程费。包括规划、设计、项目可行性研究和水文、地质、勘察、测绘、“三通一平”等支出。（3）建筑安装工程费，指以出包方式支付给承包单位的建筑安装工程费，以自营方式发生的建筑安装工程费。（4）基础设施费，包括开发小区内道路、供水、供电、供气、排污、排洪、通信、照明、环卫、绿化等工程发生的支出。（5）公共配套设施费，包括不能有偿转让的开发小区内公共配套设施发生的支出。（6）开发间接费用，指直接组织、管理开发项目发生的费用，包括工资、职工福利费、折旧费、修理费、办公费、水电费、劳动保护费、周转房摊销等。

3. 房地产开发费用

房地产开发费用是指与房地产开发项目有关的销售费用、管理费用和财务费用。根据现行财务会计制度的规定，这三项费用作为期间费用，直接计入当期损益，不按成本核算对象进行分摊。故作为土地增值税扣除项目的房地产开发费用，不按纳税人房地产开发项目实际发生的费用进行扣除，而按《中华人民共和国土地增值税暂行条例实施细则》的标准进行扣除。《中华人民共和国土地增值税暂行条例实施细则》规定，财务费用中的利息支出，凡能够按转让房地产项目计算分摊并提供金融机构证明的，允许据实扣除，但最高不能超过按商业银行同类同期贷款利率计算的金额。其他房地产开发费用，按取得土地使用权所支付的金额和房地产开发成本计算的金额之和的5%以内计算扣除。凡不能按转让房地产项目计算分摊利息支出或不能提供金融机构证明的，房地产开发费用按取得土地使用权所支付的金额和房地产开发成本计算的金额之和的10%以内计算扣除。计算扣除的具体比例，由各省、自治区、直辖市人民政府规定。

上述规定的具体含义是：（1）纳税人能够按转让房地产项目计算分摊利息支出，并能提供金融机构的贷款证明的，其允许扣除的房地产开发费用为：利息+（取得土地使用权所支付的金额+房地产开发成本）×5%以内（注：利息最高不能超过按商业银行同类同期贷款利率计算的金额）；（2）纳税人不能按转让房地产项目计算分摊利息支出或不能提供金融机构贷款证明的，其允许扣除的房地产开发费用为：（取得土地使用权所支付的金额+房地产开发成本）×10%以内。全部使用自有资金，没有利息支出的，按照以上方法扣除。上述具体适用的比例按省级人民政府此前规定的比例执行；房地产开发企业既向金融机构借款，又有其他借款的，其房地产开发费用计算扣除时不能同时适用上述（1）、（2）项所述两种办法；土地增值税清算时，已经计入房地产开发成本的利息支出，应调整至财务费用中计算扣除。此外，财政部、国家税务总局还对扣除项目金额中利息支出的计算问题做了两点专门规定：①利息的上浮幅度按国家的有关规定执行，超过上浮幅度的部分不允许扣除；②对于超过贷款期限的利息部分和加罚的利息不允许扣除。

4. 与转让房地产有关的税金

与转让房地产有关的税金是指在转让房地产时缴纳的城市维护建设税、印花税。因转让房地产缴纳的教育费附加，也可视同税金予以扣除。

5. 其他扣除项目

对从事房地产开发的纳税人可按取得土地使用权所支付的金额和房地产开发成本计算的金额之和，加计20%的扣除。在此应特别指出的是：此优惠只适用于从事房地产开发的纳税人，除此之外的其他纳税人不适用。

6. 旧房及建筑物的扣除金额

纳税人转让旧房的，应将旧房及建筑物的评估价格、取得土地使用权所支付的地价款或出让金、按国家统一规定缴纳的有关费用和转让环节缴纳的税金作为扣除项目金额计征土地增值税。对取得土地使用权时未支付地价款或不能提供已支付的地价款凭据的，在计征土地增值税时不允许扣除。旧房及建筑物的评估价格是指在转让已使用的房屋及建筑物时，由政府批准设立的房地产评估机构评定的重置成本价乘以成新度折扣率后的价格，须经当地税务机关确认。

二、土地增值税应纳税额的计算

（一）增值额的确定

土地增值税纳税人转让房地产所取得的收入减除规定的扣除项目金额后的余额，为土地增值额。其公式：

土地增值额=房地产转让收入-规定的扣除项目金额

（二）应纳税额的计算方法

土地增值税按照纳税人转让房地产所取得的增值额和规定的税率计算征收。土地增值税的计算公式：

应纳税额=土地增值额×适用税率-扣除项目金额×速算扣除系数

【案例 6-1】假定某房地产开发公司转让商品房一栋，取得的收入总额为 1 000 万元，应扣除的购买土地的金额、开发成本的金额、开发费用的金额、相关税金的金额、其他扣除金额合计为 400 万元。请计算该房地产开发公司应缴纳的土地增值税。

【解析】

第一步：计算增值额

增值额=1 000-400=600（万元）

第二步：计算增值额与扣除项目金额的比率

增值额与扣除项目金额的比率=600/400×100%=150%

增值额超过扣除项目金额 100%，未超过 200%时，其适用的税率为 50%，速算扣除系数为 15%。

第三步：计算该房地产开发公司应缴纳的土地增值税

应缴纳的土地增值税=600×50%-400×15%=240（万元）

三、房地产开发企业土地增值税清算

（一）土地增值税的清算单位

土地增值税以国家有关部门审批的房地产开发项目为单位进行清算，对于分期开发的项目，以分期项目为单位清算。开发项目中同时包含普通住宅和非普通住宅的，应分别计算增值额。

（二）土地增值税的清算条件

符合下列情形之一时，纳税人应进行土地增值税的清算。

（1）房地产开发项目全部竣工、完成销售的。

（2）整体转让未竣工决算房地产开发项目的。

（3）直接转让土地使用权的。

对符合下列情形之一的纳税人，主管税务机关可要求进行土地增值税清算。

（1）已竣工验收的房地产开发项目，已转让的房地产建筑面积占整个项目可售建筑面积的比例在85%以上，或该比例虽未超过85%，但剩余的可售建筑面积已经出租或自用的。

（2）取得销售（预售）许可证满3年仍未销售完毕的。

（3）纳税人申请注销税务登记但未办理土地增值税清算手续的。

（4）省税务机关规定的其他情况。

（三）非直接销售和自用房地产的收入确定

房地产开发企业将开发产品用于职工福利、奖励、对外投资、分配给股东或投资人、抵偿债务、换取其他单位和个人的非货币性资产等，发生所有权转移时应视同销售房地产，其收入按下列方法和顺序确认：①按本企业在同一地区、同一年度销售的同类房地产的平均价格确定；②由主管税务机关参照当地当年、同类房地产的市场价格或评估价值确定。

房地产开发企业将开发的部分房地产转为企业自用或用于出租等商业用途时，如果产权未发生转移，不征收土地增值税，在税款清算时不列收入，不扣除相应的成本和费用。

土地增值税清算时，已全额开具商品房销售发票的，按照发票所载金额确认收入；未开具发票或未全额开具发票的，以交易双方签订的销售合同所载的售房金额及其他收益确认收入。销售合同所载商品房面积与有关部门实际测量面积不一致，在清算前已发生补、退房款的，应在计算土地增值税时予以调整。

（四）土地增值税的核定征收

房地产开发企业有下列情形之一的，税务机关可以参照与其开发规模和收入水平相近的当地企业的土地增值税税负情况，按不低于预征率的征收率核定征收土地增值税。

（1）依照法律、行政法规的规定应当设置但未设置账簿的。

（2）擅自销毁账簿或者拒不提供纳税资料的。

（3）虽设置账簿，但账目混乱或者成本资料、收入凭证、费用凭证残缺不全，难以确定转让收入或扣除项目金额的。

（4）符合土地增值税清算条件，未按照规定的期限办理清算手续，经税务机关责令限期清算，逾期仍不清算的。

（5）申报的计税依据明显偏低，又无正当理由的。

核定征收必须严格依照税收法律法规规定的条件进行，任何单位和个人不得擅自扩大核定征收范围，严禁在清算中出现“以核定为主、一核了之”“求快图省”的做法。凡擅自将核定征收作为本地区土地增值税清算主要方式的，必须立即纠正。对确需核定征收的，要严格按照税收法律法规的要求，从严、从高确定核定征收率。为了规范核定工作，核定征收率原则上不得低于5%，各省级税务机关要结合本地实际，区分不同房地产类型制定核定征收率。

（五）清算后再转让房地产的处理

在土地增值税清算时未转让的房地产，清算后销售或有偿转让的，纳税人应按规定进行土地增值税的纳税申报，扣除项目金额按清算时的单位建筑面积成本费用乘以销售或转让面积计算。单位建筑面积成本费用的计算公式：

单位建筑面积成本费用=清算时的扣除项目总金额/清算的总建筑面积

（六）土地增值税清算后应补缴的土地增值税加收滞纳金

纳税人在按规定预缴土地增值税后，对于清算补缴的土地增值税，若在主管税务机关规定的期限内补缴，则不被加收滞纳金。

第三节 土地增值税的税收优惠与征收管理

一、土地增值税税收优惠政策

土地增值税税收优惠政策主要有以下几种。

（一）建造普通标准住宅的税收优惠

纳税人建造普通标准住宅出售，增值额未超过扣除项目金额20%的，免征土地增值税。这里所说的"普通标准住宅"，是指按所在地一般民用住宅标准建造的居住用住宅。高级公寓、别墅、度假村等不属于普通标准住宅。自2005年6月1日起，普通标准住宅应同时满足以下条件：住宅小区建筑容积率在1.0以上；单套建筑面积在120平方米以下；实际成交价格低于同级别土地上住房平均交易价格1.2倍以下。各省、自治区、直辖市要根据实际情况，制定本地区享受优惠政策普通住房的具体标准。允许单套建筑面积和价格标准适当浮动，但向上浮动的比例不得超过上述标准的20%。纳税人建造普通标准住宅出售，增值额未超过扣除项目金额20%的，免征土地增值税；增值额超过扣除项目金额20%的，应就其全部增值额按规定计税。

对于纳税人既建造普通标准住宅，又进行其他房地产开发的，应分别核算增值额。不分别核算增值额或不能准确核算增值额的，其建造的普通标准住宅不能适用这一免税规定。

对企事业单位、社会团体以及其他组织转让旧房作为公共租赁住房房源，且增值额未超过扣除项目金额20%的，免征土地增值税。

（二）国家征用、收回或搬迁房地产的税收优惠

因国家建设需要依法征用、收回的房地产，免征土地增值税。这里所说的"因国家建设需要依法征用、收回的房地产"，是指因城市实施规划、国家建设的需要而被政府批准征用的房产或收回的土地使用权。

因城市实施规划、国家建设的需要而搬迁，纳税人自行转让原房地产的，免征土地增值税。

（三）其他税收优惠

对企事业单位、社会团体以及其他组织转让旧房作为公共租赁住房房源且增值额未超过扣除项

目金额20%的，免征土地增值税。

二、征收管理

（一）土地增值税纳税地点

土地增值税的纳税人应向房地产所在地主管税务机关办理纳税申报，并在税务机关核定的期限内缴纳土地增值税。“房地产所在地”，是指房地产的坐落地。纳税人转让的房地产坐落在两个或两个以上地区的，应按房地产所在地分别申报纳税。在实际工作中，纳税地点的确定方法又可分为以下两种。

（1）纳税人是法人的。当转让的房地产的坐落地与其机构所在地或经营所在地一致时，则在办理税务登记的原管辖税务机关申报纳税即可；如果转让的房地产的坐落地与其机构所在地或经营所在地不一致时，则应在房地产坐落地所管辖的税务机关申报纳税。

（2）纳税人是自然人的。当转让的房地产的坐落地与其居住所在地一致时，则在住所所在地税务机关申报纳税；当转让的房地产的坐落地与其居住所在地不一致时，则在办理过户手续所在地的税务机关申报纳税。

（二）土地增值税纳税期限

土地增值税的纳税人应在转让房地产合同签订后的7日内，到房地产所在地主管税务机关办理纳税申报，并向税务机关提交房屋及建筑物产权、土地使用权证书，土地转让、房产买卖合同，房地产评估报告及其他与转让房地产有关的资料。

纳税人因经常发生房地产转让而难以在每次转让后申报的，经税务机关审核同意后，可以定期进行纳税申报，具体期限由税务机关根据相关规定确定。

（三）土地增值税纳税申报

国家税务总局制定并下发了《土地增值税纳税申报表》。此表包括适用于从事房地产开发纳税人的《土地增值税纳税申报表（一）》（见表6-2）及适用于非从事房地产开发纳税人的《土地增值税纳税申报表（二）》（略）。

表 6-2　　　　　　　　　土地增值税纳税申报表（一）

（从事房地产开发的纳税人适用）

填表日期：年　月　日

纳税人识别号 □□□□□□□□□□□□□□□□□□　　　　　　　　　　金额单位：元（列至角分）

纳税人名称			税款所属时期	
项目			行次	金额
一、转让房地产收入总额 1=2+3			1	
其中	货币收入		2	
	实物收入及其他收入		3	
二、扣除项目金额合计 4=5+6+13+16+20			4	
1．取得土地使用权所支付的金额			5	
2．房地产开发成本=6+7+8+9+10+11+12			6	
其中	土地征用及拆迁补偿费		7	
	前期工程费		8	
其中	建筑安装工程费		9	
	基础设施费		10	
	公共配套设施费		11	
	开发间接费用		12	
3．房地产开发费用 13=14+15			13	
其中	利息支出		14	
	其他房地产开发费用		15	
4．与转让房地产有关的税金等 16+17+18+19			16	
其中	营业税		17	
	城市维护建设税		18	
	教育费附加		19	
5．财政部规定的其他扣除项目			20	
三、增值额 21=1−4			21	
四、增值额与扣除项目金额之比（%）22=21÷4			22	
五、适用税率（%）			23	
六、速算扣除系数（%）			24	
七、应缴土地增值税税额 25=21×23−4×24			25	
八、已缴土地增值税税额			26	
九、应补（退）土地增值税税额 27=25−26			27	
如纳税人填报，由纳税人填写以下各栏		如委托代理人填报，由代理人填写以下各栏		备注
会计主管（签章）	纳税人（公章）	代理人名称		代理人（公章）
		代理人地址		
		经办人姓名		电话
以下由税务机关填写				
收到申报表日期			接收人	

知识点应用

一、单项选择题

1．下列情形中，应当计算缴纳土地增值税的是（　　）。

A．工业企业向房地产开发企业转让国有土地使用权

B．房产所有人通过中国青少年发展基金会将房屋产权赠与西部教育事业

C．甲企业出资金、乙企业出土地，双方合作建房，建成后按比例分房自用

D．房地产开发企业代客户进行房地产开发，开发完成后向客户收取代建收入

2．房地产开发企业转让新建房，在确定土地增值税的扣除项目时，允许单独扣除的税金是（　　）。

A．增值税，印花税　　B．房产税，城市维护建设税

C．增值税，城市维护建设税　　D．印花税，城市维护建设税

3．下列各项中，应计算缴纳土地增值税的是（　　）。

A．公司与公司之间互换房产

B．房地产开发公司为客户代建房产

C．进出口公司在改制重组中，将自由仓库做投资，注册服装加工企业

D．双方合作建房后按比例分配房产自用

4．计算土地增值税时，纳税人如果不能按转让房地产项目计算分摊利息支出，其房地产开发费用按取得土地使用权所支付的金额与开发成本之和的（　　）计算扣除。

A．15%以内　　B．30%　　C．10%以内　　D．20%

5．纳税人建造普通标准住宅出售，增值额超过扣除项目金额 20%的，应就其（　　）按规定计算缴纳土地增值税。

A．超过部分的增值额　　B．全部增值额

C．扣除项目金额　　D．出售金额

6．某公司销售一幢已经使用过的办公楼，取得销售收入 500 万元，该办公楼原价 480 万元，已提折旧 300 万元。经房地产评估机构评估，该楼重置成本价为 800 万元，成新度折扣率为五成，销售时缴纳相关税费 30 万元。则该公司销售该办公楼应缴纳土地增值税（　　）万元。

A．21　　B．30　　C．51　　D．60

7．自然人转让房地产，其转让的房地产的坐落地与其居住所在地不一致时，在（　　）税务机关申报缴纳土地增值税。

A．居住所在地　　B．纳税人经常居住地

C．办理过户手续所在地　　D．自行选择的纳税地点

8．以下项目在计算土地增值税时，不得扣除其成本费用的是（　　）。

A．建成后产权属于全体业主所有的会所

B．建成后无偿移交给派出所用于办公的房屋

C．建成后有偿出售的停车场

D．建成后待售的商业用房

9．土地增值税纳税人应在签订房地产转让合同后的 7 日内，到（　　）税务机关办理纳税申报。

A．房地产所在地　　B．纳税人注册地　　C．纳税人核算地　　D．合同签订地

二、多项选择题

1．在计算土地增值税应纳税额时，纳税人为取得土地使用权支付的地价款准予扣除。这里的地价款是指（　　）。

A．以协议出让方式取得土地使用权的，为支付的土地出让金

B．以转让方式取得土地使用权的，为实际支付的地价款

C．以拍卖方式取得土地使用权的，为支付的土地出让金

D．以行政划拨方式取得土地使用权变更为有偿使用的，为补交的土地出让金

2．以下项目中，转让新建房产和转让旧房产，计算土地增值税增值额时均能扣除的项目有（　　）。

A．取得土地使用权所支付的金额　　B．房地产开发成本

C．与转让房地产有关的税金　　D．旧房及建筑物的评估价格

3．下列行为中，应缴纳土地增值税的有（　　）。

A．将使用过的旧房卖给某单位做办公室　　B．将使用过的旧房赠与子女

C．将使用过的旧房出租　　D．将使用过的旧房换成债权

4．下列各项中，属于土地增值税扣除项目中房地产开发成本的有（　　）。

A．取得土地使用权支付的金额　　B．土地征用费

C．耕地占用税　　D．周转房摊销

5．下列各项中，不属于土地增值税征税范围的有（　　）。

A．将房地产通过中国境内非营利的社会团体赠与公益事业的

B．以房地产抵押贷款而房地产尚在抵押期间的

C．将房地产直接赠与希望小学

D．以出地、出资方式双方合作建房，建成后全部转让给其中出资一方的

6．在计算转让旧房产的土地增值税时，以下可作为扣除项目金额的有（　　）。

A．房屋及建筑物的评估价格

B．取得土地使用权支付的地价款和按国家规定缴纳的有关费用

C．房地产开发成本

D．房地产开发费用

7．纳税人转让房地产，有（　　）情形的，按照房地产评估价格计算征收土地增值税。

A．隐瞒、虚报房地产成交价格

B．因偷税被税务机关给予两次行政处罚

C．房地产成交价格在 1 亿元以上

D．转让房地产的成交价格低于评估价格，又无正当理由的

实践技能训练

某房地产开发公司建造一幢普通标准住宅出售，取得销售收入 1 000 万元，假设该城市城市维护建设税税率为 7%，教育费附加为 3%，该公司为建造普通标准住宅而支付的地价款为 100 万元，建造此楼投入 300 万元的房地产开发成本（其中土地征用及拆迁补偿费用 40 万元，建筑安装工程费用 100 万元，前期工程费用 40 万元，基础设施费用 80 万元，开发间接费用 40 万元），由于该房地产开发公司同时建造别墅住宅，对该普通标准住宅所用的银行贷款利息支出无法分摊，该地规定房地产开发费用的计提比例为 10%。请计算：（1）该公司计算土地增值税时准予扣除的项目是多少？（2）该公司应缴纳的土地增值税是多少？

第七章 其他税种

学习目标

熟悉其他税种的基本要素规定；

掌握其他税种应纳税额的计算方法；

了解其他税种的税收优惠政策。

第一节 关税

一、关税概述

（一）关税的纳税义务人

关税是指海关根据相关法律规定，对通过其关境的进出口货物课征的一种税收。进出口货物的纳税义务人为收、发货人或者他们的代理人；应税个人自用物品的纳税义务人为携有应税个人自用物品的入境旅客及运输工具服务人员，进口邮递物品的收件人，以及以其他方式进口应税个人自用物品的收件人。纳税义务人可以自行办理纳税手续，也可以委托他人办理纳税手续。

（二）关税的征税范围

关税的征税对象为进出口货物和应税个人自用物品。根据《中华人民共和国海关进出口税则》（以下简称《海关进出口税则》）的规定，应税商品分为21个大类。

（三）关税税率

1. 进出口货物关税税率

（1）税率分类

最惠国进口税率：原产于与中国共同适用最惠国条款的世界贸易组织成员的进口货物，原产于与中国签订含有相互给予最惠国待遇条款的双边贸易协定的国家或地区的进口的货物，以及原产于中国境内的进口货物，适用于最惠国税率。

普通进口税率：原产于未与中国共同适用最惠国条款的世界贸易组织成员，未与中国订有相互给予最惠国待遇、关税优惠条款贸易协定和特殊关税优惠条款贸易协定的国家或地区的进口货物，以及原产地不明的进口货物，适用于普通税率。

协定税率：原产于与中国签订含有关税优惠条款的区域性贸易协定的国家或地区的进口货物，适用协定税率。

特惠税率：原产于与中华人民共和国签订含有特殊关税优惠条款的贸易协定的国家或者地区的进口货物，适用特惠税率。

年度进口暂定税率：适用普通税率的进口货物，不适用年度进口暂定税率。适用最惠国税率的进口货物有暂定税率的，应当适用年度进口暂定税率。适用协定税率、特惠税率的进口货物有年度进口暂定税率的，从低适用税率。

（2）税率的确定

进出口货物，应当依照《海关进出口税则》规定的归类原则归入合适的税号，并按照适用的税率征税。《中华人民共和国进出口关税条例》（以下简称《进出口关税条例》）和《中华人民共和国海关进出口货物征税管理办法》对税率的运用做出了明确规定。

进出口货物，应当按照收、发货人或者他们的代理人申报进口或者出口之日实施的税率征税；进口货物到达前，经海关核准先行申报的，应当按照装载此项货物的运输工具申报进口之日实施的税率征税；《海关进出口税则》中未订有出口税率的货物，不征出口税。

2. 应税个人自用物品关税税率

入境旅客行李物品和个人邮递物品征收进口税税率表如表 7-1 所示。

表 7-1　入境旅客行李物品和个人邮递物品征收进口税税率表

税号	物品名称	进口税率
1	书报、刊物，教育专用的电影片、幻灯片	10%
	原版录音带、录像带	
	金、银及其制品	
	食品、饮料	
	本表 2、3、4 税号及备注中所不包括的其他商品	
2	纺织品和制成品	30%
	电器用具（不包括摄像机）	
	照相机、自行车、手表、钟表（含配件、附件）	
3	化妆品、摄像机	80%
4	烟、酒	100%

注：避孕用具和药品，超过海关规定的自用合理数量部分按有关规定予以退运或按货物进口和程序办理报关验放手续。

二、关税应纳税额的计算

（一）关税完税价格的确定

1. 进口货物的完税价格

进口货物的完税价格由海关以货物的成交价格为基础审查确定，并应当包括该货物运抵中华人民共和国境内输入地点起卸前的运输及其相关费用、保险费。

（1）一般进口货物的完税价格

一般进口货物的完税价格的确定，应以进口货物的成交价格为基础。该成交价格是指卖方向我国境内销售该货物时，买方支付的价款总额，包括直接支付和间接支付的价款。

根据进口货物成交价格确定方式的不同，一般进口货物的完税价格的确定方法也不同，具体有以下几种。

① 进口货物以我国口岸到岸价格成交的，应以到岸价格作为完税价格。

② 进口货物以境外口岸离岸价格成交的，应当另加从境外口岸或者境外交货口岸运到我国口岸以前实际支付的运杂费、保险费等作为完税价格。

③ 进口货物以离岸价格加运费价格成交的，应当另加保险费作为完税价格。

到岸价格，也称抵岸价格或成本加保险费、运费（目的港）价格。卖方负责租船或订舱，按照合同规定将货物运至目的港办理保险事宜，价格包含运费和保险费，买方凭单据支付货款。离岸价格亦称船上交货价格，是卖方在合同规定的港口把货物装到买方指定的运载工具上，负担货物装上运载工具为止的一切费用和风险的价格。

（2）特殊进口货物的完税价格

对于在某些特殊、灵活的贸易方式（如寄售等）下进口的货物，在进口时没有“成交价格”可作为依据，《进出口关税条例》为这些进口货物指定了确定其完税价格的方法。

2. 出口货物的完税价格

出口货物的完税价格由海关以该货物向境外销售的成交价格为基础审查确定，并应当包括货物运至中华人民共和国境内输出地点装载前的运输及其相关费用、保险费。

出口货物的成交价格是指该货物出口销售时，卖方为出口该货物应当向买方直接收取和间接收取的价款总额，但不应该包括下列税费：出口关税；在货物价款中单独列明的货物至中华人民共和国境内输出地点装载后的运输及其相关费用、保险费；在货物价款中单独列明由卖方承担的佣金。

（二）关税应纳税额的计算

关税分为从价税、从量税、复合税和滑准税。

1. 从价税

从价税以进出口货物、物品的价格为标准计征关税。从价税额的计算公式如下：

应纳税额=应税进出口货物（物品）数量×单位完税价格（应税个人自用物品完税价格）×适用税率

2. 从量税

从量税是依据商品的数量、重量、容量、长度和面积等计量单位为标准来征收关税的。从量税额的计算公式如下：

应纳税额=应税进口货物数量×关税单位税额

3. 复合税

复合税亦称混合税，即对某种进口商品既征从量税又征从价税。一般以从量税为主，再加征从价税。混合税额的计算公式如下：

应纳税额=应税进口货物数量×关税单位税额+应税进口货物数量×单位完税价格×适用税率

4. 滑准税

滑准税是指关税的税率随着进口商品价格的变动而反方向变动的一种征税方法，即价格越高，税率越低，税率为比例税率。因此，对实行滑准税率的进口商品应纳关税税额的计算方法与从价税的计算方法相同。其计算公式如下：

应纳关税税额=应税进出口货物数量×单位完税价格×适用税率

【案例 7-1】某商场 20×8 年 12 月进口一批高档化妆品。该批货物在国外的买价为 100 万元，货物运抵我国入关前发生的运输费、保险费和其他费用分别为 10 万元、8 万元、6 万元。货物报关后，该商场按规定缴纳了进口环节的增值税和消费税并取得了海关开具的缴款书。该商场将化妆品从海关运往商场所在地取得增值税专用发票，发票上注明运输费用 5 万元、增值税进项税额 0.45 万元，该批化妆品当月在国内全部销售，取得不含税销售额 500 万元（假定化妆品进口关税税率为 20%，增值税税率为 13%，消费税税率为 15%）。计算该批化妆品进口环节应缴纳的关税、增值税、消费税和国内销售环节应缴纳的增值税。

【解析】

（1）关税完税价格=100+10+8+6=124（万元）

（2）应缴纳进口关税=124×20%=24.8（万元）

（3）进口环节的组成计税价格=（124+24.8）÷（1−15%）=175.06（万元）

（4）进口环节应缴纳增值税=175.06×13%=22.76（万元）

（5）进口环节应缴纳消费税= 175.06×15%=26.26（万元）

（6）国内销售环节应缴纳增值税=500×13%−0.45−22.76=41.79（万元）

三、关税的税收优惠与征收管理

（一）关税的税收优惠

下列货物，经海关审查无误后，可以免税。

（1）关税税额、进口环节增值税或者消费税税额在人民币五十元以下的。

（2）无商业价值的广告品及货样。

（3）国际组织、外国政府无偿赠送的物资。

（4）因故退还的中国出口货物，由原发货人或者他们的代理人申报进口，并提供原出口单证，经海关审查确实的，可以免征进口关税。但是，已征收的出口关税，不予退还。

（5）进出境运输工具在装载的途中必需的燃料、物料和饮食用品。

对有下列情形之一的进口货物，海关可以酌情减免税。

（1）在境外运输途中或者在起卸时，遭受损坏或者损失的。

（2）在起卸后海关放行前，因不可抗力而遭受损坏或者损失的。

（3）海关查验时，已经破漏、损坏或者腐烂的货物，经证明不是因仓库管理人或者货物关系人保管不慎所造成的。

（二）关税的征收管理

1. 纳税义务发生时间及纳税地点

进口货物的纳税义务人应当自运输工具申报进境之日起 14 日内，出口货物的纳税义务人除海关特准的外，应当在货物运抵海关监管区后、装货的 24 小时以前，向货物的进出境地海关申报，海关根据《海关进出口税则》归类和完税价格计算应缴纳的关税和进口环节代征税，并填发税款缴款书。

2. 纳税期限

纳税义务人应当自海关签发税款缴款凭证次日起 15 日内，向指定银行缴纳税款。如关税缴款期限届满日遇星期六、星期日等休息日或者法定节假日，则关税缴纳期限顺延至休息日或者法定节假日之后的第一个工作日。

第二节 资源税

一、资源税概述

十三届全国人大常委会第十二次会议26日表决通过中国首部资源税法。该法共17条，应税资源的具体范围由该法所附《资源税税目税率表》确定，将从2020年9月1日起施行。

（一）资源税的纳税义务人

资源税是以各种应税自然资源为课税对象，为了调节资源级差收入并体现国有资源有偿使用而征收的一种税。资源税实行“普遍征收，级差调节”的税收政策：所有开采者开采的所有应税资源都应缴纳资源税；同时，开采中、优等资源的纳税人还要相应多缴纳一部分资源税。

在中华人民共和国领域及管辖海域开采《中华人民共和国资源税法》（以下简称《资源税法》）规定的矿产品或者生产盐（以下称开采或者生产应税产品）的单位和个人，为资源税的纳税义务人（或称纳税人）。单位是指国有企业、集体企业、私营企业、股份制企业、外商投资企业、外国企业和行政事业单位、军事单位、社会团体及其他单位；个人是指个体经营者和其他个人。

收购未税矿产品的单位为资源税的扣缴义务人，主要适用于税源小、零散、不定期开采、易漏税等税务机关认为不易控管、由扣缴义务人在收购时代扣代缴未税矿产品资源税为宜的情况。

（二）资源税的征税对象

现行资源税的征税对象包括应税矿产品和盐，具体如下。

（1）原油，指专门开采的天然原油，不包括人造石油。

（2）天然气，指专门开采或与原油同时开采的天然气。

（3）煤炭，指原煤和以未税原煤加工的洗选煤。

（4）其他非金属矿原矿，是指上列产品和井矿盐以外的非金属矿原矿，包括宝石级金刚石、宝石、膨润土、石墨、石英砂、萤石和重晶石等。

（5）金属矿，包括铁矿、金矿、铜矿、铝土矿、铅锌矿、镍矿、锡矿及其他金属矿产品。

（6）盐，其中固体盐包括海盐原盐，湖盐原盐和井矿盐，液体盐是指卤水。

根据《关于全面推进资源税改革的通知》的要求，自2016年7月1日起，我国全面推进资源税改革，开展水资源税改革试点工作，并率先在河北试点，采取水资源费改税方式，将地表水和地下水纳入征税范围。

（三）资源税税率

资源税采取从价定率或者从量定额的办法计征。资源税的税目、征税对象、税率依照《资源税税目税率表》（见表7-2）及财政部有关规定执行。

表 7-2　　　　　　　　资源税税目税率表

（2020 年 9 月 1 日起执行）

税目			征税对象	税率幅度
能源矿产	原油		原矿	6%
	天然气、页岩气、天然气水合物		原矿	6%
	煤		原煤或选矿	2%～10%
	煤成（层）气		原矿	1%～2%
	铀、钍		原矿	4%
	油页岩、油砂、天然沥青、石煤		原矿或选矿	1%～4%
	地热		原矿	1%～20%或者 每立方米 1～30 元
金属矿产	黑色金属	铁、锰、铬、钒、钛	原矿或选矿	1%～9%
	有色金属	铜、铅、锌、锡、镍、锑、镁、钴、铋、汞	原矿	2%～10%
		铝土矿	原矿或选矿	2%～9%
		钨	选矿	6.5%
		钼	选矿	8%
		金、银	原矿或选矿	2%～6%
		铂、钯、钌、锇、铱、铑	原矿或选矿	5%～10%
		轻稀土	选矿	7%～12%
		中重稀土	选矿	20%
		铍、锂、锆、锶、铷、铯、铌、钽、锗、镓、铟、铊、铪、铼、镉、硒、碲	原煤或选矿	2%～10%
非金属矿	矿物类	高岭土	原矿或选矿	1%～6%
		石灰岩	原矿或选矿	1%～6%或者 每立方米 1～10 元
		磷	原矿或选矿	3%～8%
		石墨	原矿或选矿	3%～12%
		萤石、硫铁矿、自然硫	原矿或选矿	1%～8%
		天然石英砂、脉石英、粉石英、水晶、工业用金刚石、冰洲石、蓝晶石、硅线石（矽线石）、长石、滑石、刚玉、菱镁矿、颜料矿物、天然碱、芒硝、钠硝石、明矾石、砷、硼、碘、溴、膨润土、硅藻土、陶瓷土、耐火黏土、铁矾土、凹凸棒石黏土、海泡石黏土、伊利石黏土、累托石黏土	原矿或选矿	1%～12%
		叶蜡石、硅灰石、透辉石、珍珠岩、云母、沸石、重晶石、毒重石、方解石、蛭石、透闪石、工业用电气石、白垩、石棉、蓝石棉、红柱石、石榴子石、石膏	原矿或选矿	2%～12%
		其他黏土（铸型用黏土、砖瓦用黏土、陶粒用黏土、水泥配料用黏土、水泥配料用泥配料用泥岩、保温材料用黏土）	原矿或选矿	1%～5%或者 每立方米 0.1～5 元
	岩石类	大理岩、花岗岩、白云岩、石英岩、砂岩、辉绿岩、安山岩、闪长岩、板岩、玄武岩、片麻岩、角闪岩、页岩、浮石、凝灰岩、黑曜岩、霞石正长岩、蛇纹岩、麦饭石、泥灰岩、含钾岩石、含钾砂页岩、天然油石、橄榄岩、松脂岩、粗面岩、辉长岩、辉石岩、正长岩、火山灰、火山渣、泥炭	原矿或选矿	1%～10%
		砂石（天然砂、卵石、机制砂石）	原矿或选矿	1%～5%或者 每立方米 0.1～5 元
	宝玉石类	宝石、玉石、宝石级金刚石、玛瑙、黄玉、碧玺	原矿或选矿	4%～20%
水气矿产	二氧化碳气、硫化氢气、氦气、氡气		原矿	2%～5%
	矿泉水		原矿	1%～20%或者 每立方米 1～30 元
盐	钠盐、钾盐、镁盐、锂盐		选矿	3%～15%
	天然卤水		原矿	3%～15%或者 每立方米 1～10 元
	海盐			2%～5%

纳税人具体适用的税率，在《资源税税目税率表》规定的税率幅度内，根据纳税人所开采或者生产应税产品的资源品位、开采条件等情况，由财政部商国务院有关部门确定；财政部未列举名称且未确定具体适用税率的其他非金属矿原矿和有色金属矿原矿，由省、自治区、直辖市人民政府根据实际情况确定，报财政部和国家税务总局备案。

纳税人开采或者生产不同税目应税产品的，应当分别核算不同税目应税产品的销售额或者销售数量；未分别核算或者不能准确提供不同税目应税产品的销售额或者销售数量的，从高适用税率。

二、资源税应纳税额的计算

资源税的应纳税额，按照从价定率或者从量定额的办法，分别以应税产品的销售额乘以纳税人具体适用的比例税率或者以应税产品的销售数量乘以纳税人具体适用的定额税率计算。

（一）从价计征资源税应纳税额的计算

1. 销售额的认定

销售额是指纳税人销售应税产品向购买方收取的全部价款和价外费用，不包括增值税销项税额和运杂费用。

价外费用，包括价外向购买方收取的手续费、补贴、基金、集资费、返还利润、奖励费、违约金、滞纳金、延期付款利息、赔偿金、代收款项、代垫款项、包装费、包装物租金、储备费、优质费、运输装卸费以及其他各种性质的价外收费。但下列项目不包括在内。

（1）同时符合以下条件的代垫运输费用。

① 承运部门的运输费用发票开具给购买方的；

② 纳税人将该项发票转交给购买方的。

（2）同时符合以下条件代为收取的政府性基金或者行政事业性收费。

① 由国务院或者财政部批准设立的政府性基金，由国务院或者省级人民政府及其财政、价格主管部门批准设立的行政事业性收费；

② 收取时开具省级以上财政部门印制的财政票据；

③ 所收款项全额上缴财政。

运杂费用是指应税产品从坑口或洗选（加工）地到车站、码头或购买方指定地点的运输费用、建设基金以及随运销产生的装卸、仓储、港杂费用。运杂费用应与销售额分别核算，凡未取得相应凭据或不能与销售额分别核算的，应当一并计征资源税。

为公平原矿与精矿之间的税负，对同一种应税产品，征税对象为精矿的，纳税人销售原矿时，应将原矿销售额换算为精矿销售额缴纳资源税；征税对象为原矿的，纳税人销售自采原矿加工的精矿，应将精矿销售额折算为原矿销售额缴纳资源税。换算比或折算率原则上应通过原矿售价、精矿售价和选矿比计算，也可通过原矿销售额、加工环节平均成本和利润计算。金矿以标准金锭为征税对象，纳税人销售金原矿、金精矿的，应比照上述规定将其销售额换算为金锭销售额缴纳资源税。换算比或折算率应按简便可行、公平合理的原则，由省级财税部门确定，并报财政部、国家税务总局备案。

纳税人申报的应税产品销售额明显偏低并且无正当理由的、有视同销售应税产品行为而无销售额的，除财政部、国家税务总局另有规定外，按下列顺序确定销售额。

（1）按纳税人最近时期同类产品的平均销售价格确定；

（2）按其他纳税人最近时期同类产品的平均销售价格确定；

（3）按组成计税价格确定。组成计税价格计算公式为：

组成计税价格=成本×（1+成本利润率）÷（1-税率）

公式中的成本是指应税产品的实际生产成本。公式中的成本利润率由省、自治区、直辖市税务机关确定。

2. 应纳税额的计算

实行从价定率方式征收资源税的，根据应税产品的销售额和规定的适用税率计算应纳税额，具体计算公式为：

应纳税额=销售额×适用税率

【案例 7-2】2020 年 10 月，甲公司销售自采铝土矿原矿，收取含增值税价款 232 万元、优质费 11.6 万元、将铝土矿原矿从开采地运至货运站的运费 3 万元（可提供相应凭据）。已知铝土矿适用的增值税税率为 16%，甲公司铝土矿适用的资源税税率为 5%。计算甲公司应缴纳的资源税。

【解析】将自采原矿对外销售，属于资源税纳税环节。从开采地至货运站的运费不包括在资源税计税销售额中。

甲公司销售铝土矿原矿应当缴纳的资源税=（226+11.6）÷（1+13%）×5%=10.51（万元）

【案例 7-3】2020 年 11 月，甲公司将自采铝土矿原矿加工为精矿后销售，向丙企业收取含增值税价款 226 万元。已知，铝土矿适用的增值税税率为 13%，铝土矿以原矿为征税对象，甲公司铝土矿适用的资源税税率为 5%，折算率为 70%。计算甲公司应缴纳的资源税。

【解析】以自采原矿加工精矿产品的，在原矿移送使用时不缴纳资源税，在精矿销售或自用时缴纳资源税。

甲企业销售铝土矿精矿应当缴纳的资源税=226÷（1+13%）×70%×5%=7（万元）

（二）从量计征资源税应纳税额的计算

1. 销售数量的认定

销售数量包括纳税人开采或者生产应税产品的实际销售数量和视同销售的自用数量。纳税人不能准确提供应税产品销售数量的，以应税产品的产量或者主管税务机关确定的折算比换算成的数量为计征资源税的销售数量。

2. 应纳税额的计算

实行从量定额征收资源税的，根据应税产品的课税数量和规定的单位税额计算应纳税额，具体计算公式为：

应纳税额=课税数量×单位税额

代扣代缴应纳税额=收购未税矿产品的数量×适用的单位税额

【案例 7-4】2020 年 11 月，乙公司开采黏土 400 万立方米，销售了 300 万立方米，其余 100 万立方米待售。已知该公司开采的黏土适用的资源税税额为 0.2 元/立方米。计算乙公司应缴纳的资源税。

【解析】乙公司本月销售自采黏土应缴资源税=300×0.2=60（万元）

三、资源税的税收优惠与征收管理

（一）资源税的税收优惠

有下列情形之一的，减征或者免征资源税。

（1）开采原油以及在油田范围内运输原油过程中用于加热的原油、天然气；

（2）煤炭开采企业因安全生产需要抽采的煤成（层）气；

（3）从低丰度油气田开采的原油、天然气，减征百分之二十资源税；

（4）高含硫天然气、三次采油和从深水油气田开采的原油、天然气，减征百分之三十资源税；

（5）稠油、高凝油减征百分之四十资源税；

（6）从衰竭期矿山开采的矿产品，减征百分之三十资源税。

（7）纳税人开采或者生产应税产品过程中，因意外事故或者自然灾害等原因遭受重大损失的，由省、自治区、直辖市人民政府酌情决定减税或者免税。

（二）资源税的征收管理

1. 纳税义务发生时间

（1）纳税人销售应税产品，其纳税义务发生时间如下。

① 纳税人采取分期收款结算方式的，其纳税义务发生时间为销售合同规定的收款日期的当天；

② 纳税人采取预收货款结算方式的，其纳税义务发生时间为发出应税产品的当天；

③ 纳税人采取其他结算方式的，其纳税义务发生时间为收讫销售款或者取得索取销售款凭据的当天。

（2）纳税人自产自用应税产品的纳税义务发生时间，为移送使用应税产品的当天。

（3）扣缴义务人代扣代缴税款的纳税义务发生时间，为支付首笔货款或者开具应付货款凭据的当天。

2. 纳税地点

纳税人应当向矿产品的开采地或盐的生产所在地主管税务机关缴纳资源税。纳税人在本省、自治区、直辖市范围内开采或者生产应税产品，其纳税地点需要调整的，纳税地点由省级税务机关决定。

3. 纳税期限

资源税按月或者按季申报缴纳；不能按固定期限计算缴纳的，可以按次申报缴纳。

纳税人按月或者按季申报缴纳的，应当自月度或者季度终了之日起十五日内，向税务机关办理纳税申报并缴纳税款；按次申报缴纳的，应当自纳税义务发生之日起十五日内，向税务机关办理纳税申报并缴纳税款。

纳税人不论有无销售额，均应按照税务机关核定的纳税期限填写《资源税纳税申报表》（见表7-3），并向当地税务机关申报。

表 7-3　资源税纳税申报表

税款所属时间：自　　年　月　日至　　年　月　日　　填表日期：　　年　月　日　　金额单位：元至角分

纳税人识别号 | | | | | | | | | | | | | | | | | | | |

纳税人名称	（公章）		法定代表人姓名			注册地址		生产经营地址		
开户银行及账号				登记注册类型				电话号码		
税目	子目	折算率或换算比	计量单位	计税销售量	计税销售额	适用税率	本期应纳税额	本期减免税额	本期已缴税额	本期应补（退）税额
1	2	3	4	5	6	7	8①=6×7；8②=5×7	9	10	11=8-9-10
	合计	—	—			—				
授权声明	如果你已委托代理人申报，请填写下列资料： 为代理一切税务事宜，现授权　　　　（地址） 为本纳税人的代理申报人，任何与本申报表有关的往来文件，都可寄予此人。 授权人签字：						申报人声明	本纳税申报表是根据国家税收法律法规及相关规定填写的，我确定它是真实的、可靠的、完整的。 声明人签字：		

主管税务机关：　　　　接收人：　　　　接收日期：　　年　月　日

本表一式两份，一份纳税人留存，一份税务机关留存填表说明：

1. 本表为资源税纳税申报表主表，适用于缴纳资源税的纳税人填报（另有规定者除外）。本表包括三个附表，分别为资源税纳税申报表附表（一）、附表（二）、附表（三），由开采或生产原矿类、精矿类税目的纳税人以及发生减免税事项的纳税人填写。除“本期已缴税额”需要填写外，纳税人提交附表后，本表由系统自动生成，无须纳税人手工填写，仅需签章确认（特殊情况下需要手工先填写附表、再填写主表的例外）。

2.“纳税人识别号”：即税务登记证件号码。“纳税人名称”：即税务登记证件所载纳税人的全称。“填写日期”：即纳税人申报当日日期。“税款所属时间”是指纳税人申报的资源税应纳税额的所属时间，应填写具体的起止年、月、日。

3. 第1栏“税目”：是指规定的应税产品名称，多个税目的，可增加行次。第2栏“子目”：反映同一税目下适用税率、折算率或换算比不同的明细项目。子目名称由各省、自治区、直辖市、计划单列市税务机关根据本地区实际情况确定。

4. 第3栏“折算率或换算比”：反映精矿销售额折算为原矿销售额或者原矿销售额换算为精矿销售额的比值。除煤炭折算率由纳税人所在省、自治区、直辖市财税部门或其授权地市级财税部门确定外，其他应税产品的折算率或换算比由当地省级财税部门确定。

5. 第4栏“计量单位”：反映计税销售量的计量单位，如吨、立方米、千克等。

6. 第5栏“计税销售量”：反映计征资源税的应税产品销售数量，包括应税产品实际销售和视同销售两部分。从价计征税目计税销售额对应的销售数量视为计税销售量自动导入到本栏。计税销售量即课税数量。

7. 第6栏“计税销售额”：反映计征资源税的应税产品销售收入，包括应税产品实际销售和视同销售两部分。

8. 第7栏“适用税率”：从价计征税目的适用税率为比例税率，如原油资源税率为6%，即填6%；从量计征税目的适用税率为定额税率，如某税目每立方米3元，即填3。

9. 第8栏“本期应纳税额”：反映本期按适用税率计算缴纳的应纳税额。从价计征税目应纳税额的计算公式为8①=6×7；从量计征税目应纳税额的计算公式为8②=5×7。

10. 第9栏“本期减免税额”：反映本期减免的资源税税额。如不涉及减免税事项，纳税人不需填写附表（三），系统会将其“本期减免税额”默认为0。

11. 第10栏“本期已缴税额”：填写本期应纳税额中已经缴纳的部分。

12. 第11栏“本期应补（退）税额”：本期应补（退）税额=本期应纳税额-本期减免税额-本期已缴税额。

13. 中外合作及海上自营油气田按照《国家税务总局关于发布〈中外合作及海上自营油气田资源税纳税申报表〉的公告》（2012年第3号）进行纳税申报。

第三节 印花税

一、印花税概述

（一）印花税的纳税义务人

印花税是对经济活动和经济交往中书立、领受具有法律效力的凭证的行为所征收的一种税。因采用在应税凭证上粘贴印花税票作为完税的标志而得名。订立、领受在中华人民共和国境内具有法律效力的应税凭证，或者在中华人民共和国境内进行证券交易的单位和个人，为印花税的纳税义务人（或称纳税人），应当依法缴纳印花税。

应税凭证，是指《印花税税目税率表》（见表7-4）规定的书面形式的合同、产权转移书据、营业账簿和权利、许可证照以及经财政部确定征税的其他凭证。

单位和个人，是指国内各类企业、事业、机关、团体、部队以及中外合资企业、合作企业、外资企业、外国公司企业和其他经济组织及其在华机构等单位和个人。按照书立、使用、领受应税凭证的不同，单位和个人可以分别确定为立合同人、立据人、立账簿人、领受人、使用人和各类电子应税凭证的签订人。

立合同人是指书立各类合同的纳税人，即合同的当事人。也就是对凭证有直接权利义务关系的单位和个人，但不包括合同的担保人、证人、鉴定人。如果合同有代理人，则当事人的代理人有代理纳税的义务。

立据人是指书立产权转移书据的纳税人。

立账簿人是指开立并使用营业账簿的单位和个人。例如，某企业因生产需要，设立了若干营业账簿，该企业即为印花税纳税人。

领受人是指领取并持有权利、许可证照的单位和个人。例如，领取房屋产权证的单位和个人，即为印花税纳税人。

使用人是指在国外书立、领受，但在国内使用应税凭证的纳税人。

各类电子应税凭证的签订人是指以电子形式签订的各类应税凭证的当事人。

同一凭证，由两方或者两方以上当事人签订并各执一份的，应当由各方就所执的一份各自全额贴花。

证券登记结算机构为证券交易印花税的扣缴义务人。

（二）印花税的征税范围

1. 合同

合同，是指根据《中华人民共和国经济合同法》《中华人民共和国涉外经济合同法》和其他有关合同法规订立的合同，以及具有合同效力的协议、契约、合约、单据、确认书及其他各种名称的凭证。

（1）购销合同，指动产买卖合同，包括供应、预购、采购、购销结合及协作、调剂、补偿、贸易等合同。此外，还包括出版单位与发行单位之间订立的图书、报纸、期刊和音像制品的应税凭证，例如订购单、订数单等。还包括发电厂与电网之间、电网与电网之间（国家电网公司系统、南方电网公司系统内部各级电网互供电量除外）签订的购售电合同。但是，电网与用户之间签订的供用电合同不属于印花税列举征税的凭证，不征收印花税。

（2）加工承揽合同，承揽人按照定做人的要求完成工作，交付工作成果，定做人给付报酬的合同。完成工作并交付工作成果的一方为承揽人；接受工作成果并支付报酬的一方称为定做人。包括加工、定做、修缮、修理、印刷、广告、测绘、测试等合同。

（3）建设工程勘察设计合同。包括勘察、设计合同的总包合同、分包合同和转包合同。

（4）建筑安装工程承包合同。包括建筑、安装工程承包合同的总包合同、分包合同和转包合同。

（5）财产租赁合同。包括租赁房屋、船舶、飞机、机动车辆、机械、器具、设备等合同；还包括企业、个人出租门店、柜台等所签订的合同，但不包括企业与主管部门签订的租赁承包合同。

（6）货物运输合同，包括民用航空运输、铁路运输、海上运输、内河运输、公路运输和联运合同。

（7）仓储保管合同。包括仓储、保管合同或作为合同使用的仓单、栈单（或称入库单）。对某些使用不规范的凭证不便计税的，可就其结算单据作为计税贴花的凭证。

（8）借款合同，包括银行及其他金融组织和借款人（不包括银行同业拆借）所签订的借款合同。

（9）财产保险合同。包括财产、责任、保证、信用等保险合同。

（10）技术合同。包括技术开发、转让、咨询、服务等合同。

2. 产权转移书据

产权转移书据，是指单位和个人产权的买卖、继承、赠与、交换、分割等所立的书据。包括财产所有权和版权、商标专用权、专利权、专有技术使用权等转移书据。

3. 权利、许可证照

权利许可证照，指的是政府部门签发证明权利许可的文件。包括政府部门发给的房屋产权证、工商营业执照、商标注册证、专利证、土地使用证。

4. 营业账簿

营业账簿，是指单位或者个人记载生产经营活动的财务会计核算账簿。营业账簿按其反映内容的不同，可分为记载资金的账簿和其他账簿。记载资金的账簿，是指反映生产经营单位资本金额增减变化的账簿；其他账簿，是指除上述账簿以外的账簿，包括日记账簿和各明细分类账簿。

（三）印花税税率

印花税的税率包括比例税率和定额税率两种形式。各类合同（含以电子形式签订的各类应税凭证）、产权转移书据、营业账簿中记载资金的账簿，适用比例税率；权利、许可证照和营业账簿中的其他账簿适用定额税率，均为按件贴花，税额为 5 元。印花税税目税率表如表 7-4 所示。

表 7-4　印花税税目税率表

	税目	范围	税率	纳税人	说明
1	购销合同	包括供应、预购、采购、购销、结合及协作、调剂等合同	按购销金额 0.3‰贴花（万分之三）	立合同人	
2	加工承揽合同	包括加工、定作、修缮、修理、印刷广告、测绘、测试等合同	按加工或承揽收入 0.5‰贴花（万分之五）	立合同人	
3	建设工程勘察设计合同	包括勘察、设计合同	按收取费用 0.5‰贴花（万分之五）	立合同人	
4	建筑安装工程承包合同	包括建筑、安装工程承包合同	按承包金额 0.3‰贴花（万分之三）	立合同人	
5	财产租赁合同	包括租赁房屋、船舶、飞机、机动车辆、机械、器具、设备等合同	按租赁金额 1‰（千分之一）贴花。税额不足 1 元，按 1 元贴花	立合同人	
6	货物运输合同	包括民用航空运输、铁路运输、海上运输、联运合同	按运输费用 0.5‰贴花（万分之五）	立合同人	单据作为合同使用的，按合同贴花
7	仓储保管合同	包括仓储、保管合同	按仓储保管费用 1‰贴花（千分之一）	立合同人	仓单或栈单作为合同使用的，按合同贴花
8	借款合同	银行及其他金融组织和借款人	按借款金额 0.05‰贴花（万分之零点五）	立合同人	单据作为合同使用的，按合同贴花
9	财产保险合同	包括财产、责任、保证、信用等保险合同	按保险费收入 1‰贴花（千分之一）	立合同人	单据作为合同使用的，按合同贴花
10	技术合同	包括技术开发、转让、咨询、服务等合同	按所载金额 0.3‰贴花（万分之三）	立合同人	
11	产权转移书据	包括财产所有权、版权、商标专用权、专利权、专有技术使用权、土地使用权出让合同、商品房销售合同等	按所载金额 0.5‰贴花（万分之五）	立据人	

续表

	税目	范围	税率	纳税人	说明
12	营业账簿	生产、经营用账册	记载资金的账簿，按实收资本和资本公积的合计金额0.5‰（万分之五）贴花 其他账簿按件计税5元/件	立账簿人	自2018年5月1日起，对按万分之五税率贴花的资金账簿减半征收印花税，对按件贴花五元的其他账簿免征印花税
13	权利、许可证照	包括政府部门发给的房屋产权证、工商营业执照、商标注册证、专利证、土地使用证	按件贴花5元	领受人	

二、印花税应纳税额的计算

印花税应纳税额按照下列方法计算。

（1）应税合同的应纳税额的计算公式为：

应纳税额=价款或者报酬×适用税率

（2）应税产权转移书据的应纳税额的计算公式为：

应纳税额=价款×适用税率

（3）应税记载营业账簿的应纳税额等于实收资本（股本）、资本公积合计金额乘以适用税率，其计算公式为：

应纳税额=实收资本（股本）、资本公积合计金额×适用税率

（4）应税权利、许可证照的应纳税额的计算公式为：

应纳税额=应税凭证件数×定额税率

【案例7-5】丙企业2019年3月新成立，领受房屋产权证、工商营业执照、土地使用证各1件；与A企业订立转移专用技术使用权书据1份，所载金额为200万元；订立产品购销合同1份，所载金额为200万元；与银行订立借款合同1份，所载金额为400万元；企业记载资金的账簿中“实收资本”科目金额为800万元；其他营业账簿10本。计算丙企业3月份应缴纳的印花税。

【解析】

（1）企业领受权利、许可证照的应纳税额=3×5=15（元）

（2）企业签订产权转移书据的应纳税额=2 000 000×0.5‰=1 000（元）

（3）企业订立购销合同的应纳税额=2 000 000×0.3‰=600（元）

（4）企业订立借款合同的应纳税额=4 000 000×0.05‰=200（元）

（5）企业记载资金的账簿的应纳税额=8 000 000×0.25‰=2 000（元）

（6）企业其他营业账簿免征印花税。

（7）丙企业3月份应纳印花税税额=15+1 000+600+200+2 000=3 815（元）

三、印花税的税收优惠与征收管理

（一）印花税的税收优惠

下列情形，免征或者减征印花税。

（1）应税凭证的副本或者抄本，免征印花税。

（2）农民、农民专业合作社、农村集体经济组织、村民委员会购买农业生产资料或者销售自产农产品订立的买卖合同和农业保险合同，免征印花税。

（3）无息或者贴息借款合同、国际金融组织向我国提供优惠贷款订立的借款合同、金融机构与小型微型企业订立的借款合同，免征印花税。

（4）财产所有权人将财产赠与政府、学校、社会福利机构订立的产权转移书据，免征印花税。

（5）军队、武警部队订立、领受的应税凭证，免征印花税。

（6）转让、租赁住房订立的应税凭证，免征个人（不包括个体工商户）应当缴纳的印花税。

（7）自 2018 年 5 月 1 日起，对按万分之五税率贴花的资金账簿减半征收印花税，对按件贴花五元的其他账簿免征印花税。

（8）国务院规定免征或者减征印花税的其他情形。免征或者减征印花税的规定，由国务院报全国人民代表大会常务委员会备案。

（二）印花税的征收管理

1. 纳税义务发生时间

印花税纳税义务发生时间为纳税人订立、领受应税凭证或者完成证券交易的当日。证券交易印花税扣缴义务发生时间为证券交易完成的当日。

2. 纳税地点

单位纳税人应当向其机构所在地的主管税务机关申报缴纳印花税；个人纳税人应当向应税凭证订立、领受地或者居住地的税务机关申报缴纳印花税；纳税人出让或者转让不动产产权的，应当向不动产所在地的税务机关申报缴纳印花税；证券交易印花税的扣缴义务人应当向其机构所在地的主管税务机关申报缴纳扣缴的税款。

3. 纳税期限

印花税按季、按年或者按次计征。实行按季、按年计征的，纳税人应当于季度、年度终了之日起十五日内申报并缴纳税款。实行按次计征的，纳税人应当于纳税义务发生之日起十五日内申报并缴纳税款。

证券交易印花税按周解缴。证券交易印花税的扣缴义务人应当于每周终了之日起五日内申报解缴税款及孳息。纳税人应如实填写《印花税纳税申报（报告表）》（见表 7-5）。

表 7-5

印花税纳税申报（报告）表

税款所属期限：自 年 月 日至 年 月 日

纳税人识别号（统一社会信用代码）：□□□□□□□□□□□□□□□□□□□□

纳税人名称：

金额单位：人民币元（列至角分）

本期是否适用增值税小规模纳税人减征政策（减免性质代码：09049901）					□是 □否	减征比例（%）				
应税凭证	计税金额或件数	核定征收		适用税率	本期应纳税额	本期已缴税额	本期减免税额		本期增值税小规模纳税人减征额	本期应补（退）税额
		核定依据	核定比例				减免性质代码代码	减免税额		
	1	2	3	4	5=1×4+2×3×4	6	7	8	9	10=5-6-8-9
购销合同				0.3‰						
加工承揽合同				0.5‰						
建设工程勘察设计合同				0.5‰						
建筑安装工程承包合同				0.3‰						
财产租赁合同				1‰						
货物运输合同				0.5‰						
仓储保管合同				1‰						
借款合同				0.05‰						
财产保险合同				1‰						
技术合同				0.3‰						
产权转移书据				0.5‰						
营业账簿（记载资金的账簿）		—		0.5‰						
营业账簿（其他账簿）		—		5				—		
权利、许可证照		—		5						
合计	—	—		—						

谨声明：本纳税申报表是根据国家税收法律法规及相关规定填报的，是真实的、可靠的、完整的。

纳税人（签章）： 年 月 日

经办人： 经办人身份证号： 代理机构签章： 代理机构统一社会信用代码：	受理人： 受理税务机关（章）： 受理日期： 年 月 日

【表单说明】

填表说明：

1. “纳税人识别号（统一社会信用代码）”，填报税务机关核发的纳税人识别号或有关部门核发的统一社会信用代码。“纳税人名称”，填报营业执照、税务登记证等证件载明的纳税人名称。

2. 本期是否适用增值税小规模纳税人减征政策（减免税代码：09049901）：纳税人自增值税一般纳税人按规定转登记为小规模纳税人的，自成为小规模纳税人的当月起适用减征优惠。增值税小规模纳税人按规定登记为一般纳税人的，自一般纳税人生效之日起不再适用减征优惠；增值税年应税销售额超过小规模纳税人标准应当登记为一般纳税人而未登记，经税务机关通知，逾期仍不办理登记的，自逾期次月起不再适用减征优惠。纳税人本期适用增值税小规模纳税人减征政策的，勾选“是”；否则，勾选“否”。

3. 减征比例（%）：当地省级政府根据财税〔2019〕13 号文件确定的减征比例，系统自动带出。

4. 第 1 栏“计税金额或件数”，填写合同、产权转移书据、营业账簿的金额，或权利、许可证照的件数。

5. 第 2 栏“核定依据”，填写核定征收的计税依据。

6. 第 3 栏“核定比例”，填写核定征收的核定比例。

7. 第 5 栏“本期应纳税额”，反映本期按适用税率计算缴纳的应纳税额。计算公式为：5=1×4+2×3×4。

8. 第 6 栏“本期已缴税额”，填写本期应纳税额中已经缴纳的部分。

9. 第 7 栏“减免性质代码”，该项按照国家税务总局制定下发的最新《减免税政策代码目录》中的最细项减免性质代码填写。有减免税情况的必填。

10. 第 8 栏“减免税额”，反映本期减免的税额。

11. 第 9 栏“本期增值税小规模纳税人减征额”，反映符合条件的小规模纳税人减征的税额。计算公式为：9=（5-8）×减征比例。

12. 第 10 栏“本期应补（退）税额”，计算公式为：10=5-6-8-9。

13. 本表一式两份，一份纳税人留存，一份税务机关留存。

第四节 车辆购置税

一、车辆购置税概述

（一）车辆购置税的纳税义务人

车辆购置税是对在境内购置规定车辆的单位和个人征收的一种税，它由车辆购置附加费演变而来。购置，是指以购买、进口、自产、受赠、获奖或者其他方式取得并自用应税车辆的行为。

在中华人民共和国境内购置汽车、有轨电车、汽车挂车、排气量超过一百五十毫升的摩托车（以下统称应税车辆）的单位和个人，为车辆购置税的纳税义务人（或称纳税人），应当依法缴纳车辆购置税。

（二）车辆购置税的征税范围

车辆购置税的征税范围包括汽车、有轨电车、汽车挂车、排气量超过一百五十毫升的摩托车（以下统称应税车辆）。

（1）汽车，包括各类汽车。

（2）有轨电车，以电能为动力，在轨道上行驶的公共车辆。

（3）汽车挂车，包括：全挂车（无动力设备，独立承载，由牵引车辆牵引行驶的车辆）；半挂车（无动力设备，与牵引车共同承载，由牵引车辆牵引行驶的车辆）。

（4）摩托车，排气量超过一百五十毫升的摩托车。

（三）车辆购置税税率

车辆购置税实行百分之十的比例税率。

二、车辆购置税应纳税额的计算

车辆购置税的应纳税额等于应税车辆的计税价格乘以税率。

应税车辆的计税价格，按照下列规定确定。

（1）纳税人购买自用应税车辆的计税价格，为纳税人实际支付给销售者的全部价款，不包括增值税税款。

（2）纳税人进口自用应税车辆的计税价格，为关税完税价格加上关税和消费税。

（3）纳税人自产自用应税车辆的计税价格，按照纳税人生产的同类应税车辆的销售价格确定，不包括增值税税款。

（4）纳税人以受赠、获奖或者其他方式取得自用应税车辆的计税价格，按照购置应税车辆时相关凭证载明的价格确定，不包括增值税税款。

（5）纳税人申报的应税车辆计税价格明显偏低，又无正当理由的，由税务机关依照《中华人民共和国税收征收管理法》的规定核定其应纳税额。

（6）纳税人以外汇结算应税车辆价款的，按照申报纳税之日的人民币汇率中间价折合成人民币计算缴纳税款。

【案例 7-6】甲公司购买一辆本单位自用轿车，支付含增值税的价款 174 000 元，另支付购置工具件和零配件的价款 2 320 元、车辆装饰费 3 700 元，支付销售公司代收保险费等 5 000 元，支付的各项价款均由销售公司开具统一发票。计算甲公司应纳的车辆购置税。

【解析】纳税人购买自用应税车辆的计税价格，为纳税人实际支付给销售者的全部价款，不包括增值税税款。

应纳税额=（174 000+2 320+3 700+5 000）÷（1+13%）×10%=16 373.45（元）。

【案例 7-7】某外贸进出口公司 2019 年 9 月，从国外进口 10 辆某品牌小轿车。该公司报关进口这批小轿车确定关税计税价格为 200 000 元/辆，海关按关税政策规定课征关税 230 800 元/辆，并按消费税、增值税有关规定分别代征进口消费税 21 000 元/辆，增值税 74 406 元/辆。由于业务工作的需要，该公司将一辆小轿车用于本单位使用。根据纳税人提供的有关报关进口资料和经海关审查确认的有关完税证明资料，计算应纳车辆购置税。

【解析】应纳税额=（200 000+230 800+21 000）×10%=45 180（元）

三、车辆购置税的税收优惠与征收管理

（一）车辆购置税的税收优惠

对下列车辆免征车辆购置税。

（1）依照法律规定应当予以免税的外国驻华使馆、领事馆和国际组织驻华机构及其有关人员自用的车辆；

（2）中国人民解放军和中国人民武装警察部队列入装备订货计划的车辆；

（3）悬挂应急救援专用号牌的国家综合性消防救援车辆；

（4）设有固定装置的非运输专用作业车辆；

（5）城市公交企业购置的公共汽电车辆。

根据国民经济和社会发展的需要，国务院可以规定减征或者其他免征车辆购置税的情形，报全国人民代表大会常务委员会备案。

（二）车辆购置税的征收管理

1. 纳税义务发生时间

车辆购置税的纳税义务发生时间为纳税人购置应税车辆的当日。

2. 纳税地点

纳税人购置应税车辆，应当向车辆登记地的主管税务机关申报缴纳车辆购置税；购置不需要办理车辆登记的应税车辆的，应当向纳税人所在地的主管税务机关申报缴纳车辆购置税。

3. 纳税期限

纳税人应当自纳税义务发生之日起六十日内申报缴纳车辆购置税。纳税人应当在向公安机关交通管理部门办理车辆注册登记前，缴纳车辆购置税。

若免税、减税车辆因转让、改变用途等原因不再属于免税、减税范围，则纳税人应当在办理车辆转移登记或者变更登记前缴纳车辆购置税。计税价格以免税、减税车辆初次办理纳税申报时确定的计税价格为基准，每满一年扣减百分之十。

纳税人将已征车辆购置税的车辆退回车辆生产企业或者销售企业的，可以向主管税务机关申请退还车辆购置税。退税额以已缴税款为基准，自缴纳税款之日至申请退税之日，每满一年扣减百分之十。

第五节 城镇土地使用税

一、城镇土地使用税概述

（一）城镇土地使用税的纳税义务人

城镇土地使用税（以下简称“土地使用税”）是指国家在城市、县城、建制镇、工矿区范围内，对使用土地的单位和个人，以其实际占用的土地面积为计税依据，按照规定的税额计算征收的一种税。

在城市、县城、建制镇、工矿区范围内使用土地的单位和个人，为土地使用税的纳税义务人（或称纳税人），应当依照规定缴纳土地使用税。单位，包括国有企业、集体企业、私营企业、股份制企业、外商投资企业、外国企业、其他企业、事业单位、社会团体、国家机关、军队以及其他单位；所称个人，包括个体工商户以及其他个人。单位和个人不包括集体土地的使用者。具体规定如下。

（1）拥有土地使用权的单位和个人是纳税人。

（2）拥有土地使用权的单位和个人不在土地所在地的，其土地的实际使用人和代管人为纳税人。

（3）土地使用权未确定的或权属纠纷未解决的，其实际使用人为纳税人。

（4）土地使用权共有的，共有各方都是纳税人，分别纳税。

例如，3 个单位共有一块土地的使用权，一方占 40%，另两方各占 30%，如果算出的税额为 100 万元，则 3 个单位分别按 40 万元、30 万元、30 万元的数额负担土地使用税。

（二）城镇土地使用税的征税范围

土地使用税在城市、县城、建制镇、工矿区开征，凡是在纳税范围内的非农业土地，不论国家或集体，不论单位或个人，都应照章缴纳土地使用税。目前，我国尚未对农村非农业用地计征该税。因此，该税全称为城镇土地使用税。

城市是指经国务院批准设立的市，包括市区和郊区的土地；县城是指县人民政府所在地，其纳税范围是县政府所在地的城镇；建制镇是指经省、自治区、直辖市人民政府批准设立的建制镇，其纳税范围是镇政府所在地的地区，但不包括镇政府所在地所辖行政村；工矿区是指工商业比较发达，人口比较集中，符合国务院规定的建制镇标准，但尚未设立建制镇的大中型工矿企业所在地，工矿区必须经省、自治区、直辖市人民政府批准。

（三）城镇土地使用税税率

土地使用税适用地区幅度差别定额税率。按大、中、小城市和县城、建制镇、工矿区分别规定每平方米土地使用税年应纳税额。土地使用税每平方米年税额标准具体规定如下。

（1）大城市为 1.5 元至 30 元；

（2）中等城市为 1.2 元至 24 元；

（3）小城市为 0.9 元至 18 元；

（4）县城、建制镇、工矿区为 0.6 元至 12 元。

省、自治区、直辖市人民政府，应当在上述规定的税额幅度内，根据市政建设状况、经济繁荣程度等条件，确定所辖地区的适用税额幅度。市、县人民政府应当根据实际情况，将本地区土地划分为若干等级，在省、自治区、直辖市人民政府确定的税额幅度内，制定相应的适用税额标准，报省、自治区、直辖市人民政府批准执行。

经省、自治区、直辖市人民政府批准，经济落后地区土地使用税的适用税额标准可以适当降低，但降低额不得超过最低税额的 30%。经济发达地区土地使用税的适用税额标准可以适当提高，但须报经财政部批准。

二、城镇土地使用税应纳税额的计算

土地使用税以纳税人实际占用的土地面积为计税依据，土地使用面积的组织测量工作，由省、自治区、直辖市人民政府根据实际情况确定。由于土地测量工作的技术性强，工作量大，因而对纳税人持有政府部门核发的土地使用证书的，以证书确认的土地使用面积为准；尚未核发土地使用证书的，由纳税人据实申报土地使用面积，待土地面积测定后，按测定面积进行调整。

土地使用税的应纳税额的计算公式为：

土地使用税应纳税额=应税土地的实际使用面积×适用的单位税额

【案例 7-8】甲企业实际占地面积为 30 000 平方米，经税务机关核定，该企业所在地适用的城镇土地使用税税率为每平方米 2.5 元。计算该企业全年应缴纳的城镇土地使用税税额。

【解析】应纳税额=30 000×2.5=75 000（元）

三、城镇土地使用税的税收优惠与征收管理

（一）城镇土地使用税的税收优惠

下列土地免缴土地使用税。

（1）国家机关、人民团体、军队自用的土地；

（2）由国家财政部门拨付事业经费的单位自用的土地；

（3）宗教寺庙、公园、名胜古迹自用的土地；

（4）市政街道、广场、绿化地带等公共用地；

（5）直接用于农、林、牧、渔业的生产用地；

（6）经批准开山填海整治的土地和改造的废弃土地，从使用的月份起免缴土地使用税 5 年至 10 年；

（7）由财政部另行规定免税的能源、交通、水利设施用地和其他用地。

纳税人缴纳土地使用税确有困难需要定期减免的，由县以上税务机关批准。

（二）城镇土地使用税的征收管理

1. 纳税义务发生时间

（1）纳税人购置新建商品房，自房屋交付使用之次月起，缴纳土地使用税。

（2）纳税人购置存量房，自办理房屋权属转移、变更登记手续，房地产权属登记机关签发房屋权属证书之次月起，缴纳土地使用税。

（3）纳税人出租、出借房产，自交付出租、出借房产之次月起，缴纳土地使用税。

（4）以出让或转让方式有偿取得土地使用权的，应由受让方从合同约定的交付土地时间的次月起缴纳土地使用税；合同未约定交付土地时间的，由受让方从合同签订的次月起缴纳土地使用税。

（5）纳税人新征用的耕地，自批准征用之日起满 1 年时开始缴纳土地使用税。

（6）纳税人新征用的非耕地，自批准征用次月起缴纳土地使用税。

2. 纳税地点

城镇土地使用税在土地所在地缴纳。纳税人使用的土地不属于同一省、自治区、直辖市管辖的，由纳税人分别向土地所在地的税务机关缴纳土地使用税；在同一省、自治区、直辖市管辖范围内，纳税人跨地区使用的土地，其纳税地点由各省、自治区、直辖市税务局确定。

3. 纳税期限

土地使用税实行按年计算、分期缴纳的征收方法，具体纳税期限由省、自治区、直辖市人民政府确定。纳税人应如实填写《城镇土地使用税纳税申报表》（见表 7-6）。

表 7-6　　　　城镇土地使用税纳税申报表

税款所属期：自　年　月　日至　年　月　日　填表日期：　年　月　日　　金额单位：元至角分；面积单位：平方米

纳税人识别号□□□□□□□□□□□□□□□□□□□□

纳税人信息	名称						纳税人分类		单位□	个人□	
	登记注册类型			*			所属行业		*		
	身份证件类型			身份证□　护照□　其他□_			身份证件号码				
	联系人						联系方式				
申报纳税信息	土地编号	宗地的地号	土地等级	税额标准	土地总面积	所属期起	所属期止	本期应纳税额	本期减免税额	本期已缴税额	本期应补（退）税额
	*										
	*										
	*										
	*										
	*										
	*										
	*										
	*										
	*										
	*										
	合计			*		*	*				
以下由纳税人填写：											
纳税人声明	此纳税申报表是根据《中华人民共和国城镇土地使用税暂行条例》和国家有关税收规定填报的，是真实的、可靠的、完整的。										
纳税人签章				代理人签章			代理人身份证号				
以下由税务机关填写：											
受理人				受理日期		年　月　日	受理税务机关签章				

本表一式两份，一份纳税人留存，一份税务机关留存。

【表单说明】

（1）本表适用于在中华人民共和国境内申报缴纳城镇土地使用税的单位和个人。

（2）本表为城镇土地使用税纳税申报表主表，依据《中华人民共和国税收征收管理法》、《中华人民共和国城镇土地使用税暂行条例》制定。本表包括两个附表。附表一为《城镇土地使用税减免税明细申报表》，附表二为《城镇土地使用税税源明细表》。在纳税人首次申报或变更申报提交《城镇土地使用税税源明细表》后，本表由系统自动生成，无须纳税人手工填写，仅需签章确认。申报土地数量大于 10 个（不含 10）的纳税人，建议采用网络申报方式，并可选用本表的汇总版进行确认，完成申报。对于后续申报，纳税人税源明细无变更的，税务机关提供免填单服务，根据纳税人识别号，由系统自动打印本表，纳税人签章确认即可完成申报。

（3）纳税人识别号（必填）：填写税务机关赋予的纳税人识别号。

（4）纳税人名称（必填）：纳税人为党政机关、企事业单位、社会团体的，应按照国家人事、民政部门批准设立或者工商部门注册登记的全称填写；纳税人是自然人的，应当按照本人有效身份证件上标注的姓名填写。

（5）纳税人分类（必选）：分为单位和个人，个人含个体工商户。

（6）登记注册类型：单位，根据税务登记证或组织机构代码证中登记的注册类型填写；纳税人是企业的，根据国家统计局发布的《关于划分企业登记注册类型的规定》填写。该项可由系统根据纳税人识别号自动带出，无须纳税人填写。

（7）所属行业：根据《国民经济行业分类》（GB/T 4754-2011）填写。该项可由系统自动带出，无须纳税人填写。

（8）身份证件类型：填写能识别纳税人唯一身份的有效证照名称。纳税人为自然人的，该项为必选项。选择“其他”的，请注明证件的具体类型。

（9）身份证件号码：填写纳税人身份证件上的号码。

（10）联系人、联系方式（必填）：填写单位法定代表人或纳税人本人姓名、常用联系电话及地址。

（11）土地编号：纳税人不必填写。由税务机关的管理系统赋予编号。

（12）宗地的地号：土地证件记载的地号。不同地号的土地应当分行填写。无地号的，不同的宗地也应当分行填写。

（13）土地等级（必填）：根据本地区关于土地等级的有关规定，填写纳税人占用土地所属的土地的等级。不同土地等级的土地，应当按照各个土地等级汇总填写。

第六节 房产税

一、房产税概述

（一）房产税的纳税义务人

房产税是以房产为征税对象，以房产的计税余值或房产租金收入为计税依据，向房产所有人或经营管理人等征收的一种税。房产税由产权所有人、承典人、房产代管人或者使用人缴纳。

（1）产权属于国家所有的，经营管理的单位为房产税的纳税义务人。

（2）产权属于集体和个人所有的，集体单位和个人为房产税的纳税义务人。

（3）产权出典的，承典人为房产税的纳税义务人。

（4）产权所有人、承典人不在房产所在地的，或产权未确定及租典纠纷未解决的，房产代管人或者使用人为房产税的纳税义务人。其中，承典人是指以押金形式并付出一定费用，在一定期限内享有房产的使用、收益权利的人；代管人是指接受产权所有人、承典人的委托代为管理房产，或虽未受委托而在事实上已代管房产的人；使用人是指直接使用房产的人。

（二）房产税的征税范围

房产税在城市、县城、建制镇和工矿区征收。城市是指经国务院批准设立的市，包括市区、郊区和市辖县县城，不包括农村；县城是指未设立建制镇的县人民政府所在地；建制镇是指经省、自治区、直辖市人民政府批准设立的建制镇，为镇人民政府所在地，不包括所辖的行政村；工矿区是指工商业比较发达，人口比较集中，符合国务院规定的建制镇标准，但尚未设立建制镇的大中型工矿企业所在地。在工矿区开征房产税须经省、自治区、直辖市人民政府批准。

独立于房屋之外的建筑物，如围墙、烟囱、水塔、菜窖、室外游泳池等不征房产税。

（三）房产税税率

（1）按房产余值计征的，称为从价计征，年税率为1.2%。

（2）按房产出租的租金收入计征的，称为从租计征，税率为12%。自2001年1月1日起，对个人按市场价格出租的居民住房，用于居住的，可暂减按4%的税率征收房产税。

二、房产税应纳税额的计算

（一）从价计征的房产税应纳税额的计算

房产税依照房产原值一次减除10%～30%后的余值计算缴纳。计算公式为：

应纳税额=房产原值×（1−扣除比例）×1.2%

房产原值是指纳税人按照会计制度规定，在账簿“固定资产”科目中记载的房屋原价。房产原值应包括与房屋不可分割的各种附属设备或一般不单独计算价值的配套设施，纳税人对原有房屋进行改建、扩建的，要相应增加房屋的原值。

对融资租赁房屋的情况，在计征房产税时应以房产余值计算征收。

（二）从租计征的房产税应纳税额的计算

从租计征，计算公式为：

应纳税额=租金收入×12%（或 4%）

对投资联营的房产，在计征房产税时应予以区别对待。对共担风险的，以房产余值作为计税依据，计征房产税；对收取固定收入的，应由出租方按租金收入计缴房产税。

【案例 7-9】甲企业拥有自有房屋 30 栋，其中 20 栋作为自身经营所用，房产原值为 4 600 万元。该企业所在省规定允许按减除 20%后的余值计征房产税。剩余 10 栋房屋出租给乙公司作为经营用房，年租金收入为 100 万元。试计算甲企业应纳房产税税额。

【解析】

（1）自用房产应纳房产税税额=4 600×（1-20%）×1.2%=44.16（万元）

（2）租金收入应纳房产税税额=100×12%=12（万元）

全年应纳房产税税额=44.16+12=56.16（万元）

三、房产税的税收优惠与征收管理

（一）房产税的税收优惠

下列房产免纳房产税。

（1）国家机关、人民团体、军队自用的房产。

（2）由国家财政部门拨付事业经费的单位自用的房产。

（3）宗教寺庙、公园、名胜古迹自用的房产。

（4）个人所有非营业用的房产。

（5）经财政部批准免税的其他房产。

除以上规定外，纳税人纳税确有困难的，可由省、自治区、直辖市人民政府确定，定期减征或者免征房产税。

（二）房产税的征收管理

1. 纳税义务发生时间

（1）纳税人将原有房产用于生产经营，从生产经营之月起，缴纳房产税。

（2）纳税人自行新建房屋用于生产经营，从建成之次月起，缴纳房产税。

（3）纳税人委托施工企业建设的房屋，从办理验收手续之次月起，缴纳房产税。

（4）纳税人购置新建商品房，自房屋交付使用之次月起，缴纳房产税。

（5）纳税人购置存量房，自办理房屋权属转移、变更登记手续，房地产权属登记机关签发房屋权属证书之次月起，缴纳房产税。

（6）纳税人出租、出借房产，自交付出租、出借房产之次月起，缴纳房产税。

（7）房地产开发企业自用、出租、出借本企业建造的商品房，自房屋使用或交付之次月起，缴纳房产税。

（8）企业停产，撤销后，它们原有的房产闲置不用的，经省，自治区，直辖市税务局批准可暂不征收房产税；如果这些房产转给其他征税单位使用或者在企业恢复生产的时候，应依照规定征收房产税。

2. 纳税地点

房产税在房产所在地缴纳。房产不在同一地方的纳税人，应按房产的坐落地点分别向房产所在地的税务机关纳税。

3. 纳税期限

房产税实行按年计算、分期缴纳的征收方法，具体纳税期限由省、自治区、直辖市人民政府确定。房产税的纳税人应及时办理纳税申报，并如实填写《房产税纳税申报表》（见表 7-7）。

表 7-7　　　　房产税纳税申报表

税款所属期：自　年　月　日至　年　月　日　　填表日期：　年　月　日　　金额单位：元至角分；面积单位：平方米

纳税人识别号

纳税人信息	名称		纳税人分类	单位□　个人□
	登记注册类型	*	所属行业	*
	身份证件类型	身份证□　护照□　其他□	身份证件号码	
	联系人		联系方式	

一、从价计征房产税

	房产编号	房产原值	其中：出租房产原值	计税比例	税率	所属期起	所属期止	本期应纳税额	本期减免税额	本期已缴税额	本期应补（退）税额
1	*										
2	*										
3	*										
4	*										
合计	*	*	*	*	*	*	*				

二、从租计征房产税

	本期申报租金收入	税率	本期应纳税额	本期减免税额	本期已缴税额	本期应补（退）税额
1						
2						
3						
合计		*				

以下由纳税人填写：

纳税人声明	此纳税申报表是根据《中华人民共和国房产税暂行条例》和国家有关税收规定填报的，是真实的、可靠的、完整的。				
纳税人签章		代理人签章		代理人身份证号	

以下由税务机关填写：

受理人		受理日期	年　月　日	受理税务机关签章	

本表一式两份，一份纳税人留存，一份税务机关留存。

【表单说明】

（1）本表适用于在中华人民共和国境内申报缴纳房产税的单位和个人。

（2）本表依据《中华人民共和国税收征收管理法》《中华人民共和国房产税暂行条例》制定，为房产税纳税申报表主表。本表包括三个附表，附表一为《房产税减免税明细申报表》，附表二为《从价计征房产税税源明细表》，附表三为《从租计征房产税税源明细表》。在纳税人首次申报或变更申报，提交《从价计征房产税税源明细表》和《从租计征房产税税源明细表》后，本表由系统自动生成，无须纳税人手工填写，仅需签章确认。申报房产数量大于10（不含10）的纳税人，建议采用网络申报方式，并可选用本表的汇总版进行申报。对于后续申报，若纳税人税源明细无变更，则税务机关提供免填单服务，根据纳税人识别号，让系统根据当期有效的房产税税源明细信息自动生成本表，纳税人签章确认即可完成申报。

（3）纳税人识别号：填写税务机关赋予的纳税人识别号。

（4）纳税人名称：纳税人为党政机关、企事业单位、社会团体的，应按照国家人事、民政部门批准设立或者工商部门注册登记的全称填写；纳税人是自然人的，应当按照本人有效身份证件上标注的姓名填写。

（5）纳税人分类：分为单位和个人，个人含个体工商户。

（6）登记注册类型：单位，根据税务登记证或组织机构代码证中登记的注册类型填写；纳税人是企业的，根据国家统计局发布的《关于划分企业登记注册类型的规定》填写。该项可由系统根据纳税人识别号自动带出，无须纳税人填写。

（7）所属行业：根据《国民经济行业分类》（GB/T 4754-2011）填写。该项可由系统根据纳税人识别号自动带出，无须纳税人填写。

（8）身份证件类型：选择能识别纳税人唯一身份的有效证照名称。纳税人为自然人的，此项为必选项。选择“其他”的，请注明证件的具体类型。

（9）身份证件号码：填写纳税人身份证件上的号码。

（10）联系人、联系方式：填写单位法定代表人或纳税人本人的姓名、常用联系电话及地址。

（11）房产编号：纳税人不必填写。由税务机关的管理系统赋予编号。

（12）房产原值：本项为《从价计征房产税税源明细表》相应数据项的汇总值。

（13）出租房产原值：本项为《从价计征房产税税源明细表》相应数据项的汇总值。

（14）计税比例：系统应当允许各地自行配置。配置好后，系统预设在表单中。

（15）税率：系统预设，无须纳税人填写，并允许各地自行配置。从价配置默认1.2%，从租配置默认12%。

（16）所属期起：税款所属期内税款所属的起始月份。起始月份不同的房产应当分行填写。默认为税款所属期的起始月份。但是，从《从价计征房产税税源明细表》中取得的时间晚于税款所属期起始月份的，所属期起为“取得时间”的次月；《从价计征房产税税源明细表》中经核准的困难减免的起始月份晚于税款所属期起始月份的，所属期起为“经核准的困难减免的起始月份”；《从价计征房产税税源明细表》中变更类型选择信息项变更的，变更时间晚于税款所属期起始月份的，所属期起为“变更时间”。

（17）所属期止：税款所属期内税款所属的终止月份。终止月份不同的房产应当分行填写。默认为税款所属期的终止月份。但是，《从价计征房产税税源明细表》中变更类型选择“纳税义务终止”的，变更时间早于税款所属期终止月份的，所属期止为“变更时间”；《从价计征房产税税源明细表》中“经核准的困难减免的终止月份”早于税款所属期终止月份的，所属期止为“经核准的困难减免的终止月份”。

（18）本期应纳税额：本项为《从价计征房产税税源明细表》和《从租计征房产税税源明细表》相应数据项的汇总值。

（19）本期减免税额：本项为按照税目分别从《从价计征房产税税源明细表》或《从租计征房产税税源明细表》月减免税额与税款所属期实际包含的月份数自动计算生成。

（20）带星号（*）的项目不需要纳税人填写。

（21）逻辑关系

① 从价计征房产税的本期应纳税额=Σ（房产原值-出租房产原值）×计税比例×税率÷12×（所属期止月份-所属期起月份+1）

② 从价计征房产税的本期应补（退）税额=本期应纳税额-本期减免税额-本期已缴税额

③ 从租计征房产税的本期应纳税额=Σ本期应税（申报）租金收入×适用税率

④ 从租计征房产税的本期应补（退）税额=本期应纳税额-本期减免税额-本期已缴税额

⑤ 从价计征本期减免税额=Σ《从价计征房产税税源明细表》中的月减免税额×（所属期止月份-所属期起月份+1）

⑥ 从租计征本期减免税额=Σ《从租计征房产税税源明细表》中的月减免税额×（所属期止月份-所属期起月份+1）

第七节 车船税

车船税是以车船为征税对象，向拥有车辆、船的单位和个人征收的一种税。

一、车船税纳税义务人

车船税的纳税义务人（或称纳税人），是指在中华人民共和国境内，车辆、船舶（以下简称车船）的所有人或者管理人。

外商投资企业、外国企业、华侨、外籍人员，也属于车船税的纳税人。境内单位和个人租入外国籍船舶的，不征收车船税。境内单位和个人将船舶出租到境外的，应依法征收车船税。从事机动车第三者责任强制保险业务的保险机构为机动车车船税的扣缴义务人。

二、车船税的征税范围

车船税的征税范围是指在中华人民共和国境内属于《中华人民共和国车船税法》（以下简称《车船税法》）所附《车船税税目税额表》规定的车辆、船舶，具体如下。

（1）依法应当在车船登记管理部门登记的机动车辆和船舶；

（2）依法不需要在车船登记管理部门登记、在单位内部场所行驶或者作业的机动车辆和船舶。

上文所述车辆，具体包括乘用车、商用客车（包括电车）、商用货车（包括半挂牵引车、三轮汽车和低速载货汽车等）、挂车、摩托车、其他车辆（不包括拖拉机）。其中，其他车辆包括专用作业车和轮式专用机械车等。

上文所述船舶，包括机动船舶、非机动驳船、拖船和游艇。

三、车船税的税率

车船税采用定额税率（又称固定税额）。省、自治区、直辖市人民政府根据《车船税法》所附的《车船税税目税额表》确定车船具体适用税额时，应遵循的原则：非机动车船的税负轻于机动车船；人力车的税负轻于畜力车；小吨位船舶的税负轻于大吨位船舶。由于车辆与船舶的行驶情况不同，车船税的税额也有所不同（见表 7-8）。

表 7-8　　车船税税目税率表

	税目	计税单位	年基准税额（元）	备注
乘用车[按发动机汽缸容量（排气量分档）]	1.0 升（含）以下的	每辆	60～360	核定载客人数 9 人（含）以下
	1.0 升以上至 1.6 升（含）的		300～540	
	1.6 升以上至 2.0 升（含）的		360～660	
	2.0 升以上至 2.5 升（含）的		660～1 200	
	2.5 升以上至 3.0 升（含）的		1 200～2 400	
	3.0 升以上至 4.0 升（含）的		2 400～3 600	
	4.0 升以上的		3 600～5 400	
商用车	客车	每辆	480～1 440	核定载客人数 9 人以上，包括电车
	货车	整备质量每吨	16～120	包括半挂牵引车、三轮汽车和低速载货汽车等。
挂车		整备质量每吨	按照货车税额的 50%计算	

续表

税目		计税单位	年基准税额（元）	备注
其他车辆	专用作业车	整备质量每吨	16～120	不包括拖拉机
	轮式专用机械车	整备质量每吨	16～120	
摩托车		每辆	36～180	
船舶	机动船舶	净吨位每吨	3～6	拖船、非机动驳船分别按照机动船舶税额的50%计算
	游艇	艇身长度每米	600～2 000	游艇的税额另行规定

需要注意的是，在设计和技术特性上用于特殊工作，并装有专用设备或器具的汽车应被认定为专用作业车，如汽车起重机、消防车、混凝土泵车、清障车、高空作业车、洒水车、扫路车等。但以载运人员或货物为主要目的的专用汽车，如救护车，不属于专用作业车。客货两用车，又称多用途货车，是指在设计和结构上主要用于载运货物，但在驾驶员座椅后带有固定或折叠式座椅，可运载3人以上乘客的货车。客货两用车依照货车的计税单位和年基准税额计征车船税。

排气量、整备质量、核定载客人数、净吨位、千瓦、艇身长度，以车船登记管理部门核发的车船登记证书或者行驶证所载数据为准。

依法不需要办理登记的车船和依法应当登记而未办理登记或者不能提供车船登记证书、行驶证的车船，以车船出厂合格证明或者进口凭证标注的技术参数、数据为准；不能提供车船出厂合格证明或者进口凭证的，由主管税务机关参照国家相关标准核定，没有国家相关标准的参照同类车船核定。

四、车船计税依据

（1）乘用车、商用客车、摩托车：以辆数为计税依据。

（2）商用货车、挂车、其他车辆：以整备质量吨位数为计税依据。

（3）机动船舶、拖船、非机动驳船：以净吨位数为计税依据。

（4）游艇：以艇身长度为计税依据。

（5）拖船按照发动机功率每千瓦折合净吨位0.67吨计算征收车船税。

（6）《车船税法》及其实施条例涉及的整备质量、净吨位、复身长度等计权单位，有尾数的一律按照含尾数的计税单位据实计算车船税应纳税额。

（7）乘用车以车辆登记管理部门核发的机动车登记证书或者行驶证书所载的排气量毫升数确定税额区间。

五、应纳税额的计算

车船税各税目应纳税额的计算公式如下：

应纳车船税税额=计税依据×适用年基准税额

（1）购置的新车船，购置当年的应纳税额自纳税义务发生的当月起按月计算。其计算公式为：

应纳税额=（年应纳税额/12）×应纳税月份数

应纳税月份数=12-纳税义务发生时间（取月份）+1

（2）拖船和非机动驳船的计算公式为：

应纳税额=计税单位×适用年基准税额×50%

【案例 7-10】某运输公司拥有载货汽车 20 辆（货车整备质量全部为 10 吨）；乘人大客车 20 辆；小客车 10 辆。计算该公司应纳的车船税。

（注：载货汽车每吨年税额 80 元，乘人大客车每辆年税额 800 元，小客车每辆年税额 700 元。）

【解析】

载货汽车应纳税额=20×10×80=16 000（元）

乘人大客车和小客车应纳税额=20×800+10×700=23 000（元）

全年应纳车船税税额=16 000+23 000=39 000（元）

六、税收优惠

（一）法定减免

（1）捕捞、养殖渔船，是指在渔业船舶登记管理部门登记为捕捞船或者养殖船的船舶。免征车船税。

（2）军队、武装警察部队专用的车船，是指按照规定在军队、武装警察部队车船登记管理部门登记，并领取军队、武警牌照的车船。免征车船税。

（3）警用车船，是指公安机关、国家安全机关、监狱、劳动教养管理机关和人民法院、人民检察院领取警用牌照的车辆和执行警务的专用船舶。免征车船税。

（4）依照法律规定应当予以免税的外国驻华使领馆、国际组织驻华代表机构及其有关人员的车船。免征车船税。

（5）对节约能源的车船，减半征收车船税；对使用新能源的车船，免征车船税。减半征收车船税的节约能源乘用车和商用车，免征车船税的使用新能源的汽车均应符合规定的标准。使用新能源的车辆包括纯电动汽车、燃料电池汽车和混合动力汽车。纯电动汽车、燃料电池汽车不属于车船税征收范围，混合动力汽车按照同类车辆适用税额减半征税。

（6）省、自治区、直辖市人民政府根据当地实际情况，可以对公共交通车船、农村居民拥有并主要在农村地区使用的摩托车、三轮汽车和低速载货汽车定期减征或者免征车船税。

（二）特定减免

（1）对经批准临时入境的外国车船和香港特别行政区、澳门特别行政区、台湾地区的车船，不征收车船税。

（2）对按照规定缴纳船舶吨税的机动船舶，自《车船税法》实施之日起 5 年内免征车船税。

（3）对依法不需要在车船登记管理部门登记的机场、港口、铁路站场内部行驶或作业的车船，自《车船税法》实施之日起 5 年内免征车船税。

七、征收管理

（一）纳税期限

车船税纳税义务发生时间为取得车船所有权或者管理权的当月。以购买车船的发票或其他证明文件所载日期的当月为准。

（二）车船税的纳税方式

（1）自行申报方式：纳税人自行向主管税务机关申报缴纳。

（2）代收代缴方式：纳税人在办理机动车交通事故责任强制保险时由保险机构作为扣缴义务人代收代缴车船税。

（三）纳税地点

车船税的纳税地点为车船的登记地或者车船税扣缴义务人所在地。依法不需要办理登记的车船，车船税的纳税地点为车船的所有人或者管理人所在地。扣缴义务人代收代缴车船税的，纳税地点为扣缴义务人所在地。纳税人自行申报缴纳车船税的，纳税地点为车船登记地的主管税务机关所在地；依法不需要办理登记的车船，纳税地点为车船所有人或者管理人主管税务机关所在地。

（四）纳税申报

车船税按年申报，分月计算，一次性缴纳。纳税年度为公历的1月1日至12月31日。具体申报纳税期限由省、自治区、直辖市人民政府规定。

第八节　耕地占用税

耕地占用税是对占用耕地建房或从事其他非农业建设的单位和个人，就其实际占用的耕地面积征收的一种税。

一、耕地占用税的纳税义务人

耕地占用税的纳税义务人（或称纳税人），是在我国境内占用耕地建房或从事非农业建设的单位和个人。所称单位，包括国有企业、集体企业、私营企业、股份制企业、外商投资企业、外国企业、其他企业和事业单位、社会团体、国家机关、军队以及其他单位；所称个人，包括个体工商户、农村承包经营户以及其他个人。

二、耕地占用税的征税范围

耕地占用税的征税范围包括纳税人为建房或从事其他非农业建设而占用的国家所有和集体所有的耕地。

耕地指种植农作物的土地，包括菜地、园地。其中，园地包括花圃、苗圃、茶园、果园、桑园和其他种植经济林木的土地。

占用鱼塘及其他农用土地建房或从事其他非农业建设，也视同占用耕地，必须依法征收耕地占用税。占用已开发从事种植、养殖的滩涂、草场、水面和林地等从事非农业建设，由省、自治区、直辖市本着有利于保护土地资源和生态平衡的原则，结合具体情况确定是否征收耕地占用税。

三、耕地占用税税率

耕地占用税采用了地区差别定额税率，以县为单位，按人均占有耕地面积分设4个档次的定额。具体税率如下。

（1）人均耕地不超过1亩的地区（以县级行政区域为单位，下同），每平方米为10元～50元。

（2）人均耕地超过1亩但不超过2亩的地区，每平方米为8元～40元。

（3）人均耕地超过2亩但不超过3亩的地区，每平方米为6元～30元。

（4）人均耕地超过3亩的地区，每平方米为5元～25元。

经济特区、经济技术开发区和经济发达、人均耕地特别少的地区，适用税额可以适当提高，但最多不得超过国务院规定的当地适用税额的50%。

四、耕地占用税计税依据

耕地占用税以纳税人占用的耕地面积为计税依据，以每平方米为计量单位。

五、耕地占用税应纳税额的计算

耕地占用税应纳税额的计算公式为：

应纳税额=实际占用耕地面积（平方米）×适用的定额税率

【案例7-11】假设某公司新占用10 000平方米耕地用于商业建设，所占耕地适用的定额税率为30元/平方米。计算该公司应纳的耕地占用税。

【解析】：应纳税额= 10 000×30=300 000（元）

六、税收优惠

耕地占用税对占用耕地实行一次性征收，对生产经营单位和个人不设立减免税，仅对公益性单位和需照顾群体设立减免税。

（一）免征耕地占用税

我国对以下情况免征耕地占用税。

（1）军事设施占用耕地。

（2）学校、幼儿园、社会福利机构、医疗机构占用耕地。学校包括由国务院人力资源和社会保障行政部门，省、自治区、直辖市人民政府或其人力资源和社会保障行政部门批准成立的技工院校。

（二）减征耕地占用税

（1）对铁路线路、公路线路、飞机场跑道、停机坪、港口、航道、水利工程占用耕地，减按每平方米2元的税额征收耕地占用税。

（2）对农村居民占用耕地新建住宅，按照当地适用税额减半征收耕地占用税。农村烈士家属、残疾军人、鳏寡孤独以及革命老根据地、少数民族地区和边远贫困山区、生活困难的农村居民，在规定用地标准以内新建住宅缴纳耕地占用税确有困难的，经所在地乡（镇）人民政府审核，报经县级人民政府批准后，可以免征或者减征耕地占用税。免征或者减征耕地占用税后，纳税人改变原占地用途，不再属于免征或者减征耕地占用税情形的，应当按照当地适用税额补缴耕地占用税。

纳税人临时占用耕地，应当缴纳耕地占用税。纳税人在批准临时占用耕地的期限内恢复所占用耕地原状的，全额退还已经缴纳的耕地占用税。占用林地、牧草地、农田水利用地、养殖水面以及渔业水域滩涂等其他农用地建房或者从事非农业建设的，征收耕地占用税。为建设直接为农业生产服务的生产设施占用前款规定的农用地的，不征收耕地占用税。

七、征收管理

耕地占用税由税务机关负责征收。土地管理部门在通知单位或者个人办理占用耕地手续时，应当同时通知耕地所在地同级税务机关。获准占用耕地的单位或者个人应当在收到土地管理部门的通知之日起30日内缴纳耕地占用税。土地管理部门凭耕地占用税完税凭证或者免税凭证和其他有关文件发放建设用地批准书。

第九节 契税

契税是以在中华人民共和国境内转移土地、房屋权属为征税对象，向产权承受人征收的一种财产税。

一、契税纳税义务人

契税的纳税义务人（或称纳税人）是境内转移土地、房屋权属，承受的单位和个人。境内是指中华人民共和国实际税收行政管辖范围内。土地、房屋权属是指土地使用权和房屋所有权。单位是指企业单位、事业单位、国家机关、军事单位、社会团体以及其他组织。个人是指个体经营者及其他个人，包括中国公民和外籍人员。

二、契税征税范围

契税的具体征税范围如下。

（一）国有土地使用权出让

国有土地使用权出让是指土地使用者向国家交付土地使用权出让费用，国家将国有土地使用权在一定年限内让与土地使用者的行为。

（二）土地使用权的转让

土地使用权的转让是指土地使用者以出售、赠与、交换或者其他方式将土地使用权转移给其他单位和个人的行为。土地使用权的转让不包括农村集体土地承包经营权的转移。

（三）房屋买卖

即以货币为媒介，出卖者向购买者过渡房产所有权的交易行为。以下几种特殊情况，视同买卖房屋。

（1）以房产抵债或以实物交换房屋。经当地政府和有关部门批准，以房抵债和以实物交换房屋，均视同房屋买卖，应由产权承受人按房屋现值缴纳契税。

（2）以房产投资、入股。这种交易业务属房屋产权转移，应根据国家房地产管理的有关规定，办理房屋产权交易和产权变更登记手续，视同房屋买卖，由产权承受方按契税税率计算缴纳契税。

（3）买房拆料或翻建新房，应照章征收契税。

（四）房屋赠与

房屋赠与是指房屋产权所有人将房屋无偿转让给他人所有。其中，将自己的房屋转交给他人的法人和自然人被称作房屋赠与人；接受他人房屋的法人和自然人被称为受赠人。

（五）房屋交换

房屋交换是指房屋所有者之间互相交换房屋的行为。

三、契税的税率

契税实行 3%～5%的幅度税率。各省、自治区、直辖市人民政府可以在 3%～5%的幅度税率规定范围内，按照本地区的实际情况决定具体税率。

四、计税依据

契税的计税依据为不动产的价格。由于土地、房屋权属转移方式不同，定价方法不同，因而具体计税依据视不同情况而决定。

（1）国有土地使用权出让、土地使用权出售、房屋买卖，以成交价格为计税依据。成交价格是指土地、房屋权属转移合同确定的价格，包括承受者应交付货币、实物、无形资产或者其他经济利益。

（2）土地使用权赠与、房屋赠与，由征收机关参照土地使用权出售、房屋买卖的市场价格核定计税依据。

（3）土地使用权交换、房屋交换，计税依据为所交换的土地使用权、房屋的价格差额。也就是说，交换价格相等时，免征契税；交换价格不等时，由多交付货币、实物、无形资产或者其他经济利益的一方缴纳契税。

（4）以划拨方式取得土地使用权，经批准转让房地产时，由房地产转让者补交契税。计税依据为补交的土地使用权出让费用或者土地收益。为了避免偷、逃税款，税法规定，成交价格明显低于市场价格并且无正当理由的，或者所交换的土地使用权、房屋价格的差额明显不合理并且无正当理由的，征收机关可以参照市场价格核定计税依据。

（5）房屋附属设施征收契税的依据

① 不涉及土地使用权和房屋所有权转移变动的，不征收契税。

② 采取分期付款方式购买房屋附属设施土地使用权、房屋所有权的，应按合同规定的总价款计征契税。

③ 承受的房屋附属设施权属如为单独计价的，按照当地确定的适用税率征收契税；如与房屋统一计价，适用与房屋相同的契税税率。

（6）对于个人无偿赠与不动产行为（法定继承人除外），应对受赠人全额征收契税。

五、契税应纳税额的计算

契税应纳税额为计税依据与税率的乘积。其计算公式为：

$$应纳税额=计税依据\times税率$$

【案例 7-12】居民张三有两套住房，将一套出售给居民王五，成交价格为 1 200 000 元；将另一套两室住房与居民张明交换成两套一室住房，并支付给张明换房差价款 300 000 元。试计算张三、王五、张明相关行为应缴纳的契税（假定税率为 4%）。

【解析】

1. 张三应缴纳的契税=300 000×4%=12 000（元）
2. 王五应缴纳的契税=1 200 000×4%=48 000（元）
3. 张明无须缴纳契税。

六、税收优惠

（1）国家机关、事业单位、社会团体、军事单位承受土地、房屋用于办公、教学、医疗、科研和军事设施的，免征契税。

（2）城镇职工按规定第一次购买公有住房，免征契税。

（3）因不可抗力灭失住房而重新购买住房的，酌情减征或者免征契税。

（4）土地、房屋被县级以上人民政府征用、占用后，重新承受土地、房屋权属的，由省级人民政府确定是否减征或免征契税。

（5）纳税人承包荒山、荒沟、荒丘、荒滩土地使用权，并用于农、林、牧、渔业生产的，免征契税。

（6）经外交部确认，依照我国有关法律规定以及我国缔结或参加的双边和多边条约或协定，应当予以免税的外国驻华使馆、领事馆、联合国驻华机构及其外交代表、领事官员和其他外交人员承受土地、房屋权属的，免征契税。

（7）公租房经营单位购买住房作为公租房的，免征契税。

（8）对个人购买家庭唯一住房（家庭成员包括购房人、配偶以及未成年子女，下同）面积为90平方米及以下的，减按1%的税率征收契税；面积为90平方米以上的，减按1.5%的税率征收契税。

（9）对个人购买家庭第二套改善性住房，面积为90平方米及以下的，减按1%的税率征收契税；面积为90平方米以上的，减按2%的税率征收契税。

（10）纳税人申请享受税收优惠的，根据纳税人的申请或授权，由购房所在地的房地产管理部门出具纳税人家庭住房情况书面查询结果，并将查询结果和相关住房信息及时传递给税务机关。

七、征收管理

（一）纳税义务发生时间

契税的纳税义务发生时间是纳税人签订土地、房屋权属转移合同的当天，或者纳税人取得其他具有土地、房屋权属转移合同性质凭证的当天。

（二）纳税期限

纳税人应当自纳税义务发生之日起10日内，向土地、房屋所在地的契税征收机关办理纳税申报，并在契税征收机关核定的期限内缴纳税款。

（三）纳税地点

契税在土地、房屋所在地的税务机关缴纳。

（四）契税的纳税申报

1. 根据人民法院、仲裁委员会的生效法律文书发生土地、房屋权属转移，纳税人不能取得销售不动产发票的，可持人民法院执行裁定书原件及相关材料办理契税纳税申报，税务机关应予受理。

2. 购买新建商品房的纳税人在办理契税纳税申报时，由于销售新建商品房的房地产开发企业已办理注销税务登记或者被税务机关列为非正常户等原因，致使纳税人不能取得销售不动产发票的，税务机关在核实有关情况后应予受理。

（五）征收管理

纳税人办理纳税事宜后，征收机关应向纳税人开具契税完税凭证。纳税人持契税完税凭证和其他规定的文件材料，依法向土地管理部门、房产管理部门办理有关土地、房屋的权属变更登记手续。土地管理部门和房产管理部门应向契税征收机关提供有关资料，并协助契税征收机关依法征收契税。另外，对已缴纳契税的购房单位和个人，在未办理房屋权属变更登记前退房的，退还已纳契税；在办理房屋权属变更登记之后退还的，不予退还已纳契税。

第十节 城市维护建设税

城市维护建设税是对从事工商经营，缴纳增值税、消费税的单位和个人征收的一种税。

一、城市维护建设税纳税义务人

城市维护建设税的纳税义务人（或称纳税人），是指负有缴纳增值税、消费税（以下简称两税）义务的单位和个人，包括国有企业、集体企业、私营企业、股份制企业、其他企业和行政单位、事业单位、军事单位、社会团体、其他单位，以及个体工商户及其他个人。这里也包括外商投资企业、外国企业及外籍个人。

城市维护建设税的代扣代缴、代收代缴，一律比照增值税、消费税的有关规定办理。增值税、消费税的代扣代缴、代收代缴义务人同时也是城市维护建设税的代扣代缴、代收代缴义务人。

二、城市维护建设税征税范围

城市维护建设税随“两税”同时征收，其本身没有特定的课税对象，征管时也完全比照“两税”的有关规定办理。征收城市维护建设税的主要目的是筹集城市设施建设和维护资金。但城市维护建设税没有覆盖进口环节，也就是说，纳税人在进口环节缴纳增值税、消费税的同时并不缴纳城市维护建设税。因此，并不是说纳税人只要缴纳增值税、消费税就一定要缴纳城市维护建设税。而是说除进口环节外，纳税人只要缴纳增值税和消费税中的任何一种税，都应同时缴纳城市维护建设税。

三、税率与计税依据

（一）税率

城市维护建设税按纳税人所在地的不同，设置了三档地区差别比例税率，除特殊规定外，即：

（1）纳税人所在地为市区的，税率为7%。

（2）纳税人所在地为县城、镇的，税率为5%。撤县建市后，城市维护建设税适用税率为7%。

（3）纳税人所在地不在市区、县城或者镇的，税率为1%；开采海洋石油资源的中外合作油（气）田所在地在海上，其城市维护建设税适用1%的税率。

城市维护建设税的适用税率，应当按纳税人所在地的规定税率执行。但是，出现下列两种情况时，纳税人可按缴纳“两税”所在地的规定税率就地缴纳城市维护建设税。

（1）由受托方代扣代缴、代收代缴“两税”的单位和个人，其代扣代缴、代收代缴的城市维护建设税按受托方所在地适用税率执行。

（2）流动经营等无固定纳税地点的单位和个人，在经营地缴纳“两税”的，其城市维护建设税按经营地适用税率执行。

（二）计税依据

城市维护建设税的计税依据，是指纳税人实际缴纳的“两税”税额。纳税人违反“两税”有关税法而加收的滞纳金和罚款，是税务机关对纳税人违法行为的经济制裁，不作为城市维护建设税的计税依据，但纳税人在被查补缴“两税”和被处以罚款时，应同时对其偷漏的城市维护建设税进行补税、征收滞纳金和罚款。

城市维护建设税以“两税”税额为计税依据并同时征收，如果要免征或者减征“两税”，也就要同时免征或者减征城市维护建设税。但对出口产品退还增值税、消费税的，不退还已缴纳的城市维护建设税。

四、应纳税额的计算

城市维护建设税纳税人应纳税额的大小是由纳税人实际缴纳的“两税”税额决定的，其计算公式为：

应纳税额=（实际缴纳的增值税税额+实际缴纳的消费税税额）×适用税率

【案例 7-13】某企业位于市区，该企业 20×7 年 5 月实际缴纳增值税 600 000 元，缴纳消费税 400 000 元。计算该企业应纳的城市维护建设税税额。

【解析】

应纳城市维护建设税税额=（实际缴纳的增值税税额+实际缴纳的消费税税额）×适用税率

=（600 000+400 000）×7%=1 000 000×7%=70 000（元）

五、税收优惠和征收管理

（一）税收优惠

城市维护建设税是附加税性质的，原则上不单独减免，当主税发生减免时，城市维护建设税相应发生税收减免。城市维护建设税的税收减免情况具体有以下几种。

（1）城市维护建设税按减免后实际缴纳的“两税”税额计征，即随“两税”的减免而减免。

（2）对于因减免税而需进行“两税”退库的，城市维护建设税也可同时退库。

（3）海关对进口产品代征增值税、消费税，不征收城市维护建设税。

（4）对“两税”实行先征后返、先征后退、即征即退办法的，除另有规定外，对随“两税”附征的城市维护建设税和教育费附加一律不退（返）还。

（5）为支持国家重大水利工程建设，对国家重大水利工程建设基金免征城市维护建设税。

（二）征收管理

1. 纳税环节

城市维护建设税的纳税环节，实际就是纳税人缴纳“两税”的环节。纳税人只要发生“两税”的纳税义务，就要在同样的环节，计算缴纳城市维护建设税。

2. 纳税地点

城市维护建设税以纳税人实际缴纳的增值税、消费税税额为计税依据，分别与“两税”同时缴纳。所以，纳税人缴纳“两税”的地点，就是该纳税人缴纳城市维护建设税的地点。但是，属于下列情况的除外。

（1）代扣代缴、代收代缴“两税”的单位和个人，同时也是城市维护建设税的代扣代缴、代收代缴义务人，其城市维护建设税的纳税地点在代扣代收地。

（2）跨省开采的油田，下属生产单位与核算单位不在一个省内的，其生产的原油，在油井所在地缴纳增值税，其应纳税款由核算单位按照各油井的产量和规定税率，计算汇拨各油井缴纳。所以，各油井应纳的城市维护建设税，应由核算单位计算，随同增值税一并汇拨油井所在地，由油井在缴纳增值税的同时，一并缴纳城市维护建设税。

（3）纳税人跨地区提供建筑服务、销售和出租不动产的，应在建筑服务发生地、不动产所在地预缴增值税时，以预缴增值税税额为计税依据，并按预缴增值税所在地的城市维护建设税适用税率就地计算缴纳城市维护建设税。预缴增值税的纳税人在其机构所在地申报缴纳增值税时，以其实际缴纳的增值税税额为计税依据，并按机构所在地的城市维护建设税适用税率就地计算缴纳城市维护建设税。

（4）流动经营等无固定纳税地点的单位和个人，应随同“两税”在经营地按适用税率缴纳。

3. 纳税期限

由于城市维护建设税是由纳税人在缴纳“两税”时同时缴纳的，所以其纳税期限分别与“两税”的纳税期限一致。根据增值税法和消费税法的规定，增值税、消费税的纳税期限分别为1日、3日、5日、10日、15日或者1个月。增值税、消费税的纳税人的具体纳税期限，由主管税务机关根据纳税人应纳税额大小分别核定，不能按照固定期限纳税的，可以按次纳税。在这种情况下，城市维护建设税也依次缴纳。

4. 纳税申报

纳税申报时，纳税人应提供《城市维护建设税纳税申报表》（见表7-9）。

表7-9　城市维护建设税纳税申报表

填报日期：　年　月　日

纳税人识别号：　　　　　　　　　金额单位：元（列至角分）

<table>
<tr><td>纳税人名称</td><td colspan="3"></td><td>税款所属时期</td><td></td></tr>
<tr><td>计税依据</td><td>计税金额</td><td>税率</td><td>应纳税额</td><td>已纳税额</td><td>应补（退）税额</td></tr>
<tr><td>1</td><td>2</td><td>3</td><td>4=2×3</td><td>5</td><td>6=4−5</td></tr>
<tr><td>增值税</td><td></td><td></td><td></td><td></td><td></td></tr>
<tr><td>消费税</td><td></td><td></td><td></td><td></td><td></td></tr>
<tr><td></td><td></td><td></td><td></td><td></td><td></td></tr>
<tr><td>合计</td><td></td><td></td><td></td><td></td><td></td></tr>
<tr><td colspan="2">如纳税人填报，由纳税人填写以下各栏</td><td colspan="3">如委托代理人填报，由代理人填写以下各栏</td><td>备注</td></tr>
<tr><td rowspan="3">会计主管
（签章）</td><td rowspan="3">纳税人
（公章）</td><td>代理人名称</td><td></td><td rowspan="2">代理人
（公章）</td><td rowspan="3"></td></tr>
<tr><td>代理人地址</td><td></td></tr>
<tr><td>经办人</td><td></td><td>电话</td></tr>
<tr><td colspan="6">以下由税务机关填写</td></tr>
<tr><td>收到申报表日期</td><td colspan="2"></td><td>接收人</td><td colspan="2"></td></tr>
</table>

第十一节 教育费附加和地方教育费附加

一、教育费附加和地方教育费附加的征税对象

教育费附加和地方教育费附加的征税对象是缴纳增值税、消费税的单位和个人。它以其实际缴纳的“两税”税额为计征依据，分别与“两税”同时缴纳。

二、教育费附加和地方教育费附加的计算

（一）教育费附加和地方教育费附加的征收率

现行教育费附加的征收率为3%，地方教育费附加的征收率统一为2%。

（二）教育费附加和地方教育费附加优惠

（1）对海关进口的产品征收增值税、消费税，不征收教育费附加和地方教育费附加。

（2）对由于减免增值税、消费税而发生退税的，可同时退还已征的教育费附加及地方教育费附加。但对出口产品退还增值税、消费税的，不退还已征的教育费附加及地方教育费附加。

（3）对国家重大水利工程建设基金免征教育费附加及地方教育费附加。

（三）教育费附加和地方教育费附加的计算

相关计算公式为：

应纳教育费附加=（纳税人实际缴纳的增值税税额+实际缴纳的消费税税额）×3%

应纳地方教育费附加=（纳税人实际缴纳的增值税税额+实际缴纳的消费税税额）×2%

（四）教育费附加和地方教育费附加的征收管理

1. 纳税期限

教育费附加和地方教育费附加的纳税期限分别与“两税”的纳税期限一致。

2. 纳税地点

“两税”的纳税地点，就是教育费附加和地方教育费附加的纳税地点。但是下列情况除外。

（1）跨省开采的油田，下属生产单位与核算单位不在一个省内的，其生产的原油，在油井所在地缴纳增值税，其应纳税款由核算单位按照各油井的产量和规定税率，计算汇拨各油井缴纳。所以，各油井应纳的教育费附加和地方教育费附加，应由核算单位计算，随同增值税一并汇拨油井所在地，由油井在缴纳增值税的同时，一并缴纳教育费附加和地方教育费附加。

（3）纳税人跨地区提供建筑服务、销售和出租不动产的，应在建筑服务发生地、不动产所在地预缴增值税时，以预缴增值税税额为计税依据，并按预缴增值税所在地的教育费附加征收率就地计算缴教育费附加。预缴增值税的纳税人在其机构所在地申报缴纳增值税时，以其实际缴纳的增值税税额为计税依据，并按机构所在地的教育费附加征收率就地计算缴纳教育费附加。

（4）流动经营等无固定纳税地点的单位和个人，应随同“两税”在经营地缴纳教育费附加及地

方教育费附加。

《教育费附加及地方教育费附加纳税申报表》如表 7-10 所示。

表 7-10　　教育费附加及地方教育费附加纳税申报表

填报日期：　　年　　月　　日

纳税人识别号□□□□□□□□□□□□□□□□□□□□　　　　金额单位：元（列至角分）

纳税人名称				税款所属时期	
计税依据	计税金额	税率	应纳税额	已纳税额	应补（退）税额
1	2	3	4=2×3	5	6=4−5
增值税					
消费税					
合计					
如纳税人填报，由纳税人填写以下各栏		如委托代理人填报，由代理人填写以下各栏			备注
会计主管（签章）	纳税人（公章）	代理人名称		代理人（公章）	
		代理人地址			
		经办人		电话	
以下由税务机关填写					
收到申报表日期				接收人	

第十二节 烟叶税

烟叶税是以纳税人收购烟叶的收购金额为计税依据征收的一种税。

一、纳税义务人和征税范围

（一）纳税义务人

在中华人民共和国境内收购烟叶的单位为烟叶税的纳税义务人（或称纳税人），应当按规定缴纳烟叶税。

（二）征税范围

烟叶税的征税范围：晾晒烟叶、烤烟叶。

二、税率和应纳税额的计算

（一）税率

烟叶税实行比例税率，税率为 20%。烟叶税税率的调整，由国务院决定。

（二）应纳税额的计算

烟叶税应纳税额以纳税人收购烟叶的收购金额和规定的税率计算。应纳税额的计算公式为：

应纳税额=收购金额×税率

收购金额包括纳税人支付给烟叶销售者的烟叶收购价款和价外补贴。按照简化手续、方便征收的原则，对价外补贴统一暂按烟叶收购价款的 10%计入收购金额征税。收购金额的计算公式如下：

收购金额=收购价款×（1+10%）

【案例 7-14】某烟草公司 9 月收购烟叶 50 000 千克，烟叶收购价格 10 元/千克，总计 500 000 元，货款已全部支付。请计算该烟草公司 9 月收购烟叶应缴纳的烟叶税。

【解析】应缴纳的烟叶税=500 000×（1+10%）×20%=110 000（元）

三、征收管理

（一）纳税义务发生时间

烟叶税的纳税义务发生时间为纳税人收购烟叶的当天。收购烟叶的当天是指纳税人向烟叶销售者付讫收购烟叶款项或者开具收购烟叶凭据的当天。

（二）纳税地点

纳税人收购烟叶，应当向烟叶收购地的主管税务机关申报纳税。按照税法的有关规定，烟叶收购地的主管税务机关是指烟叶收购地的县级税务机关或者其所指定的税务分局、所。

（三）纳税期限

纳税人应当自纳税义务发生之日起 30 日内申报纳税。具体纳税期限由主管税务机关核定。

第十三节 环境保护税

环境保护税是对在我国领域以及管辖的其他海域直接向环境排放应税污染物的企事业单位和其他生产经营者征收的一种税。

一、环境保护税的纳税义务人

环境保护税的纳税义务人（或称纳税人）是在中华人民共和国领域和中华人民共和国管辖的其他海域直接向环境排放应税污染物的企业事业单位和其他生产经营者。应税污染物，是指《中华人民共和国环境保护税法》（以下简称《环境保护税法》）所附《环境保护税税目税额表》《应税污染物和当量值表》所规定的大气污染物、水污染物、固体废物和噪声。

有下列情形之一的，不属于直接向环境排放污染物，不缴纳相应污染物的环境保护税。

（1）企业事业单位和其他生产经营者向依法设立的污水集中处理、生活垃圾集中处理场所排放应税污染物的。

（2）企业事业单位和其他生产经营者在符合国家和地方环境保护标准的设施、场所储存或者处置固体废物的。

（3）达到省级人民政府确定的规模标准并且有污染物排放口的畜禽养殖场，应当依法缴纳环境保护税，但依法对畜禽养殖废弃物进行综合利用和无害化处理的。

二、税目与税率

环境保护税税目包括大气污染物、水污染物、固体废物和噪声 4 大类，采用定额税率，其中，对应税大气污染物和水污染物规定了幅度定额税率，具体适用税额的确定和调整由省、自治区、直辖市人民政府统筹考虑本地区环境承载能力、污染物排放现状和经济社会生态发展目标要求，在规定的税额幅度内提出，报同级人民代表大会常务委员会决定，并报全国人民代表大会常务委员会和国务院备案。环境保护税税目税额表如表 7–11 所示。

表 7-11　　环境保护税税目税额表

税目		计税单位	税额	备注
大气污染物		每污染当量	1.2 元至 12 元	
水污染物		每污染当量	1.4 元至 14 元	
固体废物	煤矸石	每吨	5 元	
	尾矿	每吨	15 元	
	危险废物	每吨	1 000 元	
	冶炼渣、粉煤灰、炉渣、其他固体废物（含半固态、液态废物）	每吨	25 元	
噪声	工业噪声	超标 1～3 分贝	每月 350 元	1．一个单位边界上有多处噪声超标，根据最高一处超标声级计算应纳税额；当沿边界长度超过 100 米有两处以上噪声超标，按照两个单位计算应纳税额。 2．一个单位有不同地点作业场所的，应当分别计算应纳税额，合并计征。 3．昼、夜均超标的环境噪声，昼、夜分别计算应纳税额，累计计征。 4．声源一个月内超标不足 15 天的，减半计算应纳税额。 5．夜间频繁突发和夜间偶然突发厂界超标噪声，按等效声级和峰值噪声两种指标中超标分贝值高的一项计算应纳税额
		超标 4～6 分贝	每月 700 元	
		超标 7～9 分贝	每月 1 400 元	
		超标 10～12 分贝	每月 2 800 元	
		超标 13～15 分贝	每月 5 600 元	
		超标 16 分贝以上	每月 11 200 元	

三、计税依据

（1）应税污染物的计税依据，按照下列方法确定。

① 应税大气污染物的计税依据按照污染物排放量折合的污染当量数确定。

② 应税水污染物的计税依据按照污染物排放量折合的污染当量数确定。

③ 应税固体废物的计税依据按照固体废物的排放量确定。

④ 应税噪声的计税依据按照超过国家规定标准的分贝数确定。

应税大气污染物、水污染物的污染当量数=该污染物的排放量÷该污染物的污染当量值。污染当量，是指根据污染物或者污染排放活动对环境的有害程度以及处理的技术经济性，衡量不同污染物对环境污染的综合性指标或者计量单位。同一介质相同污染当量的不同污染物，其污染程度基本相当。每种应税大气污染物、水污染物的具体污染当量值，依照《环境保护税法》所附《应税污染物和当量值表》执行。

每一排放口或者没有排放口的应税大气污染物，按照污染当量数从大到小排序，对前三项污染物征收环境保护税。每一排放口的应税水污染物，按照《环境保护税法》所附《应税污染物和当量值表》，区分第一类水污染物和其他类水污染物，按照污染当量数从大到小排序，对第一类水污染物按照前五项征收环境保护税，对其他类水污染物按照前三项征收环境保护税。省、自治区、直辖市人民政府根据本地区污染物减排的特殊需要，可以增加同一排放口征收环境保护税的应税污染物项目数，报同级人民代表大会常务委员会决定，并报全国人民代表大会常务委员会和国务院备案。

固体废物的排放量为当期应税固体废物的产生量减去当期应税固体废物的储存量、处置量、综合利用量的余额。其中，固体废物的储存量、处置量，是指在符合国家和地方环境保护标准的设施、场所储存或者处置的固体废物数量；固体废物的综合利用量，是指按照国家发展改革委、工业和信息化部关于资源综合利用要求以及国家和地方环境保护标准进行综合利用的固体废物数量。计算公式为：

$$\text{固体废物的排放量}=\text{当期固体废物的产生量}-\text{当期固体废物的综合利用量}-\text{当期固体废物的储存量}-\text{当期固体废物的处置量}$$

（2）应税噪声按照超过国家规定标准的分贝数确定计税依据。

工业噪声按超过国家规定标准的分贝数确定每月税额，超过国家规定标准的分贝数是指实际产生的工业噪声与国家规定的工业噪声排放标准限值之间的差值。

（3）应税大气污染物、水污染物、固体废物的排放量和噪声的分贝数，按照下列方法和顺序计算。

① 纳税人安装使用符合国家规定和监测规范的污染物自动监测设备的，按照污染物自动监测数据计算。

② 纳税人未安装使用污染物自动监测设备的，按照监测机构出具的符合国家有关规定和监测规范的监测数据计算。

③ 因排放污染物种类多等原因不具备监测条件的，按照国务院环境保护主管部门规定的排污系数、物料衡算方法计算。

④ 不能按照上述第一项至第三项规定的方法计算的，按照省、自治区、直辖市人民政府环境保护主管部门规定的抽样测算的方法核定计算。

（4）纳税人有下列情形之一的，以其当期应税大气污染物、水污染物的产生量作为污染物的排放量。

① 未依法安装使用污染物自动监测设备或者未将污染物自动监测设备与环境保护主管部门的监控设备联网。

② 损毁或者擅自移动、改变污染物自动监测设备。

③ 篡改、伪造污染物监测数据。

④ 通过暗管、渗井、渗坑、灌注或者稀释排放以及不正常运行防治污染设施等方式违法排放应税污染物。

⑤ 进行虚假纳税申报。

四、应纳税额的计算

（一）应税大气污染物应纳税额的计算

应税大气污染物应纳税额等于污染当量数乘以适用税额。计算公式为：

$$\text{应税大气污染物的应纳税额}=\text{污染当量数}\times\text{适用税额}$$

【案例 7-15】某企业 2018 年 9 月向大气直接排放二氧化硫 80 千克、氟化物 100 千克、一氧化碳 200 千克、氯化氢 100 千克，假设当地大气污染物每污染当量税额为 1.2 元，该企业只有一个排放口。二氧化硫污染当量值为 0.95，氟化物污染当量值为 0.87，一氧化碳污染当量值为 16.7，氯化氢污染当量值为 10.75，计算其应纳的环境保护税税额。

【解析】第一步：计算各污染物的污染当量数。

应税大气污染物、水污染物的当量数，以该污染物的排放量除以该污染物的污染当量值计算。

二氧化硫污染当量数=80/0.95=84.21

氟化物污染当量数=100/0.87=114.94

一氧化碳污染当量数=200/16.7=11.98

氯化氢污染当量数=100/10.75=9.3

第二步：按污染当量数排序。

氟化物污染当量数（114.94）>二氧化硫污染当量数（84.21）>一氧化碳污染当量数（11.98）>氯化氢污染当量数（9.3），该企业只有一个排放口，排序选取计税前三项污染物为：氟化物、二氧化硫、一氧化碳。

第三步：计算应纳税额。

应纳税额=（114.94+84.21+11.98）×1.2=253.36（元）

（二）应税水污染物应纳税额的计算

应税水污染物的应纳税额为污染当量数乘以具体适用税额。计算公式为：

应税水污染物的应纳税额=污染当量数×适用税额

（三）应税固体废物应纳税额的计算

其计算公式为：

$$\text{应税固体废物的应纳税额}=\left(\text{当期固体废物的产生量}-\text{当期固体废物的综合利用量}-\text{当期固体废物的储存量}-\text{当期固体废物的处置量}\right)\times\text{适用税额}$$

（四）应税噪声应纳税额的计算

应税噪声的应纳税额为超过国家规定标准的分贝数对应的具体适用税额。

五、环境保护税税收优惠

（一）暂免征税项目

对下列情形，暂予免征环境保护税。

（1）农业生产（不包括规模化养殖）排放应税污染物的。

（2）机动车、铁路机车、非道路移动机械、船舶和航空器等流动污染源排放应税污染物的。

（3）依法设立的城乡污水集中处理、生活垃圾集中处理场所排放相应应税污染物，不超过国家和地方规定的排放标准的。

（4）纳税人综合利用的固体废物，符合国家和地方环境保护标准的。

（5）国务院批准免税的其他情形。

（二）减征税额项目

（1）纳税人排放应税大气污染物或者水污染物的浓度值低于国家和地方规定的污染物排放标准百分之三十的，减按百分之七十五征收环境保护税。

（2）纳税人排放应税大气污染物或者水污染物的浓度值低于国家和地方规定的污染物排放标准百分之五十的，减按百分之五十征收环境保护税。

六、征收管理

（一）征管方式

环境保护税采用“企业申报、税务征收、环保协同、信息共享”的征管方式。

纳税人的纳税申报数据资料异常，包括但不限于下列情形。

（1）纳税人当期申报的应税污染物排放量与上一年同期相比明显偏低，且无正当理由。

（2）纳税人单位产品污染物排放量与同类型纳税人相比明显偏低，且无正当理由。

（二）纳税时间

环境保护税纳税义务发生时间为纳税人排放应税污染物的当日。环境保护税按月计算，按季申报缴纳。不能按固定期限计算缴纳的，可以按次申报缴纳。税人按季申报缴纳的，应当自季度终了之日起十五日内，向税务机关办理纳税申报并缴纳税款。纳税人按次申报缴纳的，应当自纳税义务发生之日起十五日内，向税务机关办理纳税申报并缴纳税款。纳税人申报缴纳时，应当向税务机关报送所排放应税污染物的种类、数量，大气污染物、水污染物的浓度值，以及税务机关根据实际需要要求纳税人报送的其他纳税资料。

（三）纳税地点

纳税人应当向应税污染物排放地的税务机关申报缴纳环境保护税。应税污染物排放地是指应税大气污染物、水污染物排放口所在地；应税固体废物产生地；应税噪声产生地。纳税人跨区域排放应税污染物，税务机关对税收征收管辖有争议的，由争议各方按照有利于征收管理的原则协商解决。纳税人从事海洋工程向中华人民共和国管辖海域排放应税大气污染物、水污染物或者固体废物，申报缴纳环境保护税的具体办法，由国务院税务主管部门会同国务院海洋主管部门规定。

知识点应用

一、单项选择题

1．目前我国城市维护建设税实行（　　）。

A．纳税人所属行业差别比例税率　　B．纳税人所在地差别比例税率

C．纳税人所属行业累进税率　　D．纳税人所在地统一累进税率

2．以下各个项目中，可以作为计算城市维护建设税的依据的是（　　）。

A．补缴的消费税税款　　B．因漏缴增值税而缴纳的滞纳金

C．因漏缴增值税而缴纳的罚款　　D．进口货物缴纳的增值税税款

3．关于城市维护建设税和教育费附加的减免规定，下列表述正确的是（　　）。

A．对海关进口的产品征收的增值税、消费税和营业税，征收教育费附加

B．对“两税”实行先征后返、先征后退、即征即退办法的，除另有规定外，对随同“两税”附征的城市维护建设税，一律不予退（返）还

C．对出口产品退还增值税、消费税的，可以同时退还已征的教育费附加

D．城市维护建设税原则上可以单独减免

4．下列各项中，符合城市维护建设税纳税地点规定的是（　　）。

A．取得输油收入的管道局，为管道局所在地

B．流动经营无固定地点的单位，为单位注册地

C．流动经营无固定地点的个人，为居住所在地

D．代征代扣“两税”的单位和个人，为“两税”的代扣代收地

5．下列各项中，不属于资源税纳税义务人的是（　　）。

A．开采原煤的国有企业　　B．进口铁矿石的私营企业

C．开采石灰石的个体经营者　　D．开采天然原油的外商投资企业

6．下列各项中，符合房产税纳税义务人规定的是（　　）。

A．产权属于集体的不缴纳

B．房屋产权出典的，由出典人缴纳

C．产权纠纷未解决的，由代管人或使用人缴纳

D．产权属于国家所有的不缴纳

7．下列各项中，不符合房产税纳税义务发生时间规定的是（　　）。

A．将原有房产用于生产经营，从生产经营之次月起缴纳房产税

B．委托施工企业建设的房屋，从办理验收手续之次月起缴纳房产税

C．购置存量房，自房地产权属登记机关签发房屋权属证书之次月起缴纳房产税

D．房地产开发企业出借本企业建造的商品房，自房屋交付之次月起缴纳房产税

8．某种子公司总部在A市，公司在A市及B市均有房产，则种子公司应（　　）。

A．在A市缴纳房产税

B．在B市缴纳房产税

C．分别向A市及B市的税务机关缴纳房产税

D．任选一地，一旦选定，一年内不得随意变更

9．按照《车辆购置税暂行条例》的规定，下列车辆不属于车辆购置税征收范围的是（　　）。

A．自行车　　B．农用运输车　　C．挂车　　D．电车

二、多项选择题

1．下列各项中，属于城市维护建设税的纳税义务人的有（　　）。

A．国有企业　　B．集体企业　　C．私营企业　　D．外商投资企业

2．下列属于现行城市维护建设税纳税义务人的是（　　）。

A．国有上市公司　　B．事业单位

C．外国企业驻国内办事处　　D．个体工商户

3．下列各项中，属于资源税应税产品的有（　　）。

A．石灰石　　B．煤矿瓦斯　　C．井矿盐　　D．黄金矿石

4．刘某有私有住房三套，每套原值 50 万元，第一套自住，第二套以 5 万元/年出租给他人经营，签订房屋租赁合同，第三套自营小卖部（个体工商户性质）。下列说法正确的有（　　）。

A．刘某只需缴纳增值税、城市维护建设税、个人所得税

B．刘某应缴纳房产税、增值税、城市维护建设税、印花税、个人所得税

C．刘某计算房产税时使用 1.2%和 12%的税率

D．刘某计算房产税时使用 1.2%和 4%的税率

5．印花税的自行贴花纳税主要是指（　　）。

A．纳税人自行计算应纳税额　　B．自行购买印花税税票

C．自行贴花　　D．自行在每枚税票的骑缝处盖戳注销

三、判断题

1．进口的矿产品和盐征收资源税。（　　）

2．资源税的征税范围仅限于在我国境内开采的应税矿产品和生产的盐，对进口的矿产品或盐不征。（　　）

3．城镇土地使用税采取有幅度的差别税额，按大、中、小城市和县城、建制镇、工矿区分别确定每平方米土地使用税年应纳税额。（　　）

4．凡在中华人民共和国境内拥有土地使用权的单位和个人，均应依法缴纳城镇土地使用税。（　　）

5．因偷逃消费税而加收的滞纳金不属于城市维护建设税计税依据。（　　）

6．土地增值税的纳税义务人是转让国有土地使用权、地上建筑物及其附着物并取得收入的所有单位和个人，包括各类企业、事业单位、国家机关、社会团体、其他组织、个体经营者及其他个人。（　　）

7．房产税是按房产租金征收的一种税。（　　）

8．宗教寺庙、公园和名胜古迹中附设的营业单位使用或出租的房产，应照章征收房产税。（　　）

9．车船税的纳税义务发生时间，为车船管理部门核发的车船登记证书或者行驶证书所记载日期的当月。（　　）

10．契税的纳税义务人是我国境内转移土地和房屋权属的单位和个人。（　　）

实践技能训练

1．万方超市与某娱乐中心共同使用一块面积为 1 800 平方米的土地，其中超市实际使用的土地面积占这块土地总面积的 2/3，另外 1/3 归娱乐中心使用。当地每平方米土地使用税年税额为 5 元，税务机关每半年征收一次土地使用税。计算该超市每年应缴纳的土地使用税税额。

2．宏达企业有 4 吨位的货运汽车 2 辆，乘人面包车 2 辆（10 座）。当地政府规定机动车税额按年基准税额计算的每质量吨位年税额为 16 元，10 座以下面包车年税额为每辆 420 元。计算该企业全年应缴纳的车船税。

参 考 文 献

［1］中国注册会计师协会．税法[M]．北京：经济科学出版社，2019.

［2］梁文涛．税法[M]．3 版．北京：中国人民大学出版社，2019.

［3］梁文涛．税务会计[M]．2 版．北京：中国人民大学出版社，2019.

［4］东奥会计在线注会网上辅导税法讲义

［5］中华会计网校注会网上辅导税法讲义

［6］国家税务总局网站

［7］中国注册会计师协会网站